우리말 속뜻

논어

우리말 속뜻 논어

2021년 세종도서 선정(교양부문)

2020년 9월 1일 제1판 1쇄 발행
2020년 9월 25일 제1판 2쇄 발행
2021년 1월 11일 제1판 3쇄 발행
2023년 5월 2일 제2판 1쇄 발행
2024년 11월 11일 제2판 2쇄 발행

국역인 | 전광진
발행인 | 이숙자
교정인 | 최영록, 민기식, 허형석, 원정환, 유병상
디자인 | 조의환
인쇄사 | 신도인쇄사
제책사 | 가원문화사
발행처 | (주)속뜻사전교육출판사
등   록 | 263-86-02753
주   소 | 경기도 하남시 덕풍북로 110, 103-F/R101
          Tel (031) 794-2096
          Fax (031) 793-2096
          www.LBHedu.com
          lbhedu@lbhedu.com
ISBN 978-89-93858-50-1

값 20,000원

우리말 속뜻

논어

|주|속뜻사전교육출판사

논어 국역 400년 역사상 첫 시도!
청소년도 다 줄줄 읽을 수 있다.

████ 될 수 있는 대로 쉬운 말로 옮겼다.

● 중학생, 고등학생 즉 청소년이라도 누구나 읽고 느낌을 받을 수 있도록 특별히 설계하였다. 원문에 의존하지 않아도 논어 전체를 다 읽고 알 수 있다. 우리말 부분만 읽어도 된다. 감명 깊게 읽은 부분은 밑줄을 긋고, 상단에 '꽃잎 달기'를 하면 나중에 다시 읽을 때 큰 도움이 된다.

● 논어가 2,500여 년 전 사람들의 대화록이지만 현실감을 살리기 위하여 모든 동사는 가급적 현재형으로 옮겼다. 즉 '하였다'를 '한다'로 표현함으로써 현재 바로 옆에서 행해지고 있는 것 같은 느낌이 들도록 하였다.

● 원문의 내용을 정확하고 쉽게 옮기는 데 주력하고 보충 설명은 될 수 있는 한 간단하게 하였다. 지나친 설명이 통독과 완독에 걸림돌이 되는 일이 없도록 하였다. 해설자의 의견보다 독자 스스로 생각한 것이나 느낌이 훨씬 중요하기 때문이다.

■■■■ 앞뒤 상황을 이해하기 쉽게 드라마 대본처럼 엮었다.

● 논어 20편 498장을 드라마 대본 같다고 상상하면 더욱 재미있다. 드라마는 등장인물을 먼저 알아두는 것이 관건이다. 그래서 주연인 공자, 조연인 제자와 정적(政敵) 그리고 공자와 교유가 있었던 임금에 대하여 간략하게 정리했다. 이 부분을 먼저 읽어두면 논어라는 '숲'이 한눈에 보인다.

● 각 장은 대화와 진술로 구성되어 있다. 각 장을 드라마의 대본처럼 지시문을 설정해 놓았다. 원문에 없는 지시문은 ( ) 괄호 안에 넣고 색상도 달리하여 금방 구분할 수 있도록 하였다. 가정한 지시문을 각자 상상해 보면 더욱 좋다.

● [ ] 괄호 부분은 고전중국어(古文, 文言文)의 관습상 생략된 표현을 재구성한 것이다. 이것도 원문에는 없지만 반드시 함께 읽어야 원문 내용을 쉽게 이해할 수 있기 때문에 색상을 달리하여 구분하지는 않았다.

■■■■ 우리말 논어만 읽어도 전체를 이해할 수 있도록 하였다.

● 번역한 우리말은 원문에 대하여 독립성이 있어야 한다. 즉 번역한 말만 읽어도 뭔 말인지를 분명하게 알 수 있어야 한다. 이러한 원칙에서 옮겨진 우리말을 먼저 접할 수 있도록 왼쪽 페이지에 배치하였다. 우리말 논어 하더라도 중학생, 고등학생이 보기에 다소 어렵거나 요즈음 세대에 맞지 않는 내용이 있으면 과감하게 건너뛰어도 상관이 없다. 어차피 한 번 읽고 덮어두는 책이 아니기 때문이다. 그래도 나중에 다시 읽을 때 큰 도움이 된다.

● 한문 원문을 먼저 읽고, 우리말 번역문을 나중에 읽는 전통 방식을 혁신적으로 개선하여 '선독국문(先讀國文)-후독한문(後讀漢文)'이라는

새로운 방식을 열었다. 먼저[先] 왼쪽 페이지에 있는 우리말[國文]을 읽어서[讀] 무슨 뜻인지를 파악한 다음[後]에 오른쪽에 있는 원문[漢文]을 읽음[讀]으로써 논어를 쉽게 정복할 수 있는 새로운 길을 열었다.

● 한문을 배우지 않은 사람도 왼쪽 페이지에 있는 우리말 논어만 줄줄 읽어 보면 하루 이틀 만에 논어를 다 읽을 수 있다. 이로써 '논어 백번 읽기'(論讀百遍)의 터전을 마련하였다.

■■■■■■ 번역문과 원문을 대조하기 쉽게 배치하였다.

● 우리말 해석에 대응되는 원문을 바로 옆 오른쪽 페이지에 배치함으로써 쉽게 찾고 바로바로 확인할 수 있도록 하였다. 원문 하단에 우리말 표음을 첨가함으로써 읽기 쉽게 하였다. 어렵거나 드물게 쓰는 한자는 오른쪽 옆 단에 간단한 풀이를 덧붙임으로써 한자 공부에 도움이 되도록 하였다.

● 논어 원문의 표기는 전통 현토(懸吐) 대신 중국식 표점(標點) 방식을 도입하였다. 현토는 문장의 문법적 구조와 의미를 파악하는 데 도움이 되지만 의미의 정확성, 다양한 표현 그리고 외우기에 걸림돌이 될 수도 있다.

● 조선시대 논어 독자들은 원문을 백 번 넘게 읽어서 뜻을 통달하고 통째로 외우는 분들이 대단히 많았다. 요즘도 열혈 독자가 있을 수 있기에 그런 분들을 돕기 위한 각종 배려를 해놓았다. 개행(改行) 배열법과 들여쓰기 방식을 새로 도입함으로써 원문의 의미 구조를 쉽게 이해하여 외우기 좋게 하였다.

【 차례 】

| 주연 | 공자 (B.C.551-479)

공자의 일생

『논어』란 드라마의 주연은 공자입니다. 곳곳에 주인공인 공자의
삶이 그대로 스며있습니다. 그의 파란만장한 일생을 미리 알아두면
쉽고 재미있게 감상할 수 있습니다. 한나라 사마천司馬遷의 「공자세가
孔子世家」, 송나라 주희朱熹의 「논어집주서설論語集註序說」, 청나라
양방황楊方晃의 『공자연보孔子年譜』, 전목錢穆의 「공자연표孔子年表」
등을 참고하여 이 자료를 엮었습니다. 연대순으로 중요 역사적 사실을
열거하면서 『논어』에 나오는 공자의 언행도 간단하게 소개해
놓았습니다. 『논어』라는 '숲'을 조망하는 데 도움이 되기 바랍니다.

BC 551년(周 靈王 21년, 魯 襄公 22년).

- 노나라 추읍鄹邑 창평향昌平鄉에서 태어나다. 부모가 니구尼丘 산에서 기도하여 낳았다하여 이름을 구丘라고 지었다는 설이 있다. 자字는 중니仲尼이다.
- 이복형이 있는데 그의 자는 맹피孟皮이다. 자기 형님의 딸을 제자 남용南容에게 시집보낸 사실이 공야장편 05-01과 선진편 11-05에 나온다.

3세 • 부친 숙량흘叔梁紇이 별세하다.

4세 • 모친 안징재顏徵在를 따라 노나라 수도 곡부曲阜의 궐리闕里로 이사한다.

6세 • 어머니로부터 기초 교육을 받는다. 장난할 때 제기를 진설하여 제례를 행하는 놀이를 좋아하였다고 한다.

10세 • 노나라 임금 양공襄公이 서거하자, 그의 아들이 즉위하여 소공 昭公이 된다.

14세 • 각종 잡일을 가리지 않고 열성적으로 일한다. "나는 어려서 미천했기 때문에 잡다한 일에 능통했다."는 말이 자한편 09-06에 나온다.

15세 • 공부에 뜻을 둔다(위정편 02-04).

- 노나라가 삼군三軍을 사군四軍으로 개편한다. 숙손叔孫파와 맹손孟孫파가 각 1군, 계손季孫파가 2군을 거느리어 계손파의 전횡이 시작된다. 이 3대 귀족이 노나라 환공桓公의 후손이므로 역사에서는 삼환三桓 또는 삼가三家라고 하고, 그들이 차지한 땅을 삼도三都라고 한다. 숙손, 맹손, 계손의 손孫은 존칭이며 숙씨, 맹씨, 계씨는 평칭이다. 이 경우의 씨氏는 같은 성姓의 분파分派를 의미한다. 노나라의 귀족은 주나라 문왕의 후손

이므로 모두 성이 희姬이다.

17세 • 어머니마저 세상을 떠나 고애자孤哀子가 된다.

• 계씨 가문에서 고위 귀족들을 초청하여 연회를 개최한다.
호기심으로 연회에 참석했다가 계씨의 가신 양호陽虎(양화편의
陽貨와 동일인)에게 쫓겨나는 수모를 당한다.

• 11월에 노나라의 집정자이자 계씨 가문의 최고 가장인 계무자
季武子가 죽는다.

18세 • 키가 대단히 커서 '키다리'[長人]란 별명을 얻는다.

19세 • 기관씨亓官氏 집안의 딸과 결혼한다.

20세 • 아들을 얻는다. 노나라 임금 소공昭公이 잉어를 하사하자 이를
기념하여 아들 이름을 鯉(잉어 리)라고 한다. 자는 백어伯魚이다.

• 딸을 제자 공야장에게 시집보냈다는 사실이 공야장편 05-01에
나오는데, 딸의 출생 연도에 관한 기록은 없다.

• 하급관리인 위리委吏(창고관리자)가 된다. 일을 잘한다는 평을
받는다.

21세 • 승전리乘田吏(가축을 기르는 목축 담당 관리)로 승진한다.

29세 • 악사 양자襄子에게 금琴을 배운다.

30세 • 예법을 익혀 세상에 바로 서게[立] 된다(위정편 02-04).

• 예악을 중심으로 평민 기초 교육에 나선다. 초기 제자로 안로
顏路(안회의 아버지), 증점曾點(증자의 아버지), 백우伯牛, 자로
子路 등이 있다.

• 제나라 경공景公과 재상 안영晏嬰이 노나라를 방문한다.
공자에게 진秦나라 목공穆公이 어떻게 패권을 차지하게 됐는지
그 이유를 묻자, 인재 등용을 잘 했기 때문이라고 답하여
환심을 산다(「공자세가」 422쪽).

34세 • 맹손파의 맹희자孟僖子가 임종하면서 두 아들(孟懿子와 南宮敬叔)에게 공자를 스승으로 모시고 배우라는 유언을 한다.

35세 • 노나라 임금 소공昭公이 계손파를 몰아내려고 공격하자, 삼가(계손, 맹손, 숙손)가 연합하여 대항한다. 소공의 군사가 패하여 소공이 제나라로 도망간다. 공자는 노나라의 난리를 피하여 제자들을 데리고 제나라로 간다.

• 제나라 대부 고소자高昭子의 가신이 되어 제나라 임금 경공을 알현한다.

36세 • 제나라 경공이 정치에 대하여 묻자 "임금은 임금다워야 하고, 신하는 신하다워야 하고, 아비는 아비다워야 하고, 자식은 자식다워야 합니다."라고 대답한다(안연편 12-11).

• 제나라 경공이 니계尼谿 땅을 공자에게 분봉해 주려고 하자, 재상 안영晏嬰이 만류하는 바람에 성사되지 못한다. 안영이 반대한 사유는 「공자세가」(423쪽)에 상세히 소개되어 있다.

• 제나라의 태사와 음악에 대해 토론을 한다. 3개월 동안 고기 맛을 잊을 정도(술이편 07-13)로 음악에 심취한다.

37세 • 경공이 계씨와 맹씨의 중간 정도로 대우해 주겠다고 한다. 제나라 대부들이 공자를 모함하는 소문이 파다해진다.

• 경공이 "내가 [너무] 늙어서… [그대를] 등용할 수는 없을 것 같소."라고 하는 말을 듣자(미자편 18-03), 실망하여 제나라를 떠나 노나라로 돌아온다.

40세 • 불혹不惑의 나이를 맞이한다(위정편 02-04).

42세 • 노나라 임금 소공昭公이 쫓겨나 진晉나라로 도망갔다가 건후乾侯에서 죽는다. 계손파의 우두머리 계평자季平子가 소공의 아우를 임금으로 추대하기로 한다.

43세 • 소공의 영구靈柩가 노나라로 돌아오자 장례를 치르고, 소공의
　　　　아우가 즉위하여 정공定公이 된다.

47세 • 계손파의 우두머리 계평자가 죽자, 가신인 양호陽虎(=陽貨)가
　　　　계평자의 아들 계환자季桓子를 잡아 가두고 정권을 차지한다.

　　• 양호가 공자를 회유하려고 갖은 애를 쓴다. 마지못해 대답했으나
　　　　(양화편 17-01), 결국은 가담하지 않는다.

　　• 시詩, 서書, 예禮, 악樂에 힘쓰고 제자 교육에 매진한다.
　　　　제자들이 갈수록 늘어나 먼 곳에서 찾아와 글 배우기를 청한다
　　　　(「공자세가」 426쪽). 이 때 공자는 제자들에게 "거친 밥 먹고
　　　　찬물 마시고, 팔 굽혀 베개를 삼을 지라도, 즐거움이 또한 그
　　　　가운데 있다! 떳떳하지 않게 부자가 되고 귀한 신분이 되는 것은
　　　　나에게는 뜬구름과 같다."라고 말한다(술이편 07-15).

50세 • 하늘이 부여해준 운명을 안다는 지천명知天命의 나이를 맞이한다
　　　　(위정편 02-04).

　　• 겨울, 양호陽虎가 삼환三桓의 세력을 제거하고자 계씨를
　　　　살해하려다 미수에 그치고, 양관陽關지역으로 도망가서 그곳을
　　　　거점으로 반란을 꾀한다.

　　• 공산불뉴公山不狃가 비읍費邑에서 계씨를 모반하고 사람을
　　　　시켜 공자를 부른다. 처음에는 가려고 하다가 강직한 제자
　　　　자로가 "가실 곳이 없으면 그만이지! 하필이면 (잔악무도한)
　　　　공산씨에게 가려고 하십니까?"라고 볼멘소리로 반대한다. 부
　　　　득이 포기하면서 그래도 미련이 남은 듯 이렇게 말한다.
　　　　"무릇 나를 부른다면 어찌 공연히 그러겠는가? 만약 나를 등용
　　　　하겠다는 이가 있으면, 내가 그 나라를 동쪽 주나라 같은 [이상
　　　　국가]가 되도록 하겠다!"(양화편 17-05).

51세 • 6월에 노나라가 양호를 제거하려고 양관을 공격한다. 양호는 포위망을 뚫고 제나라로 도망친다. 다시 송나라를 거쳐 진晉 나라로 가서 조간자趙簡子에게 투항한다.

• 노나라 정공이 공자를 중도中都의 읍재로 삼으니 1년 만에 사방에서 본받는다.

52세 • 중도의 읍재에서 국토를 관장하는 사공司空으로 승진하고, 다시 국법을 관장하는 대사구大司寇로 승진한다.

• 여름에 제나라와 노나라가 강화조약을 맺는다. 노나라 정공이 제나라 경공과 회맹을 맺을 때 정공을 도와 일을 잘 성사시킨다. 예전에 제나라에게 빼앗겼던 땅을 돌려받는 등 큰 공을 세운다.

53세 • 노나라의 국법을 총괄하는 대사구 역할을 잘 수행한다. 나라를 크게 안정시켜 백성들의 칭송을 한 몸에 받는다.

54세 • 노나라의 대사구인 공자, 계씨의 가재家宰가 된 제자 자로子路 둘이 힘을 모은다. 사가私家 세력을 무너뜨리고 임금의 공실 公室을 강화시키는 비책을 정공에게 건의한다. 아울러 계씨, 숙씨, 맹씨 삼가의 삼도三都를 무너뜨릴 계획을 세운다.

• 가신들의 반란으로 힘이 약해진 숙씨와 계씨의 읍성을 함락시키는 데 성공한다.

• 비읍의 읍재인 공산불뉴가 세력을 규합하여 노나라의 수도인 곡부를 공격해 들어온다. 대부들을 이끌고 반격을 가하여 공산 불뉴의 세력을 궤멸시킨다. 공산불뉴는 제나라로 도망을 간다. 이리하여 계씨가 장악했던 비읍까지 함락시키는데 성공한다.

• 이어 맹씨 세력의 아지트인 성읍郕邑 공략을 감행했으나, 맹씨 가신들의 맹렬한 반항을 꺾지 못하고 실패한다. 이리하여 삼도를 함락시키려던 계획은 반쯤 성공으로 막을 내린다.

55세 • 노나라가 정치적인 안정을 되찾자 이웃 제나라가 겁을 먹는다. 제나라가 노나라의 국정을 교란시키고자 미녀 80명과 말 120필을 노나라에 바친다. 노나라 실권자인 대부 계환자季桓子가 이를 흔쾌히 받아들인다. 노나라의 군신들이 여색에 눈이 멀어 정사를 돌보지 않고 조회조차 여러 날 열리지 않는다.

• 이에 크게 환멸을 느껴 제자들과 함께 고국 노나라를 떠난다 (미자편 18-04). 악사 기기가 전송하며 "선생에게는 아무 잘못이 없는데 왜 떠나십니까?"라고 하자 노래로 답한다.

군주가 여인의 말을 믿으면 군자는 떠나가고,

군주가 여인을 너무 가까이 하면 신하와 나라가 망한다.

유유히 자적하며 이렇게 세월이나 보내리라.

• 그리하여 13년간 여러 나라를 주유周遊하며 전전하게 된다.

• 먼저 위衛나라의 수도인 제구帝丘로 가서 자로의 처형 집에 머문다.

• 위나라 영공靈公이 노나라에서 받던 대우 이상으로 융숭하게 대접한다. 후에 누군가의 참언讒言으로 감시를 받게 된다.

• 11월, 영공의 신임이 달라졌음을 눈치 채고 위나라를 떠나 진陳나라로 간다.

• 광匡 땅을 지나다 양호陽虎(=陽貨)로 오인 받아 구금당하는 수난을 겪는다(자한편 09-05).

• 포蒲 땅에서도 큰 어려움을 겪고 다시 위나라 수도로 돌아와 대부 거백옥蘧伯玉의 집에 유숙한다.

56세 • 위나라를 돌아온 공자, 영공의 호색 부인 남자南子가 만나자는 요청을 해온다.

• 제자 자로가 극구 반대함에도 그녀를 만나본다. 그리고 나와서

맹세한다. "내 진정 불미스러운 일이 있었다면, 하늘이 노여워할 것이다! 하늘이 노여워할 것이다!"(옹야편 06-26).

- 한 달 후 영공이 부인과 함께 수레를 타고 시내를 순시할 때 뒤 차에 공자를 태우고 위세를 피운다.
- 그런 일이 있고 난 뒤에 제자들에게 이런 말을 한다. "나는 덕을 좋아하기를 여색을 좋아하는 것처럼 하는 자를 보지 못했다" (자한편 09-17).

57세 • 위나라에 체류 중일 때, 노나라에서는 큰 변화가 일어난다. 정공이 죽고 그의 아들이 즉위하여 애공哀公이 된다.

59세 • 위나라 영공이 자신을 등용하지 아니하자 탄식하여 말한다. "실로 나를 등용해 주는 [나라가] 있다면 1년 만이라도 괜찮겠다. 3년이면 [더욱 큰] 성과를 올리겠다."(자로편 13-10).

- 하루는 위나라 영공이 불러 군사에 관하여 묻자 이렇게 답한다. "제례에 관한 일은 일찍이 들어서 [좀 알지만], 군사에 관한 일은 아직 배우지 못했습니다."
- 위나라 임금이 자기를 등용시켜 줄 가망이 없음을 직감하고, 위나라를 떠나 다시 서쪽으로 가서 진晉나라 조간자趙簡子에게 의탁하려 한다. 황하에 이르러 조간자가 현인 두 사람을 살해했다는 소문을 듣고는 탄식하며 위나라로 돌아갔다가 다시 송나라로 간다.
- 송나라로 가는 도중에 큰 나무 아래에서 제자들에게 예법을 강의한다. 송나라의 사마司馬인 환퇴桓魋가 공자를 살해하려고 그 나무를 베어버린다. 제자들이 빨리 피하라고 하자 이렇게 말한다. "하늘이 내게 덕을 이어갈 사명을 주셨거늘, 환퇴 따위가 나를 어찌하겠는가!"(술이편 07-22).

- 다시 정鄭나라로 간다. 정나라에서도 그를 받아주지 않자 하는 수 없이 진陳나라로 간다.
- 그해 여름 위나라 영공이 죽는다. 국외로 도망간 아들 대신 손자가 즉위하여 출공出公이 된다. 이런 와중에 공자가 출공을 위해 벼슬을 하겠느냐는 문제를 두고, 염유와 자공이 실랑이를 벌인다 (술이편 07-14).

60세 • 이순耳順의 나이를 맞이한다(위정편 02-04).
- 가을에 노나라의 실권자 계환자가 병이 들어 일찍이 공자를 등용하지 못한 것을 후회한다. 아들 계강자에게 공자를 불러 등용하라고 당부한다. 계강자는 공자 대신 그의 제자 염구를 부른다.
- 진陳나라에 머물고 있던 중에 그런 노나라 소식을 접하고도 마음의 동요를 일으키지 않는다.

61세 • 진陳나라에 체류할 때 (하루는 고국 노나라 생각이 간절했던지 제자들에게) 이런 푸념을 늘어놓는다(공야장편 05-21).
"돌아가자! 돌아가! 이곳 젊은이들은 뜻은 크지만 일을 함에는 소홀하다. 문물은 빛나지만, [내가] 어떻게 마름질해야 할지 모르겠다."

63세 • 오나라가 진나라를 침략한다. 초나라가 구원해 주었으나 진나라는 큰 혼란에 빠진다. 진나라에 머물고 있던 공자, 제자들과 함께 진나라를 떠나 부함負函으로 가고자 길을 떠난다. 그곳은 초나라의 어진 대부 섭공葉公이 주재하는 곳이라 큰 희망을 가진다.
- 초나라로 가는 길목인 진나라와 채나라의 국경에 당도했을 때, 식량이 떨어져 7일 동안 큰 시련을 겪는다. 굶주린 제자들이

병이 들어 신음 한다. 그런데도 예나 다름없이 강습과 독서에
열중하고 때로는 거문고를 켜며 의연함을 보인다.

- 성미가 급한 제자 자로가 분연히 일어나 한마디 한다. "군자도
[이토록] 궁할 때가 있습니까?" 이에 대한 공자의 답은 이랬다.
"군자는 궁함을 그대로 받아들여 [분수를 지키는데], 소인은
궁하면 분수를 지키지 못하고 함부로 행동한다."(위령공편 15-
01).

- 초나라로 가는 도중에 장저와 걸닉 두 은자隱者를 만난다
(미자편 18-06).

- 드디어 초나라 부함에 도착한다. 초나라의 현인으로 명망이 높은
섭공이 정치에 대해 묻자, "가까이 있는 사람들을 기쁘게 해주어,
먼 곳에 있는 사람들이 찾아오게 해야 합니다."라고 답한다
(자로편 13-16).

- 하루는 섭공이 공자의 사람됨을 자로에게 물어보자, 자로가
대답을 하지 못한다. 후에 이 사실을 알고는 자로에게 이렇게
말한다. "그대는 어찌 이렇게 말하지 않았던가? '그는 사람됨이
일에 열중하여 먹는 것도 잊어버리고, [학문하는] 즐거움으로
근심을 잊으면서, 늙어가는 것도 모르고 살아가는 그런
사람입니다.'라고 말했으면 좋을 텐데!"(술이편 07-18).

- 초나라의 접여接輿가 미친 척하며 공자 옆을 지나며 이렇게
노래한다(미자편 18-05).

  봉황새야! 봉황새야!

  그대의 덕이 어찌하여 이토록 쇠락했느냐?

  지난날의 잘못이야 돌이킬 수 없지만,

  앞날의 잘못은 피할 수 있지 않으랴!

아서라, 그만두어라!

요즘 정치하는 자들 모두 다 위험하니까!

공자는 마차에서 내려 이야기를 나누고 싶었으나, 그가 급히
피하는 바람에 만나지 못한다.

● 초나라 소왕昭王이 공자를 중용하고 융숭하게 대접한다. 서사
書社의 땅 700리를 공자에게 봉하려고 하자, 영윤 자서가
만류하여 성사되지 못한다.

● 초나라에 머물면서 공자의 강학이 당시 문화적으로 낙후된
그 지역에 중원문화를 전파하는 계기가 된다.

64세 ● 위나라에서 벼슬하는 제자들이 많다. 그들의 요청으로 다시
위나라로 돌아온다. 자로가 묻는다. "위나라 임금이 선생님을
모셔서 큰일을 하려고 하십니다. 선생님은 장차 무엇을 먼저
하시겠습니까?" 공자, (단호한 목소리로) "반드시 명분을 바로
잡겠다."고 답한다. 자로, (안타깝다는 듯 한숨을 쉬며) "그렇게
하신다고요? 선생님께서는 세상 물정을 참 모르십니다. [많고
많은 일을 다 두고] 어찌 [명분을] 바로 잡겠다고 하십니까?"
이 같은 정명론에 대해 길고도 명쾌한 설명이 자로편(13-03)에
나온다.

● 여름에 노나라 애공이 위나라와 회합을 할 때 제자 자공이 큰
공을 세운다.

65세 ● 위나라에 머문다.

● 3월 오나라가 노나라를 침범하여 크게 패하고 돌아간다. 공자
제자 유약有若이 참전하여 공을 세운다.

67세 ● 부인 기관씨가 별세한다.

68세 (노나라 애공 11년)

- 봄, 제나라가 노나라를 침략하여 전쟁이 벌어진다. 제자 염구가 장수로 출전하여 제나라를 격퇴시키는 큰 공을 세운다. 노나라 실권자인 계강자가 염구에게 승리한 이유를 물어본다. 공자에게 배웠기 때문이라며 스승을 추천한다. 계강자가 위나라로 사람을 보내 패물을 전달하며, 고국으로 돌아올 것을 요청한다.
- 그리하여 주유천하를 끝내고 14년 만에 꿈에도 그리던 고국 노나라로 돌아온다.
- 애공이 묻는다. "어떻게 하면 백성이 잘 복종하겠습니까?" 이에 공자는 "곧은 사람을 굽은 사람보다 높은 자리에 두면 백성이 복종하고, 굽은 사람을 곧은 사람보다 높은 자리에 두면 백성이 불복합니다."라고 답한다(위정편 02-19).
- 계강자가 정치를 어떻게 해야 하느냐고 묻는다. "정치는 바르게 하는 것입니다. 그대가 올바른 모범을 보인다면 누가 감히 바르게 하지 않겠습니까!"라고 답한다(안연편 12-17).
- 계강자의 계속되는 물음과 이에 대한 공자의 대답이 위정편 02-20, 옹야편 06-06, 향당편 10-11, 선진편 11-06, 안연편 12-18에 줄줄이 나온다.
- 노나라 애공은 실권이 없었으니 그렇다 치고, 정권을 완전히 장악한 계강자가 각종 자문만 구할 뿐 끝내 공자를 등용하지 않는다.
- 공자도 더 이상 벼슬을 구하지 않고, 문헌 정리와 교육 사업에 전력을 기울인다.
- 서전書傳과 예기禮記의 서문을 짓고, 시경詩經을 산정刪定하고 악樂을 바로 잡고, 주역을 짓는다. 제자가 3천명이나 되고, 육예 六藝를 통달한 자만해도 72명이나 된다.

69세 • 노나라 태사(악관)와 더불어 음악을 연주하는 과정에 대해서

논한다(팔일편 03-23).

- 귀국 후 업적을 제자들에게 이렇게 술회한다. "내가 위나라에서 노나라로 돌아온 후에 음악이 바로 잡혔고, 『시경』의 아雅와 송頌이 각각 제자리를 찾게 되었다."(자한편 09-14).
- 손자(伋, 子思)를 얻는 경사와 아들(鯉)을 잃는 애사가 겹친다.

70세
- 고희古稀를 맞으면서 스스로 "70살에는 내키는 대로 해도 사람의 도리에 벗어나지 않게 되었다."고 자평한다(위정편 02-04).
- 주역 편찬에 주력하고 위편삼절韋編三絶의 고사가 나올 정도로 독서에 매진한다(술이편 07-16).

71세
- 수제자 안회가 사망한다(향년 41세). "아아! 하늘이 나를 망치는구나! 하늘이 나를 망치는구나!"라며 통곡을 한다(선진편 11-08).
- 6월, 제나라의 진항陳恒(田成子)이 제나라 간공簡公을 시해하자, 공자가 노나라 애공과 삼환에게 그를 토벌하여 군신의 의리를 바로 잡을 것을 건의했으나 미동도 하지 않는다. 제나라의 정변으로 재여가 사망한다.

72세
- 겨울, 위나라에서 정변이 벌어진다. 국외로 도망했던 괴외蒯聵가 자신의 아들 출공出公을 축출하고 장공莊公으로 즉위한다. 그 때 자로가 위나라 대부 공리孔悝의 읍재邑宰로 있다가 정변 와중에 희생되자 매우 비통해 한다.

73세 애공 16년(BC 479)
- 하력夏曆 2월 11일, 병환으로 누운 지 7일 만에 영면한다. 곡부 북쪽 사수泗水 부근에 묻힌다.
- 노나라 임금 애공이 추모의 글에서 이렇게 애도한다. "하늘도 무심하여 한 노인마저 남겨 놓지 않고 데려가고, 나 한 사람만

여기에다 버려두어 외로움에 울게 하는구나! 아, 슬프다! 니보
尼父여! 내 다시는 스스로 얽매이지 않으리라!"(「공자세가」453쪽).

- 제자 자공이 애공의 애도사를 보고 이렇게 탄식한다. "군주는
아마도 노나라에서 천명을 다할 수 없을 것이다. 선생님이 이전에
말씀하시기를 '예법을 잃으면 질서가 무너지고, 명분을 잃으면
과오가 생긴다. 의지를 잃는 것은 혼란이고, 당위성을 잃는 것은
과실이다.'라고 하셨는데, 살아생전에 중용하지 못하고서 죽은
후에 애도하는 것은 곧 예의에 합당하지 않는 말이다. 그리고 또
제후의 신분으로 '나 한 사람'이라고 칭하는 것은 실로 명분에
맞는 말이 아니다."(「공자세가」453쪽).

- 제자들이 모두 3년 상을 지낸다. 오직 자공만은 무덤 옆에 초막을
짓고 3년을 더 지키다 6년 만에 묘소를 떠난다.

- 후에 공자의 제자들과 노나라 사람들이 무리를 지어 무덤가에
와서 집을 짓고 산다. 그런 사람들이 100여 가구나 됐으며, 그곳을
'공자마을'[孔里]이라 불렀다.

공자의 제자들

『논어』는 공자의 언행과 제자들과의 대화가 주종을 이룬다. 따라서
공자의 제자들에 대하여 미리 알아 두면 이해가 대단히 쉽다. 일찍이
한나라 때 사마천司馬遷은 「중니제자열전」을 엮었다. 이 열전에는
총 77명의 제자가 언급되어 있다. 그러나 『논어』에 직접 등장하는 제자는
27명이다. 특히 선진편 11-02에는 네 분야로 나누어 뛰어난 제자를
열거하고 있다. ❶덕행: 안연, 민자건, 염백우, 중궁. ❷언어: 재아, 자공.
❸정사: 염유, 계로. ❹문학: 자유, 자하. 이상 10대 제자를 '공문십철孔
門十哲'이라고 하며 덕행, 언어, 정사, 문학을 공문사과孔門四科라고 한다.
술이편 07-24에 나오는 문文, 행行, 충忠, 신信을 공문사과 또는 공문사교
孔門四敎라고도 한다.
　　10대 제자가 『논어』에 등장하는 횟수는 각각 큰 차이가 있다.
등장 빈도를 기준으로 열거해 보면 ①계로(자로) 42회, ②자공 39회,
③자하 20회, ④안연(안회) 18회, ⑤염유(염구) 15회, ⑥자유 8회,
⑦중궁 6회, ⑧민자건 5회, ⑨재아 5회, ⑩염백우 2회 순이다.
공문십철에 들지 못하는 제자는 대체로 나이가 어렸기 때문인데,
『논어』에 출현하는 횟수가 상당히 많은 이들도 있다. 이를테면 ❶자장
(48세 연하) 21회, ❷증자(46세 연하) 13회, ❸번지(36세 연하) 6회 등이다.
　　이상 13명의 제자를 나이순으로 열거하여 출현 횟수를 명시해
보면, ①염백우(7세 연하) 2회, ②계로(자로 9세 연하) 42회, ③민자건
(15세 연하) 5회, ④염유(염구 29세 연하) 15회, ⑤중궁(29세 연하) 6회,

⑥안연(안회*30세 연하) 18회, ⑦재아(36세 연하) 5회, ⑧번지(36세 연하) 6회, ⑨자공(44세 연하) 39회, ⑩자하(44세 연하) 20회, ⑪자유(45세 연하) 8회, ⑫증자(46세 연하) 13회, ⑬자장(48세 연하) 21회이다.

◆ 13명 제자 명단(가나다순)

통칭	자(字)	성명(이름)	등장횟수	나이차	4대 분야
민자건	子騫	閔損	5회	15세	[덕행]
번지	樊遲	樊須	6회	36세	
안연	顔淵	顔回	18회	*30세	[덕행]
염백우	伯牛	冉耕	2회	7세	[덕행]
염유	冉有	冉求	15회	29세	[정사]
자공	子貢	端木賜	39회	44세	[언어]
자로	子路	仲由	42회	9세	[정사]
자유	子游	言偃	8회	45세	[문학]
자장	子張	顓孫師	21회	48세	
자하	子夏	卜商	20회	44세	[문학]
재아	宰予	宰我	5회	36세	[언어]
중궁	仲弓	冉雍	6회	29세	[덕행]
증자	子輿	曾參	13회	46세	

*당시 호칭 예법으로 임금, 스승, 아버지는 이름(또는 성명)을 부르고 친구끼리는 자(字)를 불렀다. 따라서 이름과 자, 둘다 잘 알아둘 필요가 있다.

*사마천의 『사기·중니제자열전』은 안연이 30세 연하라고 하였고, 『공자가어』의 제38편 「72제자해」에서는 안연이 31세에 요절했다고 한다. 공자가 옹야편(06-02)에서 애공에게 "불행하게도 일찍 죽었다(不幸短命死矣)."고 말할 당시 공자는 71세 였다. 그렇다면 안연이 40세 연하이거나 아니면 안연이 41세 때 죽은 것으로 보아야 말이 된다. 이러한 문제점을 최초로 제기한 학자는 모기령毛奇齡(『論語稽求篇』저자)이다. 그는 『사기』의 "少孔子三十歲"의 三十은 四十의 오류로 보았다(참고, 楊伯峻 『論語譯注』54쪽). 『사기』가 옳다면, 『공자가어』가 틀렸고, 반대로 『공자가어』가 옳다면 『사기』가 틀린 셈이다. 『공자가어』의 "三十一早死"가 '四十一早死'의 오류일 가능성이 더 높을 것 같다. 자한편(09-05), 선진편(11-22), 미자편(18-04) 등을 종합해 볼 때 55세에 노나라를 떠날 때 안연이 공자를 수행했으며, 이 때 그가 15세가 아니라 25세일 개연성이 훨씬 높기 때문이다. 그렇다면 공자 71세 때 안연이 죽었고 그때 안연은 31세가 아니라 41세였을 것이다.

| 조연 2 | 정적들

공자의 가장 큰 정적, 즉 정치적으로 가장 크게 대립한 세력은 삼환이
다. '삼환三桓'은 공자가 태어나기 약 140년 전부터 족벌을 형성한
노나라의 3대 귀족을 말한다. 모두 노나라 환공桓公의 자손이므로
삼환이라고 한다. 환공桓公은 아들이 넷이었는데, 큰 아들이 임금의
자리를 이어받아 장공莊公이 되고, 둘째가 맹씨孟氏, 셋째가 숙씨叔氏,
넷째가 계씨季氏이다. 이 삼형제의 자손이 번창하여 큰 족벌을 형성함
에 따라, 각각 맹손씨孟孫氏, 숙손씨叔孫氏, 계손씨季孫氏라 불리게 된다.
손孫은 존칭이고, 씨氏는 김씨, 이씨의 씨가 아니라 같은 성의 분지分枝,
즉 분파分派를 의미한다. 우리나라 방식으로 말하자면 맹손파, 숙손파,
계손파인 셈이다.

　　그들의 세력이 대단히 커서 공실公室, 즉 노나라 왕실을 능가할
정도였다. 이 가운데 계손씨의 세력이 가장 셌다. '삼환'이라는 명칭은
계씨편(16-03)에 딱 한번 등장하지만, 각 파별로는 매우 많이 출현한
다. 그러므로 『논어』를 이해하는 중요한 축이 바로 삼환이다. 각 파별로
『논어』에 등장하는 예를 좀 더 자세히 알아보자.

　　계손씨, 즉 계손파가 『논어』에서는 계씨季氏라는 이름으로 모두 7
차례(03-01, 03-06, 06-07, 11-16, 13-02, 16-01, 18-03), 계손季孫이라는
이름으로 2차례(14-38, 16-01) 등장한다. 특정 인물로 출현하는 예는
계문자季文子(05-19), 계환자季桓子(계문자의 5세손, 18-04), 계강자
季康子(계환자의 아들, 02-20, 06-06, 10-11, 11-06, 12-17, 12-18)가

있다.

맹손씨, 즉 맹손파는 맹씨孟氏라는 이름으로는 자장편(19-19), 맹손孟孫이라는 이름으로는 위정편(02-05)에 각각 한 번씩 출현한다. 특정 인물로 출현하는 예는 맹의자孟懿子(02-05), 맹무백孟武伯(맹의자의 아들, 02-06, 05-07), 맹경자孟敬子(맹무백의 아들, 08-04)가 있다.

자장편 19-18에 등장하는 맹장자孟莊子는 맹손파와 무관하다 (본명 仲孫連). 헌문편(14-38), 자장편(19-23)에 두 번 등장하는 자복경백 子服景伯은 맹손파의 방계 후손이다. 헌문편 14-06에 나오는 남궁괄 (=남궁경숙)은 맹희자의 아들이자 맹의자의 동생이다.

숙손씨, 즉 숙손파는 숙손무숙叔孫武叔이 자장편(19-23)에 딱 한번 등장할 뿐이다.

삼환 각 파의 인물들이 『논어』에 등장하는 횟수가 세력의 크기, 국정 농단의 정도와 정확하게 일치한다. 공자가 그들과 쌓은 미운 정 고운 정이 고스란히 『논어』에 담겨있다. 노나라 임금 정공定公(BC 509 ~495 재위, 공자 43~57세)과 힘을 합쳐 그 세력을 몰아내려고 하다가 실패한 것이 노나라를 떠나 전국을 떠돌아다닌 계기였다. 14년 만에 고국으로 돌아온 것도 계환자와 계강자의 간곡한 요청 때문이었다.

◆ 삼환의 세계世系

孟孫氏│　孟僖子 →　┌ 孟懿子 →　　孟武伯 →　　孟敬子
　　　　　　　　　　└ 南宮敬叔

叔孫氏│　叔孫成子 →　叔孫武叔

季孫氏│　季文子 ‥‥　季平子 →　　季桓子 →　　季康子

| 조연 3 | 임금들

봉건제도하에서는 주나라만 임금을 왕王이라고 했으며, 제후 국가에서
는 공公이라 했다. 동주시대에는 초나라만 왕王이라고 하고, 다른 나라
는 모두 공이라고 했다. 따라서 공실公室이라 하면 왕실을 의미한다.
『논어』에 등장하는 임금은 노魯나라의 소공昭公과 정공定公, 애공哀公.
제齊나라의 경공景公, 위衛나라의 영공靈公이 있다. 『논어』를
이해하는 또 하나의 중요한 축이 된다. 각 임금 재위 기간을 공자의
연세로 나타내고, 『논어』에 출현되는 편장을 찾아 적어보면 다음과
같다.

나라	임금	재위 기간	논어 출현편장
노나라	소공昭公	공자 10~41세	07-30
	정공定公	공자 42~56세	03-19, 13-15
	애공哀公	공자 57~73세	02-19, 03-21, 06-02, 12-09, 14-22
제나라	경공景公	공자 -3~60세	12-11, 16-12, 18-03
위나라	영공靈公	공자 18~59세	14-20, 15-01

【제1편】 학이 學而

1

(오늘 따라 많은 제자들이 찾아와 대단히 기뻐서 목소리가 우렁차다.)

공자 배우며 때맞추어 복습하면 그 또한 기쁘지 아니하랴!
　　　　먼 곳에서 친구가 찾아오면 그 또한 즐겁지 아니하랴!
　　　　남이 알아주지 않아도 성내지 않으면 그 또한 군자답지
　　　　아니하랴!

2

(스승보다 13세 어린 제자 유자도 어느덧 일가를 이루어 학생들을
모아놓고 가르친다. 이날따라 목소리가 낭랑하기 이를 데 없다.)

유자 사람됨이 효성스럽고, 공경하면서도 윗사람에게 대들기를
　　　　좋아하는 자는 드물다.
　　　　윗사람에게 대들기를 좋아하지 않으면서, 반란 일으키기 좋아
　　　　하는 자는 여태껏 없었다.
　　　　군자가 기본에 힘쓰는 것은 기본이 바로 서야 나아갈 길이
　　　　생기기 때문이다.
　　　　효성과 공경은 아마도 인仁을 실천하는 바탕이리라.

3

(문득 한 영악한 인물이 떠오른 듯 약간 상기된 표정을 지으며)

공자 말을 교묘하게 잘하고 얼굴빛을 잘 꾸미는 사람이 인仁한
　　　　예는 드물다.
　　　　　※ 양화편 17-17에도 같은 말이 나온다.

4

(공자보다 46세나 어린 제자 증자*도 어느덧 일가를 이루어 학당을 차려
학생들을 가르친다. 초보 선생님답지 않게 노련하다.)

1

子曰: 學而時習之, 不亦說乎!
자 왈　학 이 시 습 지　불 역 열 호

有朋自遠方來, 不亦樂乎!
유 붕 자 원 방 래　불 역 락 호

人不知而不慍, 不亦君子乎!
인 부 지 이 불 온　불 역 군 자 호

習(익힐 습): 복습하다.
說(말씀 설): 기쁘다(=悅열).
人(사람 인): 남. 다른 사람.
慍: 성낼 온.

2

有子曰: 其爲人也孝弟, 而好犯上者, 鮮矣;
유 자 왈　기 위 인 야 효 제　이 호 범 상 자　선 의

不好犯上, 而好作亂者, 未之有也。
불 호 범 상　이 호 작 란 자　미 지 유 야

君子務本, 本立而道生。
군 자 무 본　본 립 이 도 생

孝弟也者, 其爲仁之本與!
효 제 야 자　기 위 인 지 본 여

弟(아우 제): 공경하다.
　우애롭다(=悌).
犯(범할 범): 대들다.
未(아닐 미): 아직 ~않다.
與(더불 여): 어조사(=歟).

3

子曰: 巧言令色, 鮮矣仁。
자 왈　교 언 영 색　선 의 인

令: 꾸밀 영.
鮮: 드물 선.

4

증자* 나는 날마다 세 가지로 내 몸을 살핀다.

남을 위해 일을 꾀함에 충성스럽지 아니했는가?

친구를 사귐에 믿음을 잃지 아니했는가?

전해 배운 바를 다시 익히지 아니했는가?

증자曾子(BC 506~436) | 이름은 삼參. 아버지 증석曾晳도 공자 제자이다.
공자보다 46살이 어리다. 공자의 손자 공급孔伋(子思)에게 도를 전수했고, 공급의
문인이 맹자를 가르쳐 유학이 성립됐다.

5

(제자들이 큰 나라를 다스리는 일에 종사할 것에 대비하여 미리
방안을 알려준다.)

공자 일천 수레의 큰 나라를 다스리려면,

일을 경건하게 하고 믿음이 가게 해야 하고,

물건을 아껴 쓰고 남을 사랑해야 하며,

백성 사역은 철에 맞게 해야 한다.

6

(글공부도 중요하지만 먼저 '사람이 되어야 함'을 강조하며 조목조목
알려준다. 뒤에서 한눈파는 제자가 있어도 꾸짖지 않는다.)

공자 아우나 자식 된 사람은 집에서는 효도하고,

밖에서는 공손해야 하며,

삼가 조심하여 믿음을 얻어야 하고,

널리 많은 사람을 아껴주며,

어진 사람을 가까이해야 한다.

[그런 일을] 한 후에 힘이 남으면 글을 익혀야 한다.

曾子曰: 吾日三省吾身:
증 자 왈　 오 일 삼 성 오 신

爲人謀而不忠乎?
위 인 모 이 불 충 호

與朋友交而不信乎?
여 붕 우 교 이 불 신 호

傳不習乎?
전 불 습 호

5

子曰: 道千乘之國,
자 왈　 도 천 승 지 국

敬事而信,
경 사 이 신

節用而愛人,
절 용 이 애 인

使民以時。
사 민 이 시

道(길 도): 이끌다(=導).
　　다스리다.
愛(사랑 애): 아끼다.

6

子曰: 弟子入則孝,
자 왈　 제 자 입 즉 효

出則弟,
출 즉 제

謹而信,
근 이 신

汎愛衆,
범 애 중

而親仁。
이 친 인

行有餘力, 則以學文。
행 유 여 력　 즉 이 학 문

7

(문학에 뛰어난 재능을 지닌 제자 자하*가 하루는 선생님을 대신하여
발표 수업을 한다. 나이는 어리지만 당차고 목소리도 씩씩하다.)

자하* 어진 사람을 어질게 대하며 여색을 멀리하고,

부모를 섬김에 있어 온 힘을 다하고,

임금을 섬김에 있어 온 몸을 바치며,

벗과 사귐에 있어 말을 미덥게 한다면,

비록 배우지 못했다 해도, 나는 반드시 그를 배운 사람이라 할
것이다.

자하子夏 | 성은 복卜, 이름은 상商. 공자보다 44세 연하이고, 자유子游와 더불어
문학에 뛰어났다.

8

(군자론 시간인 만큼, 위엄을 갖추어 굵은 목소리로)

공자 군자는 진중하지 아니하면 위엄스럽지 아니하고,

배우면 고집 피우지 아니한다,

충성과 신의를 주로 하고,

자기보다 못한 이와 벗하지 아니하며,

잘못했으면 바로 고치기를 꺼리지 말아야 한다.

9

(작은 학당에 학생들이 제법 많이 찾아온다. 기쁨을 감추고 근엄한
목소리로.)

증자 장례를 신중하게 하고 먼 조상까지 추모하면 백성의 덕망이
두텁게 될 것이다.

10

(공자의 제자라는 설이 있으나, 자공의 제자라는 설이 더 유력한)

7

子夏曰: 賢賢易色;
자 하 왈　현 현 역 색

　　事父母, 能竭其力;
　　사 부 모　능 갈 기 력

　　事君, 能致其身;
　　사 군　능 치 기 신

　　與朋友交, 言而有信;
　　여 붕 우 교　언 이 유 신

　　雖曰未學, 吾必謂之學矣。
　　수 왈 미 학　오 필 위 지 학 의

事: 섬길 사.
竭: 다할 갈.

8

子曰: 君子不重則不威,
자 왈　군 자 부 중 즉 불 위

　　學則不固。
　　학 즉 불 고

　　主忠信,
　　주 충 신

　　無友不如己者,
　　무 우 불 여 기 자

　　過則勿憚改。
　　과 즉 물 탄 개

固(굳을 고): 고루하다.
憚: 꺼릴 탄.

9

曾子曰: 愼終, 追遠, 民德歸厚矣!
증 자 왈　신 종　추 원　민 덕 귀 후 의

10

자금이 자공에게 묻는다.

자금* 선생님께서 어떤 나라에 이르면 반드시 정치에 대해 듣고자
하더군요.
구하여 듣는 것입니까?
아니면 [가만히 있는데 누가] 말해준 것입니까?

자공* 우리 선생님은 온화하며, 선량하고, 공손하며, 검소하고, 겸양함
으로써 얻는다.
선생님이 구하는 것은 다른 사람이 구하는 것과 사뭇 다르다.

자금子禽 | 진陳나라 사람으로 이름은 강亢. 공자보다 40세 어리다. 자공의 제자라
는 설이 있다. 계씨편 16-13에는 진강陳亢으로 나오는데 동일인이라는 설이 있다.
자공子貢 | 성은 단목端木, 이름은 사賜. 위衛나라 사람으로 스승보다 31세 연하.
언어에 뛰어나고, 재테크를 잘하여 공자를 물심양면으로 크게 도왔다.

11

(효에 관한 강의인 만큼 목소리를 낮추어 차분하게)

공자 부친이 살아계신 사람은 그의 뜻을 살펴보면 [효자인지 알고],
부친이 돌아가신 사람은 그의 행동을 살펴보면 [효자인지 안다].
삼 년이 지나도 부친의 방식을 바꾸지 아니하면 가히 효자라 할
수 있다.

12

(학당을 개설한지 얼마 되지도 않았는데 의젓하게 강의를 잘한다.)

유자 예禮의 씀씀이는 어울림이 귀중하다.
선왕의 도는 예를 아름답게 여겼으며, 크고 작은 일이 모두
예에서 비롯되었다.
그런데 행하지 못할 것이 있고, 어울림을 알아야 어울리게 할 수
있으니, 예禮로써 조절하지 아니하면 행할 수 없다.

子禽問於子貢曰: 夫子至於是邦也, 必聞其政。
자 금 문 어 자 공 왈　부 자 지 어 시 방 야　필 문 기 정

求之與?
구 지 여

抑與之與?
억 여 지 여

子貢曰: 夫子溫、良、恭、儉、讓以得之。
자 공 왈　부 자 온　량　공　검　양 이 득 지

夫子之求之也, 其諸異乎人之求之與!
부 자 지 구 지 야　기 저 이 호 인 지 구 지 여

抑(누를 억): 아니면.
또는. 혹은.

諸(모든 제): 之於의 합음일
때는 [저]로 읽음.

11

子曰: 父在, 觀其志;
자 왈　부 재　관 기 지

父沒, 觀其行;
부 몰　관 기 행

三年無改於父之道, 可謂孝矣。
삼 년 무 개 어 부 지 도　가 위 효 의

沒(가라앉을 몰): 죽다.
없다.

12

有子曰: 禮之用, 和爲貴。
유 자 왈　예 지 용　화 위 귀

先王之道, 斯爲美; 小大由之。
선 왕 지 도　사 위 미　소 대 유 지

有所不行, 知和而和, 不以禮節之, 亦不可行也。
유 소 불 행　지 화 이 화　불 이 예 절 지　역 불 가 행 야

13

(유자의 강의가 점점 무르익는다. 내용도 알차고 풍채도 의젓하다.)

유자 미더움이 의義에 부합하면 말을 다시 더할 수 있다.

공손함이 예禮에 가까우면 치욕을 멀리할 수 있다.

친한 사람을 잃지 않으면 믿고 의지할 데가 있게 된다.

14

(모든 제자들이 안연만큼 배움을 좋아하면 얼마나 좋을까라는
생각에 목소리를 높여서)

공자 군자는 식사할 때 배부름을 추구하지 아니하고,

거처할 때 안락함을 추구하지 아니하며,

일은 민첩하고 말은 삼가고,

도가 있는 이를 찾아가서 바로잡아야 한다.

[그렇게 하면] 가히 배움을 좋아한다고 할 수 있겠다.

15

(하루는 제자 자공이 뭔가 크게 깨달은 듯 의기양양하게 두 손에
무언가를 잔뜩 들고 찾아온다.)

자공 가난하면서도 아첨하지 아니하고,

부유함에도 교만하지 아니하면 어떻겠습니까?

공자 괜찮다. [하지만]

가난하면서도 즐거워하고,

부유함에도 예를 좋아하는 사람만큼은 못하다.

자공 『시경』에 '[뼈는] 자르고, [뿔은] 다듬고, [상아는] 쪼고,

[옥석은] 가는 것 같이 해야 한다.'는 말이 있습니다. 이를 두고

하신 말씀이군요.

공자 사(자공)야! 비로소 더불어 『시경』을 논할 만하구나!

36

13

有子曰: 信近於義, 言可復也。
유 자 왈　신 근 어 의　언 가 복 야

恭近於禮, 遠恥辱也。
공 근 어 례　원 치 욕 야

因不失其親, 亦可宗也。
인 불 실 기 친　역 가 종 야

14

子曰: 君子食無求飽,
자 왈　군 자 식 무 구 포

居無求安,
거 무 구 안

敏於事而愼於言,
민 어 사 이 신 어 언

就有道而正焉,
취 유 도 이 정 언

可謂好學也已。
가 위 호 학 야 이

15

子貢曰: 貧而無諂,
자 공 왈　빈 이 무 첨

富而無驕, 何如?
부 이 무 교　하 여

子曰: 可也;
자 왈　가 야

未若貧而樂,
미 약 빈 이 락

富而好禮者也。
부 이 호 례 자 야

子貢曰: 詩云: "如切如磋, 如琢如磨",
자 공 왈　시 운　여 절 여 차　여 탁 여 마

其斯之謂與?
기 사 지 위 여

子曰: 賜也, 始可與言詩已矣,
자 왈　사 야　시 가 여 언 시 이 의

지난 것을 말해 주니 앞으로 올 것을 아는구나!

16

(평소에 남 탓을 많이 하는 제자를 주시하며)

공자 남들이 나를 알아주지 않는 것을 근심하지 말고,

[자기가] 남을 알아주지 않는 것을 걱정해야 한다.

告諸往而知來者。
고 저 왕 이 지 래 자

16

子曰: 不患人之不己知,
자 왈   불 환 인 지 불 기 지

患不知人也。
환 부 지 인 야

1

(오늘 강의는 정치론으로 시작한다. 근엄하고 굳은 목소리로)

공자 덕으로 나라를 다스린다는 것은, 비유하자면 북극성이
제자리에 있는데 많은 별이 그것을 둘러싸고 있는 것과 같다.

2

(민간에 떠도는 시를 채집하여 한 권의 책으로 엮은 감회에 젖어 눈을
지그시 감고)

공자 『시경』 300여 편의 시를 한마디로 요약하면 "생각에 사악함이
없다"고 할 수 있겠다.

3

(인덕과 예법을 강의하는 시간인지라 더운 여름인데도 정장 차림으로
땀을 줄줄 흘리며)

공자 이끌기를 명령으로 하고,
다스리기를 형벌로써 하면,
백성들이 피하려고만 하지 부끄러워하지 않는다.
이끌기를 인덕으로 하고,
다스리기를 예법으로써 하면,
[백성들이] 부끄러움을 알고 또 [스스로] 바로잡기도 한다.

4

(어느덧 70을 넘겨 한평생 살아온 나날을 회고한다. 만감이 교차한 듯
눈시울이 촉촉이 젖는다. 여느 때와 달리 목소리가 중저음으로 낮아 듣는
이의 가슴을 울린다.)

공자 내가 15살에는 배움에 뜻을 두었고,
30살에는 [예법을 알아 세상에 바로] 서게 되었다.
40살에는 미혹에 사로잡히는 일이 없고,

1

子曰: 爲政以德, 譬如北辰居其所而衆星共之。
자 왈　위 정 이 덕　비 여 북 신 거 기 소 이 중 성 공 지

2

子曰: 詩三百, 一言以蔽之, 曰: "思無邪"。
자 왈　시 삼 백　일 언 이 폐 지　왈　　사 무 사

3

子曰: 道之以政,
자 왈　도 지 이 정

　　齊之以刑,
　　제 지 이 형

　　民免而無恥;
　　민 면 이 무 치

　　道之以德,
　　도 지 이 덕

　　齊之以禮,
　　제 지 이 례

　　有恥且格。
　　유 치 차 격

道(길 도): 이끌다(=導).
齊(가지런할 제): 다스리다.

4

子曰: 吾十有五而志于學,
자 왈　오 십 유 오 이 지 우 학

　　三十而立,
　　삼 십 이 립

　　四十而不惑,
　　사 십 이 불 혹

踰(넘을 유): 벗어나다.
矩(곱자 구): 도리. 법도.

50살에는 하늘이 준 운명을 알게 되었다.

60살에는 [무슨 말이라도] 귀에 순하게 들리고,

70살에는 내키는 대로 해도 사람의 도리에 벗어나지 않게
됐다.

※ 73세에 세상을 떠난다.

5

(노나라 3대 귀족의 한 사람인 맹의자*가 하루는 부친의 유훈을 잊지
않고 공자를 찾아온다.)

맹의자가 효에 대해 묻는다.

공자　어기는 일이 없어야 합니다.

(잠시 후 장면이 바뀌어, 어디론가 가면서 수레를 모는) 번지에게

공자　맹의자가 효에 관해 물으러 왔기에

　　　"어기는 일이 없어야 한다."고 대답해 주었다.

번지*　무슨 뜻인지 잘 모르겠습니다.

공자　살아 계실 때에는 섬기기를 예禮로써 하고,

　　　돌아가셨을 때는 장사 치르기를 예로써 하고,

　　　제사 지내기를 예로써 하는 것을 [어기지 말라는] 말이다.

맹의자孟懿子 | 노나라 3대 귀족의 하나인 맹씨 가문의 사람이다. 숙씨 가문, 계씨
가문과 함께 삼환三桓이라 불린다. 동생인 남궁경숙南宮敬叔과 함께 공자를 찾아와
예를 배운 바 있다고 한다.
번지樊遲 | 공자보다 36세 연하인 평범한 농부이다. 농사에 관하여 묻다가
소인이라고 질타를 받기도 한다.

6

(이번에는 맹의자의 아들이 찾아온다. 아버지와 달리 성품이 선량하나
몸이 매우 허약하기로 소문난) **맹무백이 효에 관해 묻는다.**

공자　(그의 허약한 몸이 걱정스러운 듯, 근심스런 눈빛으로)

五十而知天命,
오 십 이 지 천 명

六十而耳順,
육 십 이 이 순

七十而從心所欲, 不踰矩。
칠 십 이 종 심 소 욕　 불 유 구

5

孟懿子問孝。
맹 의 자 문 효

子曰: 無違。
자 왈　 무 위

樊遲御, 子告之曰:
번 지 어　 자 고 지 왈

　　孟孫問孝於我, 我對曰: "無違"。
　　맹 손 문 효 어 아　 아 대 왈　 무 위

樊遲曰: 何謂也?
번 지 왈　 하 위 야

子曰: 生, 事之以禮;
자 왈　 생　 사 지 이 례

　　死, 葬之以禮,
　　사　 장 지 이 례

　　　祭之以禮。
　　　제 지 이 례

6

孟武伯問孝。
맹 무 백 문 효

부모는 오로지 자식이 병들까만 근심하신다.

7

(45세나 어린 제자)

자유가 효에 대해 묻는다.

공자   요즘 사람들은 [부모님께] 음식을 잘 공양하는 것을 효도라고
하는데,
개와 말의 경우도 먹여 기르는 것은 [마찬가지이니],
공경하지 아니하면 무엇으로 구별하겠는가?

8

(효도에 관한 질의와 응답이 계속 이어진다.)

자하가 효에 관해 묻는다.

공자   얼굴빛을 [언제나 온화하게 하기는 실로] 어렵다.
일이 있으면 아우나 자식이 수고로움을 대신하고,
술이나 음식이 있으면 형이나 아버지가 먼저 드시게 하는 것만을
일찍이 효孝라고 하였으랴?

9

(덕행이 뛰어난 제자 안회를 다른 제자들에게 소개한다. 그를
본 받으라고 당부하는 마음으로)

공자   내가 안회와 온종일 말을 주고받았는데, [단 한 번도] 내 말에
어깃장을 놓는 일이 없어, 혹여 어리석은 사람인가 했다.
물러나 그의 일상 사생활을 살펴보니, [내가 한 말을 족히
온몸으로] 실천하고 있었다. 안회는 어리석지 않다.

子曰: 父母唯其疾之憂。
자 왈　부 모 유 기 질 지 우

7

子游問孝。
자 유 문 효

子曰: 今之孝者, 是謂能養。
자 왈　금 지 효 자　시 위 능 양

　　至於犬馬, 皆能有養;
　　지 어 견 마　개 능 유 양

　　不敬, 何以別乎?
　　불 경　하 이 별 호

8

子夏問孝。
자 하 문 효

子曰: 色難。
자 왈　색 난

　　有事, 弟子服其勞;
　　유 사　제 자 복 기 로

　　有酒食, 先生饌。
　　유 주 사　선 생 찬

　　曾是以爲孝乎?
　　증 시 이 위 효 호

9

子曰: 吾與回, 言終日, 不違, 如愚。
자 왈　오 여 회　언 종 일　불 위　여 우

　　退而省其私, 亦足以發, 回也不愚。
　　퇴 이 성 기 사　역 족 이 발　회 야 불 우

食: 밥 사.
饌: 먹을 찬.
曾: 일찍이 증.
以爲: 하다. 여기다. 삼다.

10

(사람을 알아보는 방법을 알려줘야겠다고 작심하고 알기 쉽게 설명한다.)

공자　그가 함께하는 사람을 눈여겨보고,

　　　그가 하려는 일을 자세히 살펴보며,

　　　그가 편안히 여기는 마음을 살펴보면 [사람됨을 금방 알 수 있는데],

　　　어찌 그 사람됨을 숨길 수 있으리? 어찌 그 사람됨을 숨길 수 있으리?

11

(훗날 선생이 되고자 하는 제자들이 많아지자 그 비결을 알려 준다.)

공자　옛것을 잘 익히고 새것도 잘 알아야 [비로소] 스승이 될 수 있다.

12

(다재다능해야 취업이 잘 되겠다는 생각이 들어 간단명료하게 말해준다.)

공자　군자는 [한 가지 용도로만 쓰이는] 그릇 같아서는 안 된다.

13

(하루는 조용히 쉬고 있는데, 언어에 뛰어난 제자가 찾아온다.

예측을 잘하여 재테크에도 일가견이 있는)

자공이 군자에 관해 묻는다.

공자　[군자는] 말에 앞서 실제로 행하고, 그 다음 그 결과에 따라 [말해야 한다].

14

(제자 가운데 일부가 단결하지 않고 서로 다투기만 하므로, 경각심을

10

子曰: 視其所以,
<small>자 왈 시 기 소 이</small>

觀其所由,
<small>관 기 소 유</small>

察其所安。
<small>찰 기 소 안</small>

人焉廋哉? 人焉廋哉?
<small>인 언 수 재 인 언 수 재</small>

以(써 이)=與(더불 여).
廋: 숨길 수, 헤아릴 수.

11

子曰: 溫故而知新, 可以爲師矣。
<small>자 왈 온 고 이 지 신 가 이 위 사 의</small>

12

子曰: 君子不器。
<small>자 왈 군 자 불 기</small>

13

子貢問君子。
<small>자 공 문 군 자</small>

子曰: 先行其言, 而後從之。
<small>자 왈 선 행 기 언 이 후 종 지</small>

14

불러일으켜야겠다는 생각으로 군자론 특강을 한다.)

공자　군자는 단결을 잘하되 결탁은 하지 아니하고,
　　　　소인은 결탁은 잘하되 단결은 하지 아니한다.

15

(공부와 생각, 둘 다 잘해야 함을 역설한다.)

공자　배우되 생각하지 아니하면 남는 것이 없고,
　　　　생각하되 배우지 아니하면 위태롭게 된다.

16

(이단사설에 현혹되는 몰지각한 사람들이 갈수록 많아지자 일침을 가한다.)

공자　이단을 배우면 해로울 따름이다.

17

(나이 많은 제자가 좀 거들먹거리자, 강의 중에 특별히 호명하며 잘
일깨워 준다.)

공자　유(자로)야! 너에게 안다는 것이 무엇인지 가르쳐주마!
　　　　아는 것을 안다고 하고,
　　　　모르는 것을 모른다고 하는 것!
　　　　그것이 [바로] 아는 것이다.

18

(나이가 아주 어린) 자장이 (앳된 목소리로) 벼슬자리 구하는 것에
대해 배우고자 한다.

공자　(한편 생각하면 애늙은이 같고, 한편 생각하면 기특하기도 해서
　　　　껄껄 웃으며)
　　　　많이 듣되 의심되는 것은 비워두고, 그 나머지를 신중하게

子曰: 君子周而不比,
자 왈　군 자 주 이 불 비

小人比而不周。
소 인 비 이 부 주

15

子曰: 學而不思, 則罔;
자 왈　학 이 불 사　즉 망

思而不學, 則殆。
사 이 불 학　즉 태

罔: 없을 망.
殆: 위태할 태.

16

子曰: 攻乎異端, 斯害也已。
자 왈　공 호 이 단　사 해 야 이

斯(이것 사): 그러면(=則).
也已: ~할 따름이다.
　　～일 뿐이다.

17

子曰: 由! 誨女知之乎!
자 왈　유　회 여 지 지 호

知之爲知之,
지 지 위 지 지 ,

不知爲不知,
부 지 위 부 지

是知也。
시 지 야 。

誨: 가르칠 회
女(여자 여): 너, 자네,
　그대(=汝 너 여).
　2인칭 대명사.

18

子張學干祿。
자 장 학 간 록

子曰: 多聞闕疑, 愼言其餘, 則寡尤;
자 왈　다 문 궐 의　신 언 기 여　즉 과 우

干: 구할 간.
祿: 녹봉. 벼슬.
闕: 비워둘 궐.

말하면 허물이 작게 된다.

많이 보되 위태로운 것은 비워두고, 그 나머지를 신중하게
행하면 후회가 적게 된다.

말씨에 허물이 작고,
행실에 후회가 적으면, 벼슬이 그 가운데 있게 된다.

19

(노나라 임금) 애공이 (공자를 초청하여) 묻는다.

어떻게 하면 백성이 잘 복종하겠습니까?

공자 (목소리를 가다듬기 위해 침을 두 번 삼킨 후)

곧은 사람을 굽은 사람보다 높은 자리에 두면 백성이 복종하고,
굽은 사람을 곧은 사람보다 높은 자리에 두면 백성이 불복합니다.

※ 국법을 총괄하는 대사구大司寇를 지낸 공자, 56세 때 노나라의 정치에 환멸을
느껴(참고 미자편 18-04) 고국을 버리고 위衛, 진陳, 채蔡, 초楚 등 여러 나라를
주유周遊한다. 68세에 위나라에 머물고 있을 때 노나라의 실권자 계강자季康子가
간신배를 내쫓고 예물을 갖추어 초빙하자 14년 만에 고국으로 돌아온다. 이때
노나라 임금 애공이 정치에 관해 묻자 위와 같이 대답하였다. 실권자 계강자와 나눈
대화는 여러 군데 있는데 바로 아래에도 나온다. 그러나 노나라는 끝내 공자를
등용하지 않았으며, 공자 또한 더 이상 관직을 구하지 않고 제자 양성과 경전 편찬에
주력하다 73세 때 세상을 떠난다.

20

(공자가 68세에 노나라로 돌아왔을 때 최고 권력자 계환자의 아들인)
계강자가 묻는다.

백성들이 공경하고 충성하도록 권장하려면, 어떻게 하면
되겠습니까?

공자 [백성을] 엄숙하게 대하면 공경하고,

[백성을] 자애롭게 대하면 충성하고,
선한 사람을 등용하고, 무능한 사람은 가르치면, [그렇게]
권장할 수 있을 것입니다.

多見闕殆, 愼行其餘, 則寡悔。
다 견 궐 태 신 행 기 여 즉 과 회

言寡尤,
언 과 우

行寡悔, 祿在其中矣。
행 과 회 녹 재 기 중 의

19

哀公問曰: 何爲則民服?
애 공 문 왈 하 위 즉 민 복

孔子對曰: 擧直錯諸枉, 則民服;
공 자 대 왈 거 직 조 저 왕 즉 민 복

擧枉錯諸直, 則民不服。
거 왕 조 저 직 즉 민 불 복

錯(섞을 착): 둘 조(措).
枉: 굽을 왕.

20

季康子問: 使民敬、忠以勸, 如之何?
계 강 자 문 사 민 경 충 이 권 여 지 하

子曰: 臨之以壯, 則敬;
자 왈 임 지 이 장 즉 경

孝慈, 則忠;
효 자 즉 충

擧善而教不能, 則勸。
거 선 이 교 불 능 즉 권

21

(하루는 글깨나 읽은 것 같은 사람이 찾아와 다짜고짜 묻는다)

혹자　선생께서는 어찌하여 정치에 참여하지 않습니까?

공자　(경전을 인용해도 알아들을 것 같아서, 책을 펴들며)
　　　　『서경』에 이르길 "효도해라! 오로지 효도해라! 그리고 형제간에
　　　　우애롭게 지내라! [그렇게 하는 것이] 정치를 베푸는 것이다."라고
　　　　했소이다.
　　　　[이렇듯 효도와 우애] 또한 정치의 일종인데, 어찌 벼슬하는
　　　　것만을 정치라고 합니까?

22

(입신출세하려면 먼저 믿음을 얻어야 하므로, 하루는 강의 중에 특별히
믿음을 강조한다.)

공자　사람으로서 믿음이 없다면, 살아갈 수 있을지 모르겠다.
　　　　(잠시 멈추었다가 비유적으로 말을 이어간다.)
　　　　큰 수레에 멍에걸이가 없고,
　　　　작은 수레에 갈고리가 없다면
　　　　무엇으로 몰 수 있겠는가?

23

(하루는 어린 제자가 찾아와 뜬금없이 묻는다)

자장　10세대(300년) 뒤의 일을 알 수 있을까요?

공자　(마침 지난번에 역사 강의를 했으므로 역사적인 사실을 예로 들며)
　　　　은나라는 하나라의 예법을 따랐으니, 덜고 더한 것을 알 수 있고,
　　　　주나라는 은나라의 예법을 따랐으니, 덜고 더한 것을 알 수 있다.
　　　　주나라를 이어받는 나라가 있다면, 비록 100세대(3천년) 뒤의
　　　　일이라도 알 수 있을 것이다.

21

或謂孔子曰: 子奚不爲政?
혹 위 공 자 왈   자 해 불 위 정

子曰: 書云: "孝乎惟孝, 友于兄弟, 施於有政"。
자 왈   서 운   효 호 유 효   우 우 형 제   시 어 유 정

是亦爲政, 奚其爲爲政?
시 역 위 정   해 기 위 위 정

奚: 어찌 해.
友(벗 우): 우애롭다.

22

子曰:　人而無信, 不知其可也。
자 왈　　인 이 무 신   부 지 기 가 야

大車無輗,
대 거 무 예

小車無軏,
소 거 무 월

其何以行之哉?
기 하 이 행 지 재

輗: 멍에걸이 예.
軏: 갈고리 월.

23

子張問: 十世可知也?
자 장 문   십 세 가 지 야

子曰:　殷因於夏禮, 所損益, 可知也;
자 왈　　은 인 어 하 례   소 손 익   가 지 야

周因於殷禮, 所損益, 可知也;
주 인 어 은 례   소 손 익   가 지 야

其或繼周者, 雖百世, 可知也。
기 혹 계 주 자   수 백 세   가 지 야

世(대 세): 약 30년.
첫 문장의 也: 의문어조사
(=耶[야]).

24

(제자 가운데 자로를 제외하고는 용기가 부족한 것 같아 걱정이다.
제사에 관해서 언급하는 척 하면서 말꼬리를 용기로 돌린다.)

공자　제사 지낼 귀신이 아닌데도 제사를 지내는 것은 아첨하는 것이고,
　　　　의로움을 보고도 하지 않는 것은 용기가 없기 때문이다.

24

子曰: 非其鬼而祭之, 諂也。
자 왈　비 기 귀 이 제 지　 첨 야

見義不爲, 無勇也。
견 의 불 위　무 용 야

【제3편】 팔일 八佾

1

공자   계씨 가문에서 (천자*의 무악을 남용하는 것을 보고) 격분한다.

[천자만이 할 수 있는] 팔일무를 [한갓 대부 주제에 자기 집]
앞마당에서 추게 하다니, 이런 일을 용인한다면, 무슨 일인들
차마 하지 않겠는가?

천자는 64명의 춤(八佾)을, 제후는 48명의 춤(六佾)을, 대부는 32명의 춤(四佾)을 추게
할 수 있다.

2

(노나라 3대 권문세가) 삼가*의 집에서 옹시를 연주하며 제사를 마친다.

공자   (기가 막힌 듯 탄식하며)

"제후가 제사를 도우니, 천자의 위엄이 성대하도다."라는

[『시경』주송에 나오는] 시를

어찌 [대부에 불과한] 삼가의 집에서 가져다 쓴다는 말인가?

삼가三家 | 노나라의 3대 귀족 계씨, 숙씨, 맹씨 세 집안을 통칭하는 말. 모두
환공桓公의 자손이라고 하여 '삼환三桓'이라고도 한다.

3

(예법과 음악의 기초 소양을 강의한다. 차분한 목소리로)

공자   사람으로서 어질지 아니하면, 예법은 뭣 할 것이며,
사람으로서 어질지 아니하면, 음악은 뭣 할 것인가?

4

(노나라 사람인데 행적이 알려진 바 없는) 임방이 예의 기본이 무엇인지
묻는다.

공자   (매우 흡족한 듯 느긋한 목소리로)

참으로 좋은 질문입니다.

[각종] 예법은 사치스럽게 하기보다는, 차라리 검소한 것이
좋습니다.

1

孔子謂季氏: 八佾舞於庭, 是可忍也, 孰不可忍也?
공 자 위 계 씨　 팔 일 무 어 정　 시 가 인 야　 숙 불 가 인 야

佾: 춤출 일.
忍(참을 인): 용인하다.
孰: 무엇 숙.

2

三家者以雍徹。
삼 가 자 이 옹 철

子曰: "相維辟公, 天子穆穆",
자 왈　 상 유 벽 공, 천 자 목 목

奚取於三家之堂?
해 취 어 삼 가 지 당

雍=雝(할미새 옹):
『시경詩經』
주송周頌의 편명篇名.
辟公: 제후.

3

子曰: 人而不仁, 如禮何?
자 왈　 인 이 불 인　 여 례 하

人而不仁, 如樂何?
인 이 불 인　 여 악 하

4

林放問禮之本。
임 방 문 예 지 본

子曰: 大哉問!
자 왈　 대 재 문

禮, 與其奢也, 寧儉;
예, 여 기 사 야, 영 검

寧(편안할 녕): 차라리.
戚(겨레 척): 슬퍼하다
(=慼: 슬플 척).

[하지만] 상례는 검소하게 차리는 것보다는, 차라리 슬퍼함이
중요합니다.

5

(문명이 임금보다 중요함을 비유적으로 설명한다.)

공자 [문명이 없는] 변방의 나라에 [어진] 임금이 있어도,
[문명이 있는] 중원의 나라에 [임금이] 없는 것만 못하다.

6

(일개 대부에 불과한) 계씨 집안에서 (제후나 지낼 수 있는) 태산제사를
지내려 한다.

공자 (계씨 집안의 가신인 제자) 염유에게 부탁한다.
자네가 [나서서 그 일을] 그만두게 할 수 없겠는가?

염유 (염치없고 송구스러워 말끝을 흐리며)
할 수 없겠습니다만….

공자 아! 일찍이 태산제사에 대해 말해 주었거늘, [예를 잘 아는]
임방만도 못하구나!

7

(필수과목인 육예六藝 가운데 하나인 활쏘기 자세를 취하며 열강을 한다.)

공자 군자는 다툴 만한 일이 없지만,
있다면 반드시 활쏘기일 것이다.
서로 몸을 조아려 인사하고 단상에 올라갔다가, 지면 내려와
벌주를 마신다.
그 다툼이 참으로 군자답다.

喪, 與其易也, 寧戚。
상 여기이야 영척

5

子曰: 夷狄之有君,
자 왈 이적지유군

　　不如諸夏之亡也。
　　불여저하지무야

6

季氏旅於泰山。
계 씨 여 어 태 산

子謂冉有曰: 女不能救與?
자 위 염 유 왈 여 불 능 구 여

對曰: 不能。
대 왈 불 능

子曰: 嗚呼! 曾謂泰山, 不如林放乎?
자 왈 오 호 증 위 태 산 불 여 임 방 호

旅: 산신령에 대한 제사.
천자나 제후만이
지낼 수 있었음.

7

子曰: 君子無所爭。
자 왈 군 자 무 소 쟁

　　必也射乎!
　　필 야 사 호

　　揖讓而升, 下而飮。
　　읍 양 이 승 하 이 음

　　其爭也君子。
　　기 쟁 야 군 자

8

(자하가 문학에 뛰어난 제자답게 시에 관한 질문을 하여 스승을 기쁘게 한다.)

자하 "고운 웃음에 보조개 예쁘고,

아름다운 눈에 눈동자 또렷하구나!

하얀 비단에 채색하노라."라는 시가 있습니다.

이것이 무엇을 말한 것입니까?

공자 그림 그리는 일은 하얀 비단이 마련된 뒤에 한다는 말이다.

자하 예악이 [인의보다] 나중의 일이라는 말이군요?

공자 나를 일깨워주는 이는 바로 자하로다.

비로소 너와 더불어 시를 논할 만하구나!

9

(68세 때 고국으로 돌아온 후, 정치는 멀리하고 교육에만 전념할 때 역사 강의도 빠트리지 않는다. 자신의 과거 경험에 비추어 문헌과 자료의 중요성을 역설한다.)

공자 하나라의 예법은 내가 말할 수 있지만, [후손인] 기나라에

대해서는 증거가 부족하고,

은나라의 예법은 내가 말할 수 있지만, [후손인] 송나라에

대해서는 증거가 부족하다.

그 까닭은 문헌이 부족하기 때문이다.

[문헌이] 충분했다면 내가 능히 증명할 수 있었을 텐데!

10

(노나라 대부가 천자만이 지닐 수 있는 제사를 지내려 하는 것을 보고 실망하여 볼멘 소리로)

8

子夏問曰: “巧笑倩兮,
_{자 하 문 왈   교 소 천 혜}

　　　　美目盼兮,
_{미 목 반 혜}

　　　　素以爲絢兮”。
_{소 이 위 현 혜}

　　　　何謂也?
_{하 위 야}

子曰: 繪事後素。
_{자 왈   회 사 후 소}

曰: 禮後乎?
_{왈   예 후 호}

子曰: 起予者, 商也。
_{자 왈   기 여 자   상 야}

　　　　始可與言詩已矣!
_{시 가 여 언 시 이 의}

9

子曰: 夏禮, 吾能言之, 杞不足徵也;
_{자 왈   하 례   오 능 언 지   기 부 족 징 야}

　　　　殷禮, 吾能言之, 宋不足徵也。
_{은 례   오 능 언 지   송 부 족 징 야}

　　　　文獻不足故也。
_{문 헌 부 족 고 야}

　　　　足, 則吾能徵之矣。
_{족   즉 오 능 징 지 의}

10

倩: 보조개 천, 예쁠 천.
盼: 눈 예쁠 반.

徵(부를 징): 증거.
증명하다.

【제 3 편】 팔일

공자　체* 제사의 예를 올림에 처음 술을 부어 [신을 부른 그 다음의
　　　　절차는] 내가 보고 싶지도 않다.

체禘 | 천자가 해마다 정월에 하늘을 향해 지내는 제사.

11

어떤 사람이 체禘 제사에 대해 묻는다.

공자　모르겠다.
　　　　이를 아는 사람은 천하에 대하여 이것을 보는 것과 같을 것이다.
(이렇게 말하고는) 자기 손바닥을 가리킨다.

12

제사를 지낼 때 [조상이 앞에] 있는 듯이 하고, 신에게 제사를 지낼 때
신이 [앞에] 있는 듯이 한다.

공자　내가 제사에 참여하지 않으면 제사를 지내지 않는 것과 같다.

13

(고국을 떠나 위나라에 있을 때, 하루는 그곳에서 대단히 유명한
대부가 찾아온다.)

왕손가*(반갑게 인사를 하며, 만면에 미소를 띠고)
　　　　"안방 신에게 아부하기보다는 차라리 부엌 신에게 아부하는
　　　　것이 낫다".[는 속담이 있는데 이것은] 무엇을 말한 것입니까?

공자　그렇지 않습니다.
　　　　하늘에 죄를 지으면 빌 곳이 없습니다.

왕손가王孫賈 | 위衛나라의 대부. 위나라 임금 영공靈公을 크게 도운 것으로 유명한
신하이다.

※ 안방 신은 위나라 임금(靈公)을 비유한 것이고, 부엌 신은 당시 실권을 쥐고 있는
왕비(南子)를 비유한 것이라는 설이 있다. 실권이 없는 임금보다는 차라리 실권이
있는 왕비에게 잘 보이는 것이 어떻겠느냐는 물음이라는 해석이다.

子曰: 禘, 自既灌而往者, 吾不欲觀之矣。
자왈 체 자기관이왕자 오불욕관지의

11

或問禘之說。
혹문체지설

子曰: 不知也;
자왈 부지야

　　知其說者之於天下也, 其如示諸斯乎!
　　지기설자지어천하야 기여시저사호

指其掌。
지기장

12

祭如在, 祭神如神在。
제여재 제신여신재

子曰: 吾不與祭, 如不祭。
자왈 오불여제 여부제

13

王孫賈問曰: "與其媚於奧, 寧媚於竈",
왕손가문왈 여기미어오 영미어조

　　　何謂也?
　　　하위야

子曰: 不然;
자왈 불연

　　獲罪於天, 無所禱也。
　　획죄어천 무소도야

媚: 아첨할 미.
奧(깊을 오): 안방 신.
竈(부엌 조): 부엌 신.

14

(14년 만에 고국에 돌아와 주로 교육에만 전념한다. 강의 중에 주나라 예찬론으로 주위를 집중시킨다. 큰 소리로 감탄사를 연발하자, 한눈 팔던 제자들도 귀를 쫑긋 세운다.)

공자 주나라는 하나라와 은나라를 거울로 삼았으니, 찬란하다!
　　　그 문물이여!
　　　나는 주나라를 따르겠다.

15

공자, 태묘에 들어가자마자 하나하나 꼬치꼬치 묻는다.

혹자 (그렇게 하는 뒷모습을 물끄러미 바라보고 있다가 갑자기)
　　　추 땅에 사는 아무개 아들이 예를 잘 안다던데, 누가 그런 말을
　　　했던가?
　　　태묘에 들어가서 꼬치꼬치 묻는 걸 보니 [쥐뿔도 모르는 것
　　　같은데]!

공자 (그의 말을 엿들은 후 공손하게)
　　　그렇게 하는 것을 [바로] 예禮라고 합니다.

16

(지난 주 활쏘기 특강 때 빠트린 부분을 보충한다.)

공자 활쏘기에서 과녁의 가죽을 뚫는 것을 으뜸으로 치지 않은 것은,
　　　[사람마다] 힘이 똑같지 않기 때문이다. [이것이] 예로부터 전해
　　　오는 법도이다.

17

(재물에 관심이 많은 제자) 자공이 초하룻날 사당에 제사를 지낼 때 희생으로 양을 바치는 제도를 없애려고 한다.

14

子曰: 周監於二代, 郁郁乎文哉!
자 왈　주 감 어 이 대　 욱 욱 호 문 재

吾從周。
오 종 주

郁(성할 욱): 빛나다.
찬란하다.

15

子入大廟, 每事問。
자 입 태 묘　 매 사 문

或曰: 孰謂鄹人之子知禮乎?
혹 왈　숙 위 추 인 지 자 지 례 호

入大廟, 每事問。
입 태 묘　 매 사 문

子聞之曰: 是禮也。
자 문 지 왈　 시 례 야

16

子曰: 射不主皮, 爲力不同科, 古之道也。
자 왈　사 부 주 피　 위 력 부 동 과　 고 지 도 야

17

子貢欲去告朔之餼羊。
자 공 욕 거 곡 삭 지 희 양

告: 아뢸 곡.
餼: 보낼 희, 바칠 희.

공자 사(자공)야! 너는 양을 아끼는구나,
　　　　나는 예법을 아낀다.

18
(오해를 받거나 구설에 오르는 것을 미리 방지하라는 뜻에서
한마디 조언을 한다.)
공자 임금을 섬김에 예를 다하면, 사람들은 아첨한다며 입방아를
　　　　찧는다.

19
(노나라 24대 임금 소공이 국외로 망명하였다가 죽고, 그의 동생이
25대 임금으로 추대되니 그가 바로 정공이다. 하루는 그가 공자를
초청하여 자문한다.)
정공 임금이 신하를 부리고, 신하가 임금을 섬김에 어떻게 하면
　　　　좋겠습니까?
공자 임금은 신하 부림을 예법으로써 해야 하고,
　　　　신하는 임금 섬김을 충성으로써 해야 합니다.

20
(『시경』강의 시간은 늘 즐겁다. 제자들도 덩달아 신이 난다. 맨 처음
나오는 시를 읊조리며 목소리를 낮게 가다듬으며)
공자 「관저*」란 시는 말이다.
　　　　기뻐도 [남녀 규범에] 지나침이 없고,
　　　　슬퍼도 몸을 다치게 하는 일이 없다.
　　　　관저關雎 | 『시경詩經』에 나오는 첫 번째 시의 제목이다.

21
(노나라 26대 임금) 애공이 재아*에게 토지신 제사 때 쓰는 나무에
관해 묻는다.

70

子曰: 賜也, 爾愛其羊,
자 왈   사 야   이 애 기 양

　　　　我愛其禮。
　　　　아 애 기 례

18

子曰: 事君盡禮, 人以爲諂也。
자 왈   사 군 진 례   인 이 위 첨 야

19

定公問: 君使臣, 臣事君, 如之何?
정 공 문   군 사 신   신 사 군   여 지 하

孔子對曰: 君使臣以禮,
공 자 대 왈   군 사 신 이 례

　　　　臣事君以忠。
　　　　신 사 군 이 충

20

子曰: 關雎, 樂而不淫,
자 왈   관 저   낙 이 불 음

淫: 지나칠 음.

　　　　哀而不傷。
　　　　애 이 불 상

21

哀公問社於宰我。
애 공 문 사 어 재 아

【제3편】 팔일

71

재아　(임금 앞인지라 긴장한 목소리로 약간 떨면서)

하후씨는 소나무로 하고,

은나라 사람들은 측백나무로 하고,

주나라 사람들은 밤나무[栗]로 했습니다.

그 뜻은 백성들이 벌벌 떨도록, 즉 전율戰慄하도록 하기 위한 것

이었다고 합니다.

(재아, 의기양양하게 학당으로 달려가 그런 일이 있었음을

전해 준다. 칭찬을 들을 줄 알았는데, 뜻밖에도 질책에 가까운

말을 듣는다.)

공자, (재아의 말을) 전해 듣자 (곧바로)

이미 이루어진 일이라 말하지 않겠으며,

이미 끝나버린 일이라 간하지 않겠으며,

이미 지나버린 것이라 탓하지 않겠노라!

> **재아宰我** | 10대 제자의 한 사람으로, 재여宰予라고도 한다. 말솜씨가 뛰어났다는
> 데, 낮잠을 자다가 꾸지람을 듣고, 부모상을 3년 상에서 1년 상으로 바꾸어야 한다고
> 말했다가 크게 혼나기도 한다. 공자보다 36세 어리다.

22

(하루는 강의가 없어 학당에 홀로 앉아 조용히 책을 보고 있는데,

한 사람이 찾아온다. 이런저런 얘기를 주고받다가 화제가 약 200년

전 이웃 제나라 임금이 패권을 잡는 데 큰 공을 세운 관중*에게 쏠린다.)

공자　관중은 기량이 그리 크지 않았던 것 같습니다.

혹자　관중이 검소했다는 뜻입니까?

공자　관씨는 세금을 많이 거두고, 벼슬을 겸직시키지 않는데,

어찌 검소했단 말입니까?

혹자　그렇다면 관중이 예법을 잘 알았습니까?

宰我對曰: 夏后氏以松,
재 아 대 왈　하 후 씨 이 송

殷人以柏,
은 인 이 백

周人以栗,
주 인 이 율

曰, 使民戰栗。
왈　사 민 전 율

子聞之, 曰: 成事不說,
자 문 지　왈　성 사 불 설

遂事不諫,
수 사 불 간

既往不咎。
기 왕 불 구

22

子曰: 管仲之器小哉!
자 왈　관 중 지 기 소 재

或曰: 管仲儉乎?
혹 왈　관 중 검 호

曰: 管氏有三歸, 官事不攝, 焉得儉?
왈　관 씨 유 삼 귀　관 사 불 섭　언 득 검

然則管仲, 知禮乎?
연 즉 관 중　지 례 호

공자 나라의 임금이라야 병풍으로 문을 가리는데, 관씨 역시
병풍으로 문을 가렸으며,
나라의 임금이라야 두 임금이 우호를 위하여 술잔을 되돌려
놓는 자리를 둘 수 있는데,
관씨 또한 술잔을 되돌려 놓는 자리를 두었소.
[그럼에도] 관씨가 예禮를 안다고 하면 누군들 예를 알지
못하겠소이까?

> **관중管仲** ǀ 공자보다 약 200년 이전의 인물로 노나라에 이웃한 제齊나라의
> 대부였다. 지략이 뛰어나 환공桓公이 패권을 잡는 데 큰 공을 세웠다.

23

공자, 노나라 악장인 태사에게 음악에 대한 소견을 말한다.
(69세의 노령이지만 음악 이야기만 나오면 목소리만은 젊은이 못지않게
카랑카랑하다.)

음악이 이루어지는 과정은 이해할 수 있습니다.
시작은 [여러 악기가] 조화를 이루고,
이어서
청순하게 잘 어우러지고,
[다시] 밝고 또렷해지다가,
[다시] 이어져 여운을 남기며,
[비로소 한 곡이] 완성되는 것이지요.

> ※ 「공자세가」(447쪽)에 따르면, 전국 주유를 끝내고 68세 때 노나라로 돌아와
> 교육과 연찬 활동에만 열중할 때 이루어진 대화라고 한다. 위정편 02-23, 팔일편
> 03-09과 03-14, 자한편 09-14도 같은 시기의 어록이다.

24

의儀 땅에 사는 봉인이란 벼슬아치가 찾아와 뵙기를 청한다.
봉인 군자가 이곳에 오면 일찍이 내가 만나지 않은 적이 없었소이다.

曰: 邦君樹塞門, 管氏亦樹塞門;
왈 방군수색문 관씨역수색문

邦君爲兩君之好, 有反坫, 管氏亦有反坫。
방군위양군지호 유반점 관씨역유반점

管氏而知禮, 孰不知禮?
관씨이지례 숙부지례

樹: 병풍 수. 심을 수.
坫(경계 점): 술잔을 돌려
 놓는 자리.

23

子語魯大師樂, 曰:
자 어 노 태 사 악 왈

樂其可知也:
악 기 가 지 야

始作, 翕如也;
시 작 흡 여 야

從之,
종 지

純如也,
순 여 야

皦如也,
교 여 야

繹如也,
역 여 야

以成。
이 성

翕: 화합할 흡.
從(=縱): 풀어놓다.
皦: 밝을 교.
繹(풀어낼 역): 이어지다.

24

儀封人請見, 曰: 君子之至於斯也, 吾未嘗不得見也。
의 봉 인 청 현 왈 군 자 지 지 어 사 야 오 미 상 부 득 견 야 비서가 뵙게 해준다. [한참 동안] 뵙고 나온다.

봉인 (공자를 뵙게 되어 영광인 동시에 인물됨에 감탄하여 크게
웃으면서)

그대 제자들이여, 어찌 벼슬을 잃었다고 근심하는가?

천하에 도가 없어진 지 오래 되었소.

[하지만] 하늘이 장차 그대들의 스승을 목탁으로 삼으실 것
같소이다.

25

(단 한 명도 예외 없이 모두 좋아하는 음악 시간이다. 선생님의 목소리도
우렁차고 힘차다.)

공자 순임금의 음악인 '소'를 평하자면,

　　　　[소리가] 지극히 아름답고, [내용도] 지극히 선하다.

무왕의 음악인 '무'를 평하자면,

　　　　[소리는] 지극히 아름답지만, [내용은] 지극히 선하지는
　　　　않은 것 같다.

26

(예절교육 시간인 만큼 옷차림을 단정하게 하고 목소리도 엄숙하게
잘 가다듬어)

공자 윗자리에 앉아서 너그럽지 아니하며,

예법을 행하며 공경하지 아니하고,

상가에 임하여 슬퍼하지 아니한다면,

[그런 사람을] 내가 무엇으로 평가하겠는가?

從者見之。出, 曰:
종 자 현 지　　출　 왈

二三子何患於喪乎?
이 삼 자 하 환 어 상 호

天下之無道也久矣,
천 하 지 무 도 야 구 의

天將以夫子爲木鐸。
천 장 이 부 자 위 목 탁

25

子謂韶: 盡美矣, 又盡善也。
자 위 소　 진 미 의　 우 진 선 야

謂武: 盡美矣, 未盡善也。
위 무　 진 미 의　 미 진 선 야

26

子曰: 居上不寬,
자 왈　 거 상 불 관

爲禮不敬,
위 례 불 경

臨喪不哀,
임 상 불 애

吾何以觀之哉?
오 하 이 관 지 재

【제4편】 이인 里仁

1

(일전에 한 제자가 이사를 간다는 소문을 들은 것이 생각난 듯)

공자 사는 마을에 어진 [사람이 많아야] 좋으니, 어진 [사람이 많은]
마을을 골라서 살지 아니하면, 어찌 지혜롭다고 하겠는가?

2

(덕행을 강의하는 시간. 여러 제자 가운데 특히 안연, 민자건, 염백우,
중궁이 귀를 쫑긋 세우고 듣는다.)

공자 어질지 못한 사람은 오랫동안 곤궁에 처하지 못하며,
오랫동안 안락에 처하지 못한다.

어진 사람은 인仁을 편안하게 여기고,

지혜로운 이는 인仁을 이롭게 여긴다.

3

(덕행 강의가 계속 이어진다. 오직 정치 문제에만 관심이 많은 염유와
자로는 따분한 듯 눈을 지그시 감는다.)

공자 오직 어진 사람만이 남을 좋아할 수 있으며,
남을 미워할 수 있다.

4

(일부 제자들이 따분해 해도 아랑곳하지 않고, 열강을 계속한다.)

공자 실로 인仁에 뜻을 두면 [마음에] 악함이 없어진다.

5

(재무 강의 시간, 돈에 관심이 많은 자공이 가장 열심히 듣는다.
그런데 강의 내용이 다시 덕행 문제로 돌아간다.)

공자 부유함과 고귀함, 그것은 모든 사람이 바라는 바이다.
[하지만] 정당하게 얻은 것이 아니면 누리지 않는다.

1

子曰: 里仁爲美, 擇不處仁, 焉得知?
자 왈　이 인 위 미　택 불 처 인　언 득 지

2

子曰: 不仁者不可以久處約,
자 왈　불 인 자 불 가 이 구 처 약

　　　不可以長處樂。
　　　불 가 이 장 처 락

　　仁者安仁,
　　인 자 안 인

　　知者利仁。
　　지 자 리 인

約(묶을 약): 곤궁. 어려움.

3

子曰: 惟仁者, 能好人,
자 왈　유 인 자　능 호 인

　　　能惡人。
　　　능 오 인

惟: 오로지 유.
惡: 미워할 오.

4

子曰: 苟志於仁矣, 無惡也。
자 왈　구 지 어 인 의　무 악 야

苟: 진실로 구.
惡: 악할 악.

5

子曰: 富與貴, 是人之所欲也;
자 왈　부 여 귀　시 인 지 소 욕 야

　　　不以其道得之, 不處也。
　　　불 이 기 도 득 지　불 처 야

가난함과 비천함, 그것은 모든 사람이 싫어하는 바이다.
[하지만] 정당하게 얻은 것이 아니라도 버리지 않는다.
군자가 인仁을 버리고 어떻게 명성을 이루겠는가?
군자는 밥을 먹는 동안에도 인仁을 어기는 일이 없다.
다급하고 구차한 때에도 그렇고,
엎어지고 넘어진 때에도 그렇다.

6

(인仁에 관한 문제만 나오면 열변을 토한다. 오늘도 변함이 없다.)

공자 인仁을 좋아하는 사람과
인仁하지 않음을 미워하는 사람을 나는 아직 보지 못했다.
인을 좋아하는 사람이야 더 말할 나위 없다.
인하지 않음을 미워하는 사람은, 인을 행함에 있어 인하지
않음이 자기 몸에 더해지도록 그냥 두면 안 된다.
하루라도 자신의 힘을 인을 위하여 쓰는 사람이 있을까?
그렇게 할 수 있는 힘이 부족한 사람은 내가 보지 못했다.
아마 있을 수도 있겠으나, 내가 아직은 보지 못했다.

7

(제자들이 사람을 가려볼 줄 알도록 하는 특강인 만큼 준비를 알뜰히
하여 강의에 임한다.)

공자 사람들의 잘못은 각기 그 부류에 따라 다르다.
어떤 잘못인지를 잘 살펴보면, 그가 어떤 사람인지를 알 수 있다.

8

(자신의 비장한 심정을 말한다. 제자들이 깜짝 놀란다.)

공자 아침에 도道를 들으면 그날 저녁에 죽어도 좋겠다.

貧與賤, 是人之所惡也;
빈 여 천 시 인 지 소 오 야

不以其道得之, 不去也。
불 이 기 도 득 지 불 거 야

君子去仁, 惡乎成名?
군 자 거 인 오 호 성 명

君子無終食之間違仁,
군 자 무 종 식 지 간 위 인

造次必於是,
조 차 필 어 시

顚沛必於是。
전 패 필 어 시

惡乎: 어찌.
終食之間: 식사를 마치는
　　짧은 시간.
造次: 다급하고 구차함.
顚沛: 엎어지고 넘어짐.

6

子曰: 我未見好仁者, 惡不仁者。
자 왈 아 미 견 호 인 자 오 불 인 자

好仁者, 無以尙之;
호 인 자 무 이 상 지

惡不仁者, 其爲仁矣, 不使不仁者加乎其身。
오 불 인 자 기 위 인 의 불 사 불 인 자 가 호 기 신

有能一日用其力於仁矣乎?
유 능 일 일 용 기 력 어 인 의 호

我未見力不足者。
아 미 견 력 부 족 자

蓋有之矣, 我未之見也。
개 유 지 의 아 미 지 견 야

7

子曰: 人之過也, 各於其黨。
자 왈 인 지 과 야 각 어 기 당

觀過, 斯知仁矣。
관 과 사 지 인 의

仁=人: 사람.
斯=則: ~하면.

8

子曰: 朝聞道, 夕死可矣。
자 왈 조 문 도 석 사 가 의

9

(제자 가운데 호의호식에만 뜻을 두고 있는 이가 있는 것 같아 걱정하는
말투로)

공자 선비로서 진리를 깨치는 데 뜻을 두고서도, 해진 옷이나 거친
음식을 부끄럽게 여기는 사람과는 더불어 의논하지 못하겠다.

10

(군자론을 강의할 때는 으레 그렇듯 낮고 굵은 목소리로)

공자 군자는 천하의 [모든 일에] 대하여,
[절대적인] 긍정도 없고,
[절대적인] 부정도 없다.
오직 옳은 일이면 따를 따름이다.

11

(군자론 강의가 계속된다. 소인과 대비를 하니 이해가 잘 된다며 모두
좋아한다.)

공자 군자는 [가슴에] 인덕을 품고 있고,
소인은 [가슴에] 전답만 품고 있다.
군자는 [가슴에] 법도를 품고 있고,
소인은 [가슴에] 혜택만 품고 있다.

12

(제자가 돈을 잘 벌면 좋겠지만 혹시 잘못되면 어쩌나 걱정하는
말투로! 시선이 자공에게 쏠린다.)

공자 이익에 따라 행동하면 원망 받을 일이 많게 된다.

9

子曰: 士志於道, 而恥惡衣惡食者, 未足與議也。
자 왈　사 지 어 도　이 치 악 의 악 식 자　미 족 여 의 야

10

子曰: 君子之於天下也,
자 왈　군 자 지 어 천 하 야

　　　無適也,
　　　무 적 야

　　　無莫也,
　　　무 막 야

　　　義之與比。
　　　의 지 여 비

適: 이것 아니면 안 된다는
　　절대적 긍정.
莫: 무조건 싫어하는
　　절대적인 부정.
比: 따르다. 좇다.

11

子曰 : 君子懷德,
자 왈　군 자 회 덕 ,

　　　小人懷土;
　　　소 인 회 토

　　　君子懷刑,
　　　군 자 회 형

　　　小人懷惠。
　　　소 인 회 혜

12

子曰: 放於利而行, 多怨。
자 왈　방 어 리 이 행　다 원

放: 의거하다. 따르다.

13

(자문자답의 설의법 방식을 도입한 강의, 듣는 이들의 관심을 집중시킨다.)

공자 예법과 겸양으로 나라를 다스릴 수 있을까?

[그렇게만 된다면] 무슨 [문제가] 있으랴?

예법과 겸양으로 나라를 다스리지 못하면, 예법 조항이 있은들 무슨 소용이랴?

14

(온통 취업 걱정만 하고 있는 제자들에게 일침을 가한다.)

공자 자리가 없는 것을 걱정하지 말고,

[그 자리에] 설 수 있을지를 걱정하라.

아무도 자신을 알아주지 않는 것을 걱정하지 말고,

알아줄 만한 사람이 되도록 해야 한다.

15

(하루는 증자가 친구와 함께 찾아오니 반갑게 맞이하며)

공자 삼(증자)아! 내가 하는 주장들은 하나로 일관된다.

증자 예! [알겠습니다.]

공자, (급한 볼 일이 생겨) 밖으로 나간다.

제자 가운데 누군가가 (머리를 긁으며 증자에게) 묻는다.

무슨 뜻인가요?

증자 우리 선생님 말씀은 '충성'과 '용서'로 일관된다는 거라네!

16

(소인과 대비시키는 군자론 강의가 인기를 끌자 다시 한번!)

공자 군자는 의로움에 깨치고,

소인은 이로움에 깨친다.

13

子曰: 能以禮讓爲國乎?
자 왈   능 이 예 양 위 국 호

何有?
하 유

不能以禮讓爲國, 如禮何?
불 능 이 예 양 위 국   여 례 하

14

子曰: 不患無位,
자 왈   불 환 무 위

患所以立;
환 소 이 립

不患莫己知,
불 환 막 기 지

求爲可知也。
구 위 가 지 야

15

子曰: 參乎! 吾道, 一以貫之。
자 왈   삼 호   오 도   일 이 관 지

曾子曰: 唯!
증 자 왈   유

子出,
자 출

門人問曰: 何謂也?
문 인 문 왈   하 위 야

曾子曰: 夫子之道, 忠恕而已矣。
증 자 왈   부 자 지 도   충 서 이 이 의

16

子曰: 君子喩於義,
자 왈   군 자 유 어 의

小人喩於利。
소 인 유 어 리

喩: 깨칠 유.

17

(살다 보면 여러 사람을 만나기 마련이니, 경우에 따라 어떻게 해야 하는지를 설명해 준다.)

공자 현명한 사람을 보면 그와 같아지기를 생각하고,
　　　현명하지 못한 사람을 보면 속으로 자신을 반성해야 한다.

18

(부모를 잘 섬기는 방법을 누차 말했는데 이행을 잘 못하는 제자가 있어, 다시 한번 구체적으로 알려 준다. 목소리를 크게 하여)

공자 부모를 섬길 때는 조용히 직언해야 한다.
　　　자기 뜻을 따라주지 않더라도, 공경하고 어김이 없어야 하고,
　　　수고롭더라도 원망하지 말아야 한다.

19

(효도론 강의가 연속 된다. 이번에는 목소리를 낮추어서)

공자 부모님이 살아 계시면, 멀리 나가지 않아야 하고, 멀리 갈 때에는
　　　반드시 가는 장소를 미리 알려 드려야 한다.

20

(이번에도 효도론 강의! 헛기침을 몇 번 한 다음 목소리를 낮추어서)

공자 [돌아가신지] 3년이 지나도 자기 아버지의 방식을 고치지 않아야
　　　효자라고 말할 수 있다.

21

(수많은 제자 중에는 부모님 연세조차 까먹는 일부 몰지각한 이가 있음을 알고는 걱정이 되어 부모의 나이를 왜 기억해야 하는지 그 이유를 자상하게 알려 준다.)

17

子曰: 見賢思齊焉,
자 왈　 견 현 사 제 언

見不賢而內自省也。
견 불 현 이 내 자 성 야

18

子曰: 事父母幾諫。
자 왈　 사 부 모 기 간

見志不從, 又敬不違, 勞而不怨。
견 지 부 종　 우 경 불 위　 노 이 불 원

幾(기미 기): 가만히. 조용히.
완곡하게.

19

子曰: 父母在, 不遠遊, 遊必有方。
자 왈　 부 모 재　 불 원 유　 유 필 유 방

20

子曰: 三年無改於父之道, 可謂孝矣。
자 왈　 삼 년 무 개 어 부 지 도　 가 위 효 의

21

공자 부모님 연세는 잘 알아두지 않으면 안 된다.
한편으로는 [오래 사시는 것을] 기뻐해야 하고,
한편으로는 [노쇠함을] 걱정해야 하기 때문이다.

22

(말을 함부로 하지 말아야 함을 어떻게 설명해 줄까 고민 끝에 묘안을
찾아내자 희색이 만면하여 빙그레 웃으며)

공자 옛날 사람들이 말을 가벼이 내뱉지 않은 것은,
자신의 행동이 [말에] 미치지 못할까, 부끄럽게 여겼기 때문이다.

23

(강의가 무르익을 즈음 실수를 하지 않는 비법을 덤으로 알려준다.)

공자 절제 있게 하는데도 실수를 한 사람은 흔하지 않다.

24

(일은 느려 터졌으면서 말하는 데는 재빠른 제자를 지목하며 말한다.
다만 이름을 거명하지 않을 뿐이다.)

공자 군자는 말은 느리게 해도 일은 재빨리 하려고 한다.

25

(덕행의 요점을 간단명료하게 설명해 준다. 안회, 민자건, 염백우,
중궁이 열심히 받아 적는다.)

공자 올바르게 사는 사람은 외롭지 않고, 반드시 [뜻을 같이하는]
이웃이 있다.

26

(멀리 남쪽 오나라 태생으로 45세나 어린 제자 자유가 어느덧 식견을
갖추어 한마디 한다. 문학에 뛰어나다는 소문답게 대구對句를 지어서)

子曰: 父母之年, 不可不知也。
자 왈　부 모 지 년　불 가 부 지 야

一則以喜,
일 즉 이 희

一則以懼。
일 즉 이 구

懼(두려워할 구): 걱정하다.

22

子曰: 古者言之不出,
자 왈　고 자 언 지 불 출

恥躬之不逮也。
치 궁 지 불 체 야

23

子曰: 以約失之者鮮矣。
자 왈　이 약 실 지 자 선 의

24

子曰: 君子欲訥於言, 而敏於行。
자 왈　군 자 욕 눌 어 언　이 민 어 행

訥: 말 더듬을 눌.

25

子曰: 德不孤, 必有鄰。
자 왈　덕 불 고　필 유 린

26

자유　임금을 섬김에 [직언을] 자주 하면 욕을 당할 수 있고,
친구를 사귐에 [충고를] 자주 하면 멀어질 수 있다.

子游曰: 事君數, 斯辱矣;
자 유 왈   사 군 삭   사 욕 의

朋友數, 斯疏矣。
붕 우 삭   사 소 의

數: 자주 삭.
疏(트일 소): 멀어지다.

【제5편】

공야장 公冶長

1

공자, (제자인) 공야장*의 인물됨을 평하여 말한다.

사위로 삼을 만하다.

비록 감옥에 갇힌 적이 있었으나 그의 죄가 아니었다.

(그렇게 말하고는) 자기 딸을 그에게 시집을 보낸다.

공자, (제자인) 남용*의 인물됨을 평하여 말한다.

나라가 태평하면 버려지지 않을 것이나,

나라가 혼란해도 형벌만큼은 면할 것이다.

(그렇게 말하고는) 형의 딸을 그에게 시집보낸다.

> **공야장公冶長** | 성은 공야, 이름이 장이다. 공자의 제자이자 사위이다. 새나 돼지의
> 말도 들을 줄 안다는 설이 있는데, 논어에는 단 한 번만 등장한다.
> **남용南容** | 성은 남궁南宮, 이름은 괄适, 자는 자용子容. 남궁자용을 줄여 남용이라
> 했다. 제11 선진편에도 나온다.

2

(다른 사람의 제자라고 얕잡아 보지 않고 관대하고 객관적으로 대한다.)

공자, 자천*의 인물됨을 평하여 말한다.

[참으로] 군자로다. 그 사람!

노나라에 [훌륭한] 군자들이 없었다면, 누구에게서 그런

[인품]을 배웠겠는가?

> **자천子賤** | 성은 복宓, 이름은 부제不齊. 많은 사람에게 배웠다고 하는데 논어에는
> 여기에만 나온다.

3

(언어에 뛰어나고 재물을 잘 모으는 제자 자공이 찾아와 다짜고짜
묻는다.)

자공 저는 어떻습니까?

공자 자네는 그릇일세!

1

子謂公冶長 : 可妻也。
자 위 공 야 장　　가 처 야

雖在縲絏之中, 非其罪也。
수 재 류 설 지 중　비 기 죄 야

以其子, 妻之。
이 기 자　처 지

子謂南容: 邦有道, 不廢,
자 위 남 용　방 유 도　불 폐

邦無道, 免於刑戮。
방 무 도　면 어 형 륙

以其兄之子, 妻之。
이 기 형 지 자　처 지

妻(아내 처): 시집보내다.
　장가들게 하다.
縲: 포승 류.
絏: 묶을 설.
縲絏: 감옥.
子: 자식 자.

2

子謂子賤 : 君子哉若人!
자 위 자 천　　군 자 재 약 인

魯無君子者, 斯焉取斯。
노 무 군 자 자　사 언 취 사

3

子貢問曰: 賜也何如?
자 공 문 왈　사 야 하 여

子曰: 女, 器也。
자 왈　여　기 야

자공 어떤 그릇입니까?

공자, (느닷없는 물음에 다소 당황한 듯 잠시 머뭇거리다, 큰 소리로)

호련*일세.

> 호련瑚璉 | 종묘 제례에 사용하는 그릇. 곡식을 담는 데 쓰이며 옥 장식이 달린 매우 존귀한 그릇이다. 훌륭한 인재를 비유하는 말로 씌였다

4

(하루는 한 사람이 찾아와 제자에 관해 물어본다. 의외이나 태연하고 낮은 목소리로)

혹자 옹(중궁)이라고 있지요? 그는 어질지만 말은 잘하지 못하던데요.
[그래도 괜찮겠습니까?]

공자 [말을 잘 해서] 어디 쓰겠소?
[말은 잘해 봤자] 남의 입을 막아서, 미움만 사기 마련이오.
그가 어진지는 모르겠으나, 말재주가 무슨 소용이 있겠소이까?

5

(72명의 정규 학생 가운데 나이가 많은 편인 제자가 학당 청소를 하고 있다.)

공자, 칠조개*를 불러 이제 벼슬을 하면 어떻겠냐고 권한다.

칠조개 저는 아직 벼슬을 할 능력이 안 됩니다.

공자, (그의 말을 듣고는 흐뭇한 표정을 지으며 대단히) 기뻐한다.

> 칠조개漆雕開 | 노나라 사람으로 공자보다 11세 연하의 제자. 성은 칠조, 본명은 계啓, 자는 자개子開이다. 『논어』에서 여기에 딱 한 번만 등장한다.

6

(하루는 반에서 나이가 가장 많은 자로가 학당 주위를 서성이는 모습을 보고, 그를 불러서 의중을 슬쩍 떠본다.)

공자 [세상이 어지럽고] 길이 막막하니 뗏목이나 타고 바다로 갈까 보다.

曰: 何器也?
왈 하 기 야

曰: 瑚璉也。
왈 호 련 야

4

或曰: 雍也仁而不佞。
혹 왈 옹 야 인 이 불 녕

子曰: 焉用佞?
자 왈 언 용 녕

禦人以口給, 屢憎於人。
어 인 이 구 급 누 증 어 인

不知其仁, 焉用佞?
부 지 기 인 언 용 녕

瑚: 산호 호.
璉: 호련 련.

佞: 말재주 녕.
禦: 막을 어.
給: 말 잘할 급.
憎: 미워할 증.

5

子使漆雕開仕。
자 사 칠 조 개 사

對曰: 吾斯之未能信。
대 왈 오 사 지 미 능 신

子說。
자 열

6

子曰: 道不行, 乘桴浮于海。
자 왈 도 불 행 승 부 부 우 해

桴(마룻대 부): 뗏목(=筏).

[그러면] 나를 따를 자는 아마 유(자로) 자네뿐일 것 같다.

자로, 그 말을 듣고 기쁨을 감추지 못한다.

공자 유(자로)야! 그대는 용맹을 좋아함이 나보다 낫다.

[그런데 뗏목을 만들] 나무를 구할 데가 없구나!

7

(노나라 3대 귀족인 맹의자의 맏아들이 제자들에 대하여 꼬치꼬치
묻는다.)

맹무백 자로라는 제자는 어진 사람인가요?

공자 잘 모르겠소이다.

맹무백 다시 물어본다.

공자 유(자로)는 일천 수레를 가진 큰 나라의 군사는 다스릴 수
있겠으나, 인仁한 지는 모르겠소.

맹무백 구(염유)라는 [제자가 있지요? 그는] 어떻습니까?

공자 구(염유)요! 그는 일천 가구의 큰 고을과 수레 100대를 가진
대부 집의 가신이 될 수는 있겠으나, 인仁한 지는 모르겠소.

맹무백 적(공서화)이라는 제자는 어떠한가요?

공자 적(공서화)이라고요! 그는 띠를 두르고 조정에 서서 손님을
맞이하는 일은 할 수 있겠으나,
인仁한 지는 알지 못하겠소.

8

(학당에서 조용히 악기를 연주하고 있는데, 아끼는 제자 자공이 찾아와
반갑게 맞이한다.)

공자, (넌지시) 자공을 떠본다.

자네와 회(안연) 가운데 누가 더 나은고?

從我者, 其由與?
종아자 기유여

子路聞之喜。
자로문지희

子曰: 由也, 好勇過我, 無所取材。
자왈 유야 호용과아 무소취재

7

孟武伯問: 子路仁乎?
맹무백문 자로인호

子曰: 不知也。
자왈 부지야

又問。
우문

賦(세금 부): 군사에 관한 일.

子曰: 由也, 千乘之國, 可使治其賦也, 不知其仁也。
자왈 유야 천승지국 가사치기부야 부지기인야

求也, 何如?
구야 하여

子曰: 求也, 千室之邑, 百乘之家, 可使爲之宰也, 不知其仁也。
자왈 구야 천실지읍 백승지가 가사위지재야 부지기인야

赤也, 何如?
적야 하여

子曰: 赤也, 束帶立於朝, 可使與賓客言也, 不知其仁也。
자왈 적야 속대립어조 가사여빈객언야 부지기인야

8

子謂子貢曰: 女與回也孰愈?
자위자공왈 여여회야숙유

愈: 나을 유.

자공 (공손하게 목소리를 낮추며)

제가 어찌 감히 안회를 넘볼 수 있겠습니까?

안회는 하나를 들으면 열을 아는데,

저는 하나를 들으면 겨우 둘 정도 알 뿐입니다.

공자 그만 못 하다. 네가 안회만 못함을 내가 인정하노라.

9

(10대 제자 가운데 나이가 어린 편인) 재여가 낮잠을 자다가

(선생님에게 들킨다.)

공자 (크게 실망한 듯)

썩은 나무로는 조각을 할 수 없고,

똥 묻은 흙으로 쌓은 담에는 덧칠할 수 없다.

여(재아) 같은 인간을 나무라서 뭣하리오.

(그래도 화가 풀리지 않은 듯 다시 더 격한 목소리로)

공자 예전에는 내가 남의 말을 들으면 그의 행실을 말 그대로 믿었다.

이제는 남의 말을 들어도 다시 그의 행실을 살펴보게 되었다.

여(재아) 때문에 나의 습관이 바뀌게 되었다.

10

(제자들이 오지 않는 날이라 심심하던 차에 한 사람이 찾아오자 먼저 말을 건넨다.)

공자 나는 여태껏 강직한 자를 보지 못하였소.

혹자 신정*[이란 사람이 있지 않습니까?]

공자 신정! 그는 욕심쟁이이니, 어찌 강직하다고 할 수 있겠소?

신정申棖 | 노나라 출신의 공자 제자로 강직하다는 세평을 얻었다는데, 생몰연대나 행적은 알려진 바가 없다. 논어에서 여기 딱 한 번 등장한다.

對曰: 賜也何敢望回?
대 왈　사 야 하 감 망 회

　　回也聞一以知十,
　　회 야 문 일 이 지 십

　　賜也聞一以知二。
　　사 야 문 일 이 지 이

子曰: 弗如也! 吾與女弗如也。
자 왈　불 여 야　오 여 여 불 여 야

與(줄 여): 인정하다.
　　　　허여하다.

9

宰予晝寢。
재 여 주 침

子曰: 朽木不可雕也,
자 왈　후 목 불 가 조 야

　　糞土之牆不可杇也;
　　분 토 지 장 불 가 오 야

　　於予與何誅?
　　어 여 여 하 주

子曰: 始吾於人也, 聽其言而信其行;
자 왈　시 오 어 인 야　청 기 언 이 신 기 행

　　今吾於人也, 聽其言而觀其行。
　　금 오 어 인 야　청 기 언 이 관 기 행

　　於予與改是。
　　어 여 여 개 시

寢: 잠잘 침.
朽: 썩을 후.
雕: 새길 조.
牆: 담 장.
杇: 흙손 오.
與(줄 여): 어조사(=也).

10

子曰: 吾未見剛者。
자 왈　오 미 견 강 자

或對曰: 申棖。
혹 대 왈　신 정

子曰: 棖也慾, 焉得剛?
자 왈　정 야 욕　언 득 강

11

(제자 자공이 뭔가 크게 깨친 듯, 헐레벌떡 달려와 당당하게 물어본다.)

자공 저는 남이 나에게 간섭하는 것을 원하지 않으므로

　　　　저 또한 남을 간섭하는 일이 없게 하겠습니다.

공자 (어이없다는 듯 혀를 차며, 말끝을 흐린다.)

　　　　사(자공)야! 네가 해낼 수 있는 그런 일이 아닐 것 같은데.

12

(스승을 흠모하는 정도가 남다른 제자의 회고담을 들어보자.)

자공 스승님이 글을 쓰는 일에 대하여 말씀하시는 것은 들은 바

　　　　있지만,

　　　　사람의 본성이나 하늘의 이치에 관하여 말씀하시는 것은 듣지

　　　　못했습니다.

13

(한 문인이 세상을 떠난 선배를 회고한다.)

자로 선배님은 무엇을 들은 후 미처 실행하지 못하면, 또 더 듣는 것을

두려워했습니다.

> ※ 자로는 공자 72세 때 위나라에서 벼슬을 하다 정변에 희생되어 세상을 떠난다.
> 공자는 그다음 해에 영면하였다.

14

(위인론 강의 시간, 한 제자가 손을 번쩍 들어 질문을 한다.)

자공 공문자*는 어째서 '문'이라는 시호를 얻게 되었습니까?

공자 (좋은 질문이라 생각되어 자상하게 답한다.)

　　　　[그 분은 생전에] 영민하면서도 배우기를 좋아하고,

　　　　아랫사람에게 묻는 것도 부끄럽게 여기지 않으셨다.

　　　　그래서 그를 일러 '문'이라 했다.

11

子貢曰: 我不欲人之加諸我也。
자 공 왈 아 불 욕 인 지 가 저 아 야

吾亦欲無加諸人。
오 역 욕 무 가 저 인

子曰: 賜也, 非爾所及也。
자 왈   사 야 비 이 소 급 야

爾: 너 이.

12

子貢曰: 夫子之文章, 可得而聞也;
자 공 왈 부 자 지 문 장 가 득 이 문 야

夫子之言性與天道, 不可得而聞也。
부 자 지 언 성 여 천 도   불 가 득 이 문 야

13

子路有聞, 未之能行, 唯恐有聞。
자 로 유 문 미 지 능 행 유 공 유 문

14

子貢問曰: 孔文子何以謂之文也?
자 공 문 왈 공 문 자 하 이 위 지 문 야

子曰: 敏而好學, 不恥下問, 是以謂之文也。
자 왈 민 이 호 학 불 치 하 문 시 이 위 지 문 야

공문자孔文子 | 위衛나라의 대부, 이름은 어圉. 문은 시호諡號이다. 공자보다 1년 앞선 BC 480년에 서거했다. 자로가 그의 가신을 지낸 바 있다.

15

(위인론 강의 때 정나라의 위대한 정치가를 소개한다.)

공자, 자산*을 평한다.

군자다운 4가지 미덕이 있었다.

스스로 행할 때에는 공손했으며,

윗분을 모실 때에는 공경했고,

백성을 받들 때에는 은혜로웠으며,

백성을 부릴 때에는 정의로웠다.

자산子産 | 성은 공손公孫 이름이 교僑이다. 정鄭나라 목공穆公의 손자로 22년간 집정하며 공적을 많이 쌓은 위대한 정치가이자 외교가, 사상가이기도 했다. 공자 30세 때 서거했다. 일찍이 그의 명망을 듣고는 대단히 흠모했다.

16

(위인론 강의 때 이웃한 제나라의 현신을 소개한다.)

공자 안평중*은 남과 사귀기를 잘해서 오래도록 존경 받았다.

안평중晏平仲 | 제齊나라의 현신賢臣으로 이름은 영嬰. 안자晏子로 널리 알려져 있다.

17

(분수에 넘치는 일은 하지 말라며, 반면교사의 예를 든다. 목소리가 좀 격앙된다.)

공자 장문중*이 점치는 큰 거북을 소장하고, 기둥머리에는 산을 새기고 동자기둥에는 무늬를 그려 넣는 등 [천자나 할 수 있는 그런 일을 했으니] 어찌 그가 [예법을] 안다고 하겠는가?

장문중臧文仲 | 노나라에서 삼환三桓 세력이 등장하기 전에 권력을 장악했던 대부로, 성은 장손臧孫, 이름은 진辰, 자는 중仲이다. 문文은 시호이다. 공자 탄생 46년 전에 죽었다. 위령공편 15-13에도 나온다.

15

子謂子産: 有君子之道四焉:
자 위 자 산   유 군 자 지 도 사 언

其行己也恭,
기 행 기 야 공

其事上也敬,
기 사 상 야 경

其養民也惠,
기 양 민 야 혜

其使民也義。
기 사 민 야 의

16

子曰: 晏平仲善與人交, 久而敬之。
자 왈   안 평 중 선 여 인 교   구 이 경 지

17

子曰: 臧文仲居蔡, 山節藻梲, 何如其知也。
자 왈   장 문 중 거 채   산 절 조 절   하 여 기 지 야

蔡: 큰 거북 채.
節: 기둥머리 절.
藻: 무늬 조.
梲: 동자기둥 절.

18

(가장 어리지만 매우 영특한 제자가 질문 공세를 한다. 대답이 약간 퉁명스럽기는 해도 목소리는 다정다감하다.)

자장 영윤자문*이 세 번이나 벼슬길에 올라 영윤이 됐으면서도 기뻐하는 안색을 보이지 않았고,

세 차례나 그만두고 물러나면서도 노여워하는 빛이 없었다고 합니다.

[물러날 때는] 자신이 맡았던 영윤의 정무를 반드시 신임 영윤에게 알려주었다고 합니다.

[그만하면 그는] 어떻습니까?

공자 (일부러 한마디로 간단하게) 충직하다.

자장 인仁하다고 할 수 있겠습니까?

공자 알지 못하겠다. [그렇다고 해서] 어찌 인仁하다고 할 수 있겠는가?

자장 최자*가 제나라 임금을 시해하자, 진문자*가 말 40필이 있었는데도, 그것을 버리고 떠났다. 다른 나라로 가서 "이 사람도 우리 대부 최자와 같다"라고 하며 떠났다.

또 다른 나라로 가서 "이 사람 역시 우리 대부 최자와 같다"라고 하면서, 그곳을 떠났다고 합니다. [이런 사람이라면] 어떻습니까?

공자 [여울물처럼] 맑구나!

자장 인仁하다고 할 수 있겠습니까?

공자 잘 모르겠다. [그렇다고] 어찌 인仁하다고 할 수 있겠는가?

영윤자문令尹子文 | 초楚나라의 대부. 초나라는 재상宰相을 영윤이라 했다. 자문은 자字이다.

최자崔子 | 제齊나라의 대부로 임금 장공莊公을 시해했다. 노나라 양공 25년이니 공자 4세 때 일어난 일이다.

진문자陳文子 | 제나라 대부. 공적에 대해서는 알려진 바가 없다.

19

18

子張問曰: 令尹子文三仕爲令尹, 無喜色;
자 장 문 왈　영 윤 자 문 삼 사 위 영 윤　무 희 색

三已之, 無慍色。
삼 이 지　무 온 색

舊令尹之政, 必以告新令尹。
구 영 윤 지 정　필 이 고 신 영 윤

何如?
하 여

子曰: 忠矣!
자 왈　충 의

曰: 仁矣乎?
왈　인 의 호

曰: 未知; 焉得仁。
왈　미 지　언 득 인

崔子弑齊君, 陳文子有馬十乘, 棄而違之。
최 자 시 제 군　진 문 자 유 마 십 승　기 이 위 지

至於他邦, 則曰: "猶吾大夫崔子也"。
지 어 타 방　즉 왈　유 오 대 부 최 자 야

違之。之一邦, 則又曰:
위 지　지 일 방　즉 우 왈

"猶吾大夫崔子也"。
유 오 대 부 최 자 야

違之。何如?
위 지　하 여

子曰: 清矣!
자 왈　청 의

曰: 仁矣乎?
왈　인 의 호

曰: 未知; 焉得仁?
왈　미 지　언 득 인

慍: 성낼 온.
弑: 죽일 시.

19

季文子三思而後行。
계 문 자 삼 사 이 후 행

(노나라의 대부) 계문자*는 (모든 일을) 세 번 생각한 뒤에야 실행했다.

공자, (예전의 그런 소문을) 전해 듣고는 (혀를 차며)

　두 번이면 될 텐데.

> **계문자季文子** | 노나라 대부. 벼슬을 하는 동안 무슨 일이든 신중히 한 것으로
> 유명하다. 공자 탄생 18년 전인 BC 568년에 죽었다. 『논어』에 등장하는 계씨 가문의
> 가장 윗대 인물로, 가장 많이 등장하는 계강자季康子의 5대조이다.

20

(처세론 강의 시간에 위나라의 대부를 지낸 인물을 예로 든다.)

공자　영무자는 나라가 태평할 때는 지혜롭게 행동했고,

　　　　나라가 혼란할 때는 어리석은 척했다.

　　그의 지혜로움은 [아무나] 따를 수 있었으나,

　　그의 어리석은 척함은 [누구도] 따를 수 없었다.

21

(갑자기 고국 생각이 간절한 듯, 한숨을 쉬며)

공자, 진나라에 체류할 때 (이런 푸념을 늘어놓는다).

　돌아가자! 돌아가!

　이곳 젊은이들은 뜻은 크지만 일을 하는 데는 매우 소홀하다.

　문물은 빛나지만, [내가] 어떻게 지도해야 할지 모르겠다.

> ※ 공자가 진陳나라에 머무른 지 3년째 되는 해, 진晉나라와 초楚나라가 서로
> 번갈아 진나라와 오나라를 침범하는 등 전쟁이 그치지 않았다. 그 때 위와 같은
> 말을 한 다음 진陳나라를 떠났다고 한다(참고 「공자세가」 435쪽).

22

(모처럼 위인론 강의를 한다. 숙연한 목소리로)

공자　백이와 숙제* [두 왕자]는 과거 원한을 염두에 두지 않았다.

　　[그래서] 원망받는 일도 드물었다.

> **백이伯夷와 숙제叔齊** | 상商나라 말기 작은 고죽군孤竹君의 두 왕자. 부왕이 죽자
> 군주 자리를 서로 양보하고, 주周에 의탁하였다. 무왕이 상나라를 정벌할 때 적극
> 반대하지만, 무왕이 결국 상나라를 멸망시키고 주나라를 세웠다. 상나라 신하
> 무왕이 군주인 주왕紂王을 죽임이 옳지 못하다고 여겨 주나라 곡물 먹는 것을
> 수치스럽게 생각, 수양산首陽山에 들어가 고사리를 따 먹다가 굶어죽었다. 『사기』
> 권61에 열전이 있다.

子聞之, 曰: 再, 斯可矣。
자 문 지 왈 　재 　사 가 의

斯(이 사): ~하면(=則).

20

子曰: 甯武子, 邦有道, 則知;
자 왈 　영 무 자 　방 유 도 　즉 지

　　　　　　邦無道, 則愚。
　　　　　　방 무 도 　즉 우

　　其知可及也,
　　기 지 가 급 야

　　其愚不可及也。
　　기 우 불 가 급 야

愚: 어리석은 척 하다.

21

子在陳, 曰: 歸與! 歸與!
자 재 진 　왈 　귀 여 　귀 여

　　　吾黨之小子狂簡,
　　　오 당 지 소 자 광 간

　　　斐然成章, 不知所以裁之。
　　　비 연 성 장 　부 지 소 이 재 지

狂(미칠 광): 뜻은 크지만
　일을 하는 데는 크게
　소홀하다.
斐(오락가락할 비):
　문물이 빛나다.
裁(마를 재): 마름질하다.
　지도하다.

22

子曰: 伯夷、叔齊不念舊惡, 怨是用希。
자 왈 　백 이 　숙 제 불 념 구 악 　원 시 용 희

23

(제자들이 지루하지 않도록 풍문으로 들은 인물에 대해 이야기한다. 미소를 지으며)

공자 미생고*가 정직하다고 그 누가 말했는가?

어떤 이가 그에게 식초를 빌려 달라고 했더니, [없다고 말하지 않고] 이웃집에서 빌려다 주면서 [생색을 냈다고] 하더구나.

> **미생고微生高** | 노나라 사람으로 정직하다는 소문이 자자했다. 『장자』와 『전국책』에 미생고尾生高에 관한 이야기가 있다. 미생고가 한 여자와 다리 밑에서 만나기로 했다. 약속 시간이 다 되어도 여자가 나타나지 않았다. 그래도 그는 계속 기다렸다. 상류에 폭우가 쏟아져 다리 밑 강물이 계속 불어나는 바람에 물에 떠내려가 죽었다고 한다. '꼬리 미尾'와 '작을 미微'는 옛날 음이 서로 비슷하여 통용 조건을 갖추고 있다. 그래서 『장자』와 『전국책』의 미생고尾生高와 『논어』의 미생고微生高가 동일한 인물이라고 보는 학자들이 많다.

24

(제자들에게 자신의 멘토라 여긴 분을 소개한다. 밝고 경쾌한 목소리로)

공자 말을 교묘하게 하고, 얼굴빛을 꾸미고, 지나치게 공손하게 구는 것을,

좌구명*이 부끄럽게 여기셨는데, 나도 또한 그것을 부끄럽게 여긴다.

원망을 숨기고 그 사람과 친한 척 지내는 것을,

좌구명이 부끄럽게 여기셨는데, 나도 또한 그것을 부끄럽게 여긴다.

> **좌구명左丘明** | 노나라 사람으로 성은 좌구, 이름이 명이다. 춘추말기의 사학자, 문학자, 사상가로 『춘추좌씨전』을 남겼다.

25

덕행이 뛰어난 안연과 정사에 뛰어난 자로(계로) 두 제자가 스승을 모시고 (도란도란 얘기꽃을 피운다).

23

子曰: 孰謂微生高直?
자왈 숙위미생고직

或乞醯焉, 乞諸其鄰而與之。
혹걸혜언 걸저기린이여지

醯(식초 혜).

24

子曰: 巧言、令色、足恭,
자왈 교언 영색 주공

左丘明恥之, 丘亦恥之。
좌구명치지 구역치지

匿怨而友其人,
익원이우기인

左丘明恥之, 丘亦恥之。
좌구명치지 구역치지

足(지나칠 주)
匿(숨길 닉).

25

顏淵、季路侍。
안연 계로시

공자 자네들 각자 품고 있는 뜻을 말해 보지 않겠나?

자로 (기다렸다는 듯이 급하게)

수레나 가죽옷을 친구와 함께 쓰다가 혹 해지더라도 탓하지

않겠습니다.

안연 (자로보다 스무 살이나 어린 데도 의젓하고 차분한 목소리로)

유능함을 자랑하지 않고, 공로도 과시하지 않겠습니다.

자로 (재촉하듯 다급하게)

선생님의 뜻을 듣고 싶습니다.

공자 (헛기침을 몇 번 한 다음에)

어르신은 편안하게 해드리고,

친구는 나를 믿게 하고,

젊은이는 잘 보듬어 주겠다.

26

(한번은 강의 중에 제자들에게 훌륭한 인물이 없음을 한탄한다.

한숨을 쉰다. 몇몇 제자는 스승의 깊은 뜻을 눈치 챈 듯 고개를

끄덕인다.)

공자 다 끝났구나!

자신의 허물을 보고 안으로 자신을 질책할 수 있는 사람을

나는 아직 보지 못했다.

27

(제자들이 공부 좋아하기를 바라는 뜻에서 자신을 예로 들어 설명한다.

딴전을 피우는 학생은 한 명도 없다. 모두 귀를 쫑긋 세우고 듣는다.)

공자 열 가구 안팎의 작은 마을에 반드시 나만큼 충성과 신의가

있는 사람은 있겠지만, 나만큼 공부하기를 좋아하는 사람은

한 사람도 없을 것이다.

子曰: 盍各言爾志?
자 왈　합 각 언 이 지

子路曰: 願車馬衣輕裘與朋友共, 敝之而無憾。
자 로 왈　원 거 마 의 경 구 여 붕 우 공　폐 지 이 무 감

顔淵曰: 願無伐善, 無施勞。
안 연 왈　원 무 벌 선　무 시 로

子路曰: 願聞子之志。
자 로 왈　원 문 자 지 지

子曰: 老者安之,
자 왈　노 자 안 지

　　朋友信之,
　　붕 우 신 지

　　少者懷之。
　　소 자 회 지

盍: 何不의 合音字.
　　~하지 않겠나?

伐: 자랑하다.

施: 과시하다.

26

子曰: 已矣乎!
자 왈　이 의 호

　　吾未見能見其過而內自訟者也。
　　오 미 견 능 견 기 과 이 내 자 송 자 야

27

子曰: 十室之邑, 必有忠信如丘者焉, 不如丘之好學也。
자 왈　십 실 지 읍　필 유 충 신 여 구 자 언　불 여 구 지 호 학 야

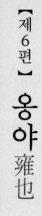

【제6편】

옹야
雍也

1

(강의 중에 여러 제자 가운데 덕행이 남다른 중궁을 불러 세우고는)

공자   옹(중궁)아! 그대는 [제후가 되어 공경대부들을 앞에 두고]
         남면*을 할 만하다.

중궁, (과분한 칭찬에 웃음을 꾹 참고 노나라의 은자인) 자상백자가
어떤 인물인지 묻는다.

공자   괜찮다. 소탈한 사람이다.

중궁   공경스런 몸가짐과 소탈한 품행으로 백성들을 대하면 이 또한
         괜찮지 않겠습니까?
         소탈한 몸가짐에 소탈한 품행으로 대하면 지나치게 소탈하지
         않겠습니까?

공자   (대견한 듯 흐뭇한 표정을 지으며)
         옹(중궁)! 자네의 말이 옳다.

남면南面 | 천자, 제후, 공경대부 등이 남쪽을 보고 앉아 회의를 주재한 것에서
유래되어 '최고위급 인사' 또는 그런 중요한 인물이 된다는 뜻으로 쓰인다. 반드시
'임금'이 되는 것을 말하지는 않는다.

2

(전국을 주유하다 14년 만에 고국에 돌아와 정치에는 관여하지 않고
교육에만 전념한다. 하루는 26대 임금 애공이 찾아와 담소를 나눈다.)

애공   [그대] 제자 가운데 누가 공부를 [가장] 좋아하오?

공자   (공손하게, 한편으로는 안타까운 표정을 지으며)
         안회라는 제자가 있습니다. 그가 배우기를 가장 좋아합니다.
         노여움을 남에게 옮기는 법이 없고, [같은] 잘못을 거듭하는
         일이 없었습니다.
         [그런데] 불행하게도 일찍 죽었습니다.
         지금은 [그만한 제자가] 없습니다. 배우기를 좋아한다는 자를

1

子曰: 雍也, 可使南面。
자 왈   옹야   가 사 남 면

仲弓問子桑伯子。
중 궁 문 자 상 백 자

子曰: 可也, 簡。
자 왈   가 야   간

仲弓曰: 居敬而行簡, 以臨其民, 不亦可乎?
중 궁 왈   거 경 이 행 간   이 림 기 민   불 역 가 호

居簡而行簡, 無乃大簡乎?
거 간 이 행 간   무 내 태 간 호

子曰: 雍之言然。
자 왈   옹 지 언 연

簡(대쪽 간): 소탈하다.
無乃: ~하지 않겠는가?
大=太: 너무. 지나치게.

2

哀公問: 弟子孰爲好學?
애 공 문   제 자 숙 위 호 학

孔子對曰: 有顔回者好學;
공 자 대 왈   유 안 회 자 호 학

不遷怒, 不貳過。
불 천 노   불 이 과

不幸短命死矣,
불 행 단 명 사 의

今也則亡, 未聞好學者也。
금 야 즉 무   미 문 호 학 자 야

亡(=無): 없을 무.

아직 듣지 못했습니다.

3

(예법에 정통한) 자화(공서화)*가 제나라에 사신으로 갔다. 염자(염구)*가
[노나라에 혼자 남은] 그의 모친을 위해 곡식을 청한다.

공자 부(6말 4되)를 주거라.

염구가 더 주기를 청한다.

공자 유(16말)를 주거라.

염구가 곡식 다섯 병(80섬)을 준다.

공자 (과분하다며 다소 불만인 듯)
적(공서화)이 제나라에 갈 때 살찐 말을 타고 비싼 가죽옷을
입었다는데,
내가 듣기로 "군자는 위급한 자는 도와주되, 부유한 자에게
더 많이 주지는 않는다."고 하더라.

· ·

원사(원헌), [공자의] 가신으로 일할 때, [녹봉으로] 곡식 9백 말을 주니
사양한다.

공자 사양하지 말라! [남으면] 네 마을 사람들에게 나누어 주거라!

> **자화子華** | 성은 공서公西, 이름은 적赤, 자는 자화. 42세 연하의 제자, 노나라 사람,
> 예법에 박통하여 공자의 장례를 주재했다고 한다.
> **염자冉子** | 염구冉求, 염유冉有라고도 한다. 노나라 태생으로 정사에 밝았으며,
> 계씨 집안의 가신을 지냈다. 공자보다 29세가 적다.
> **원사原思** | 성은 원原, 이름은 헌憲. 공자가 노나라 사법장관(司寇)으로 있을 때
> 가신을 지냈다. 공자보다 36세 연하이다.
> ※ 원사와 공자의 대화를 별도의 장으로 보기도 한다. 주자의 설에 따라 그냥
> 두었는데, 의미상 연관성이 적어 '……'로 구분하였다.

3

子華使於齊, 冉子爲其母請粟。
자 화 시 어 제   염 자 위 기 모 청 속

子曰: 與之釜。
자 왈   여 지 부

請益。
청 익

曰: 與之庾。
왈   여 지 유

冉子與之粟五秉。
염 자 여 지 속 오 병

子曰: 赤之適齊也, 乘肥馬, 衣輕裘。
자 왈   적 지 적 제 야   승 비 마   의 경 구

　　吾聞之也: 君子周急不繼富。
　　오 문 지 야   군 자 주 급 불 계 부

原思爲之宰, 與之粟九百, 辭。
원 사 위 지 재   여 지 속 구 백   사

子曰: 毋! 以與爾鄰里鄉黨乎。
자 왈   무   이 여 이 린 리 향 당 호

使: 심부름 갈 시.
釜: 6말 4되.
庾: 16말.
秉: 16섬.
周急: 위급한 사람을
　　보태줌.

4

(신분이 미천하더라도 배움에 뜻만 있으면 누구나 제자로 받아들인다. 그렇게 해서 들어온 제자 가운데 특히 스승의 총애를 받는 이가 바로 중궁이다.)

공자, 중궁을 평한다. (머지않아 큰 벼슬을 하게 될 것을 암시하는 투로)

얼룩소 새끼가 털이 붉고 뿔이 바르면,

비록 [희생으로] 쓰지 않고자 하더라도,

산천의 신령이 어찌 내버려두겠는가?

5

(강의 중에 덕행이 뛰어난 제자 안회를 칭찬하는 일이 잦다. 오늘도 예외는 아니다.)

공자 회(안회)여! 그대는 석 달 이상 하루도 빠짐없이 마음이 인仁을 어기지 않는구나.

다른 제자들은 [어쩌다] 하루 [또는] 한 달에 한 번 정도 인에 이를 뿐인데 말이다!

6

(13년 동안 전국을 주유하느라 몸이 쇠약해졌는데도 불구하고 제자를 교육하는 일은 하루도 빠트리지 않는다. 하루는 당시 노나라를 쥐락펴락하는 세도가가 찾아와 제자들에 대해 꼬치꼬치 물어본다.)

계강자 중유(자로)는 벼슬을 시킬 만합니까?

공자 그는 과감하니 벼슬을 시키는 데 무슨 걱정이 있겠습니까?

계강자 사(자공)는 벼슬을 시킬 만합니까?

공자 그는 사리에 통달했으니, 벼슬을 시키는 데 무슨 걱정이 있겠습니까?

4

子謂仲弓曰: 犂牛之子騂且角,
자 위 중 궁 왈 리 우 지 자 성 차 각

雖欲勿用,
수 욕 물 용

山川其舍諸?
산 천 기 사 저

犂: 얼룩소 리.
騂: 붉은 말 성.
　주나라 때에는 붉은
　색을 매우 귀하게 여겨,
　제사에 붉은 색 짐승을
　제물로 바치기를
　좋아하였음.
其: 어찌(=豈).
舍(집 사): 버려 두다(=捨).
諸: '之乎'의 합음자合音字,
　이 경우는 [제]가 아니라
　[저]로 읽음.

5

子曰: 回也, 其心三月不違仁;
자 왈 회 야 기 심 삼 월 불 위 인

其餘則日月至焉而已矣。
기 여 즉 일 월 지 언 이 이 의

6

季康子問: 仲由可使從政也與?
계 강 자 문 중 유 가 사 종 정 야 여

子曰: 由也果, 於從政乎何有?
자 왈 유 야 과 어 종 정 호 하 유

曰: 賜也可使從政也與?
왈 사 야 가 사 종 정 야 여

曰: 賜也達, 於從政乎何有?
왈 사 야 달 어 종 정 호 하 유

曰: 求也可使從政也與?
왈 구 야 가 사 종 정 야 여

曰: 求也藝, 於從政乎何有?
왈 구 야 예 어 종 정 호 하 유

계강자 구(염유)는 벼슬을 시킬 만합니까?

공자 그는 육예*에 두루 능통하니 벼슬을 시키는데 무슨 걱정이 있겠습니까?

> **육예六藝** | 옛날에 군자가 되려면 반드시 배워야 하는 6종 필수 과목, 즉 예절(禮), 음악(樂), 활쏘기(射), 말타기(御), 글쓰기(書), 셈하기(數)를 말한다. 『논어』 원문에서는 이를 줄여 예藝라 하였다.

7

(노나라의 귀족으로 실권 세력인) 계씨 문중에서 민자건*을 비읍의 읍재로 삼고자 한다.

민자건 (심부름 온 사람에게)

나는 사절하겠다고 잘 전해 주시오.

만약 다시 부르러 온다면, 나는 반드시 [노나라를 떠나] 제나라 문수 강가에 가 있을 것이오.

> **민자건閔子騫** | 공자보다 15세 어린 제자로 안회와 더불어 덕행德行이 높은 사람으로 손꼽힌다. 효자라는 찬사를 받기도 한다(선진편 11-03).

8

(제자 가운데 나이가 가장 많은) 백우*가 중병에 걸린다.

공자, 문병하러 가서 창문 너머로 그의 손을 잡고 말한다.

이럴 리가 없는데, 운명이란 말인가?

이토록 [덕행이 훌륭한] 사람이 이런 병에 걸리다니!

이토록 [덕행이 훌륭한] 사람이 이런 병에 걸리다니!

> **백우伯牛** | 성은 염冉, 이름은 경耕. 자가 백우. 노나라 사람으로 안연, 민자건과 더불어 덕행이 훌륭한 10대 제자. 문둥병에 걸렸다고 한다. 공자보다 7세 연하로, 제자 중 가장 고령이다. 자로는 9세 연하다.

9

(오늘 강의에서도 수제자 안회에 대한 칭찬이 빠지지 않는다. 목소리가 밝고 맑다.)

7

季氏使閔子騫爲費宰。
계 씨 사 민 자 건 위 비 재

閔子騫曰: 善爲我辭焉。
민 자 건 왈   선 위 아 사 언

如有復我者, 則吾必在汶上矣。
여 유 복 아 자   즉 오 필 재 문 상 의

8

伯牛有疾, 子問之, 自牖執其手, 曰:
백 우 유 질   자 문 지   자 유 집 기 수   왈

亡之, 命矣夫!
무 지   명 의 부

斯人也而有斯疾也!
사 인 야 이 유 사 질 야

斯人也而有斯疾也!
사 인 야 이 유 사 질 야

亡: 병이 심하여 머지않아
죽을(死亡) 것이라는
설(孔安國), 덕행이
훌륭한 사람이 이런
몹쓸 병에 걸릴 이유가
없다[無=亡]는
설(翟灝)이 있다.
전자는 [망]으로 읽어야
하고, 후자는 [무]로
읽어야 한다. 후자를
따랐다.

9

子曰: 賢哉, 回也!
자 왈   현 재   회 야

공자　훌륭하도다! 안회여!

한 대그릇의 밥을 먹으며,

한 표주박의 물을 마시고,

누추한 골목에 살다 보면,

다른 사람들은 어려움을 견디지 못하는데,

안회는 그것을 즐거움으로 여겨 바꾸지 않는구나.

훌륭하도다! 안회여!

10

(수업 시간 중에 정사에 밝은 염구*가 핑계를 댄다고 한 소리 듣는다.)

염구　(조금 겸연쩍은 듯 뒷머리를 긁으며)

스승님의 가르침을 좋아하지 않는 것이 아니라, 힘이 부족합니다.

공자　힘이 부족하면 중도에서 그만두는데,

지금 자네는 스스로 한계를 긋고 있구나!

> **염구冉求** | 염유冉有라고도 한다. 10대 제자의 한 사람으로 노나라 태생이다.
> 정사에 밝았으며, 계씨의 가신을 지냈다. 공자보다 29세 연하이다.

11

(44살이나 어린 제자가 문학에 남다른 재능을 보이자 흐뭇한 표정을
지으며) 자하를 격려한다.

공자　너는 말이야!

군자 다운 선비가 되면 좋겠다.

소인 같은 선비가 되지 말고!

12

(자하보다 한 살 더 어린) 자유가 무성의 최고 책임자가 된다.

공자　(어린 나이에 출세를 한 제자가 대견스럽지만, 한편으로는 자못
걱정스러운 듯)

一簞食,
일 단 사

一瓢飮,
일 표 음

在陋巷,
재 루 항

人不堪其憂,
인 불 감 기 우

回也不改其樂。
회 야 불 개 기 락

賢哉, 回也!
현 재 회 야

簞: 대광주리 단.
瓢: 바가지 표.
陋: 더러울 루.
堪: 견딜 감.

10

冉求曰: 非不說子之道, 力不足也。
염 구 왈 비 불 열 자 지 도 역 부 족 야

子曰: 力不足者, 中道而廢。
자 왈 역 부 족 자 중 도 이 폐

今女劃。
금 녀 획

11

子謂子夏曰: 女爲君子儒,
자 위 자 하 왈 여 위 군 자 유

無爲小人儒。
무 위 소 인 유

12

子游爲武城宰。
자 유 위 무 성 재

자네는 사람을 얻었는고?

자유 (젊은이답지 않게 당찬 목소리로)

네! 담대멸명*이라는 부하가 있습니다.

[그는] 길을 다닐 때 [약삭빠르게] 지름길로 다니는 일이
없습니다.

[그리고] 공적인 일이 아니면, 한 번도 제 집에 온 적이
없습니다.

담대멸명澹臺滅明 | 성은 담대, 이름은 멸명, 노나라 무성 태생, 공자 제자 열전에
열거되어 있으나 생몰 연대는 미상이다. 『논어』에 여기 한 번만 나온다.

13

(68세 노구를 이끌고 고국에 돌아온 후, 한 대부의 무용담을 듣고
기뻐하며)

공자 맹지반*은 [자기가 세운 공적을] 자랑하지 않았다더군!

전쟁에서 패하고 돌아올 때 맨 뒤에서 [적군을 막다가],

막 성문으로 들어설 즈음,

말을 채찍질하며 이렇게 말했다더라!

"감히 [일부러] 맨 뒤에 있었던 것이 아니라, 말이 달려 나가지
않아서 [그리 됐소]."

맹지반孟之反 | 노나라의 대부. 애공哀公 11년에 노나라와 제나라가 싸우다 노魯가
패하여 후퇴할 때 맨 뒤에서 적군을 막으며 성문으로 돌아왔다는 기록이 좌전左傳에
있다. 애공 11년이면 공자가 68세이며, 이 해에 노나라로 돌아왔다.

14

(인물론 강의 시간이 되면 학생들의 집중도가 높고 떠들지 않는다.
상대적으로 선생님의 목소리가 높아진다.)

공자 축타*같은 달변은 없고,

송조*같은 미모만 있으면,

子曰: 女得人焉爾乎!
자 왈   여 득 인 언 이 호

曰: 有澹臺滅明者, 行不由徑,
왈   유 담 대 멸 명 자   행 불 유 경

非公事, 未嘗至於偃之室也。
비 공 사   미 상 지 어 언 지 실 야

13

子曰: 孟之反不伐,
자 왈   맹 지 반 불 벌

奔而殿,
분 이 전

將入門,
장 입 문

策其馬。
책 기 마

曰:"非敢後也, 馬不進也"。
왈   비 감 후 야   마 부 진 야

伐: 자랑할 벌.
奔: 달아날 분.
殿(큰집 전): 군대의 후미.

14

子曰: 不有祝鮀之佞,
자 왈   불 유 축 타 지 녕

而有宋朝之美,
이 유 송 조 지 미

요즘 같은 난세를 살아가기 어려울 것이다.

축타祝鮀 | 종묘 제사를 맡은 관직 이름인 '축'과, 말재주가 뛰어나기로 유명한 위衛나라 대부 자어子魚의 이름인 타鮀를 합쳐서 부른 것이다. 능변가를 상징한다.
송조宋朝 | 송나라의 공자인 조朝, '조'는 그의 이름. 위衛나라 영공靈公의 부인(南子)과 정을 통한 적이 있어, 그녀의 도움으로 대부가 되었다고 한다. 미남자를 상징한다.

15

(철학적인 주장을 할 때면 목소리가 보통 때보다 한 옥타브 높아진다.)

공자　누가 문을 통하지 않고 밖으로 나갈 수 있겠는가?

　　　어찌 아무도 이 선왕의 길을 따르지 않는가?

16

(제자들 모두 훌륭한 인재로 육성하려는 목적으로 개설한 군자론 강의 시간이다.)

공자　바탕이 꾸밈을 능가하면 투박하고,

　　　꾸밈이 바탕을 능가하면 경박하다.

　　　바탕과 꾸밈이 조화를 이룬 다음에야 비로소 군자라 할 것이다.

17

(정직을 강조하는 만큼 일어서서 큰 소리로)

공자　사람의 삶은 정직해야 한다.

　　　정직하지 않은데 살아 있으면, 요행히 [죽음을] 면했기 때문이다.

18

(즐기자면 좋아해야하고, 좋아하자면 알아야 함을 역설적으로 설명하는 방안을 생각해 내고는 대단히 기뻐하며 큰 목소리로)

공자　안다는 것은 좋아하는 것만 못하고,

　　　좋아하는 것은 즐기는 것만 못하다.

難乎免於今之世矣!
난 호 면 어 금 지 세 의

15

子曰: 誰能出不由戶?
자 왈　수 능 출 불 유 호

何莫由斯道也?
하 막 유 사 도 야

16

子曰: 質勝文則野,
자 왈　질 승 문 즉 야

文勝質則史。
문 승 질 즉 사

文質彬彬, 然後君子!
문 질 빈 빈　연 후 군 자

彬彬: 물건이 적당히
잘 섞인 모양(斑斑).

17

子曰: 人之生也, 直,
자 왈　인 지 생 야　직

罔之生也, 幸而免。
망 지 생 야　행 이 면

罔: 속이다. 정직하지 않다.

18

子曰: 知之者不如好之者,
자 왈　지 지 자 불 여 호 지 자

好之者不如樂之者。
호 지 자 불 여 낙 지 자

19

(제자의 신분은 따지지 않지만, 지식 정도는 엄격하게 따진다.)

공자 중급 이상의 사람에게는 그 이상을 말해줄 수 있겠으나,

중급 이하의 사람에게는 그 이상을 말해줄 수 없다.

20

번지, (농사일을 잠시 멈추고 헐레벌떡 찾아와) 지혜에 관하여 묻는다.

공자 사람들이 의로움에 이를 수 있도록 힘쓰고, 귀신을 공경하되

가까이하지 아니하면 가히 지혜롭다고 할 수 있을 것이다.

번지, (바로 돌아가지 않고 온 김에 다시) 인仁에 관하여 묻는다.

공자 어진 사람은 어려움에는 [남보다] 앞장서고, 얻음에는

[남보다] 뒤에 한다. [이렇게 하는 것을] 인仁이라 할 수 있다.

21

(인仁을 지知와 대비하여 설명하니 학생들이 이해하기가 쉬운 듯,

조용히 열심히 받아 적는다.)

공자 지혜로운 사람은 물을 좋아하고, 어진 사람은 산을 좋아한다.

지혜로운 사람은 잘 움직이고, 어진 사람은 늘 차분하다.

지혜로운 사람은 늘 즐겁고, 어진 사람은 오래 산다.

22

(이웃 나라에 대해서 말할 때는 으레 그렇듯 큰 목소리로)

공자 제나라[의 문물제도]가 일대 변혁을 일으키면 노나라 수준이

될 것이고,

노나라[의 문물제도]가 일대 변혁을 일으키면 이상이 실현될 것이다.

※ 당시 제齊나라는 부국강병의 나라였으나, 예악과 덕치는 작은 노魯나라만 못했다.
노나라도 군신君臣의 기강과 예의가 문란하여 공자가 꿈꾸던 이상과는 다소 거리가
있었다.

19

子曰: 中人以上, 可以語上也;
자 왈 중 인 이 상 가 이 어 상 야

中人以下, 不可以語上也。
중 인 이 하 불 가 이 어 상 야

20

樊遲問知。
번 지 문 지

子曰: 務民之義, 敬鬼神而遠之, 可謂知矣。
자 왈 무 민 지 의 경 귀 신 이 원 지 가 위 지 의

問仁。
문 인

曰: 仁者先難而後獲, 可謂仁矣。
왈 인 자 선 난 이 후 획 가 위 인 의

21

子曰: 知者樂水, 仁者樂山;
자 왈   지 자 요 수 인 자 요 산

知者動, 仁者靜;
지 자 동 인 자 정

知者樂, 仁者壽。
지 자 락 인 자 수

樂 : 좋아할 요. 즐길 락.

22

子曰: 齊一變, 至於魯;
자 왈   제 일 변 지 어 로

魯一變, 至於道。
노 일 변 지 어 도

23

(인물도 명실상부해야 함을 비유적으로 설명한다.)

공자 [모난 술잔인] 고가 모가 나지 않다면, 고라 할 수 있으랴!
고라 할 수 있으랴!

24

(덕행에 대하여 열강 중인데 한 제자가 갑자기 손을 번쩍 들어 질문을
한다. 언어 감각이 뛰어난 제자답게 비유가 기발하다.)

재아 어진 사람은
"우물에 사람이 빠졌다."라는 말을 들으면
우물 속으로 뛰어 들어갈까요?

공자 어찌 그렇게 하겠는가?
군자는 가기는 하겠지만, 속임수에 빠지지는 않을 것이다.
일시적으로 속을 수는 있어도, 끝내 사리에 어둡지는 않을 것
이다.

25

(군자론 강의, 오늘은 소인과 대비하는 방법을 쓰지 않는다.)

공자 군자가 글을 널리 배우고,
예법으로 [품행을] 다듬으면,
또한 [사람의 도리에] 벗어나는 일이 없을 것이다.

26

(위나라 임금의 부인 남자*가 만나자는 요청을 한다.) 그녀를
만나보겠다고 하자, 제자 자로가 (혹 불미스러운 일이 생길까)
기뻐하기는커녕 몹시 언짢아한다.

공자, (만나고 나와서) 맹세하며 말한다.

23

子曰: 觚不觚, 觚哉! 觚哉!
자 왈 고 불 고 고 재 고 재

24

宰我問曰: 仁者,
재 아 문 왈 인 자

    雖告之曰: "井有仁焉".
       수 고 지 왈 정 유 인 언

    其從之也?
     기 종 지 야

子曰: 何爲其然也。
자 왈 하 위 기 연 야

    君子可逝也, 不可陷也;
     군 자 가 서 야 불 가 함 야

    可欺也, 不可罔也。
     가 기 야 불 가 망 야

제 6 편 】 옹야

25

子曰: 君子博學於文,
자 왈 군 자 박 학 어 문

    約之以禮,
     약 지 이 례

    亦可以不畔矣夫。
     역 가 이 불 반 의 부

畔(밭두둑 반): 배반하다
(=叛)

26

子見南子,
자 견 남 자

子路不說。
자 로 불 열

夫子矢之曰:
부 자 시 지 왈

矢(화살 시): 맹세하다.

135

내 진정 불미스런 일이 있었다면,

하늘이 노여워할 것이다!

하늘이 노여워할 것이다!

남자南子 | 위衛 나라 임금 영공靈公의 부인. 송조宋朝라는 미남자와 음행淫行을 저지르고 그를 대부로 앉히는 등 행실이 바르지 않았다. 공자가 이러한 여자를 만나게 된 일에 대하여 「공자세가」에 상세한 기록이 있다. 간단하게 소개해 본다. 공자가 56세 때 위나라를 방문하자 임금의 부인이 만나자는 청을 해왔다. 공자가 거절하자 먼저 자기를 만나야만 임금을 접견할 수 있다며 조르자 부득이 그녀를 만났다. "부인은 휘장 안에 있었고, 공자가 문을 열고 들어가 북쪽을 향하여 절을 하자, 부인도 휘장 안에서 답례를 했는데, 이때 허리에 찬 구슬 장식이 맑고 아름다운 소리를 냈다."고 한다(432쪽). 이렇듯 두 사람 사이에는 커튼이 쳐 있었고, 정치를 위한 만남이었다. 그러나 강직한 성격을 지닌 제자 자로子路가 부적절한 만남이라며 화를 내자, 위와 같이 맹세코 불미스러운 일은 없었다며 항변했던 것이다.

27

(하루는 누구나 지켜야 할 도덕에 대해 한 생각을 얻어 큰 소리로

강의한다. 먼 훗날 자기 손자가 이를 제목으로 책을 엮을 줄 어찌

알았으랴!)

공자   중용*을 바른길로 삼으니 가장 좋을 것 같다.

[그런데 그렇게 하는] 사람들이 드물어진 지 오래됐다.

중용中庸 | 어느 한쪽으로 치우치지 않는 것을 '중中'이라고 하며, 어떤 경우에도 바뀔 수 없는 상도常道를 '용庸'이라 한다. 훗날 공자의 손자 자사子思가 송宋나라에 살면서 『중용』이란 책을 지었다. 원래 『예기禮記』 가운데 한 편이었다.

28

(돈을 잘 벌기도 하지만 베풀기도 잘하는 제자가 찾아온다.)

자공   만약 백성들에게 널리 베풀어서 많은 사람을 구제해 줄 수 있다면,

어떻겠습니까?

인仁하다고 말해도 되겠습니까?

공자   어찌 어진 사람이라고만 할 정도이겠는가? 반드시 성인聖人

일 것이다.

予所否者,
여 소 부 자

天厭之! 天厭之!
천 염 지   천 염 지

27

子曰: 中庸之爲德也, 其至矣乎!
자 왈   중 용 지 위 덕 야   기 지 의 호

民鮮久矣。
민 선 구 의

鮮(고울 선): 드물다. 적다.

28

子貢曰: 如有博施於民而能濟衆,
자 공 왈   여 유 박 시 어 민 이 능 제 중

何如?
하 여

可謂仁乎?
가 위 인 호

子曰: 何事於仁, 必也聖乎!
자 왈   하 사 어 인   필 야 성 호

[성군인] 요임금과 순임금도 그렇게 하지 못함을 안타깝게 여겼다.
무릇 어진 사람은 자기가 올라서자 [먼저] 남도 올려 세워야 하고,
자기가 잘 되자면 [먼저] 남도 잘 되게 해야 한다.
가까운 것에 비견할 수 있어야 인仁을 실천하는 방법을 말할
수 있다.

堯、舜其猶病諸!
_{요 순기유병저}

夫仁者, 己欲立而立人,
_{부인자 기욕립이립인}

己欲達而達人。
_{기욕달이달인}

能近取譬, 可謂仁之方也已。
_{능근취비 가위인지방야이}

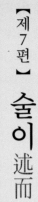

【제7편】 술이 述而

1

(강의 중에 자신을 선현에게 비유해 본다. 나지막한 목소리로)

공자 옮겨 적기는 하되 지어내지는 아니하며,

옛 것을 믿고 좋아함을,

가만히 우리 노팽*에게 견주어 본다.

노팽老彭 | 세 가지 설이 있다. 은殷나라 때 어진 대부인 노팽이란 사람이 있었다는 설, 노자老子(즉 노담老聃)와 팽조彭祖 두 사람을 합친 말이라는 설, 전설적인 인물인 '팽조'를 가리킨다는 설.

2

(이번 시간에도 자신에 대한 반성이 이어진다. 옷매무시를 다듬으며)

공자 묵묵히 기록하며,

배우기를 싫어하지 아니하며,

가르치기를 게을리하지 아니한다.

[이 가운데] 무엇이 나에게 있겠는가?

3

(자신에 대한 반성이 계속된다. 헛기침을 몇 번 한 후에)

공자 덕행을 하지 못할까,

학문을 닦지 못할까,

정의를 듣고 옮기지 못할까,

결점을 고치지 못할까,

이러한 점들이 내가 우려하는 바이다.

4

(한 제자가 눈물을 글썽이며 지난날을 회고한다.)

스승님은 집에서 조용히 쉬고 계실 때 마음이 온화하고, 낯빛이 너그러웠습니다.

1

子曰: 述而不作,
<small>자 왈　술 이 부 작</small>

信而好古,
<small>신 이 호 고</small>

竊比於我老彭。
<small>절 비 어 아 노 팽</small>

述: 기술하다.
作: 조작하다.
竊: 가만히 절.

2

子曰: 默而識之,
<small>자 왈　묵 이 지 지</small>

學而不厭,
<small>학 이 불 염</small>

誨人不倦,
<small>회 인 불 권</small>

何有於我哉?
<small>하 유 어 아 재</small>

識: 기록할 지.
倦: 게으를 권.

3

子曰: 德之不修,
<small>자 왈　덕 지 불 수</small>

學之不講,
<small>학 지 불 강</small>

聞義不能徙,
<small>문 의 불 능 사</small>

不善不能改,
<small>불 선 불 능 개</small>

是吾憂也。
<small>시 오 우 야</small>

4

子之燕居, 申申如也, 夭夭如也。
<small>자 지 연 거　신 신 여 야　요 요 여 야</small>

燕居: 일이 없어 한가하게
　거처함.
申申: 마음이 온화한 모양.
夭夭: 낯빛이 너그러운 모양.

5

(14년 만에 고국에 돌아와 정치는 잊고 교육에만 종사한 지도 어느덧
몇 해가 지났다. 하루는 학당에 홀로 앉아 상념에 잠긴다.)

공자 심해졌구나! 나의 노쇠함이여!

오래됐구나! 내가 꿈에서 주공*을 뵙지 못한 것이!

주공周公 | 주나라 문왕文王의 아들이자 무왕武王의 아우, 조카인 성왕成王의 숙부.
노나라를 분봉 받았으나 아들을 보내고(참고 미자편 18-10), 본인은 어린 조카 성왕을
도와 주나라 통치 기반을 다지는 일에 헌신했다. 주나라의 문물제도, 예교와 덕치
기반을 구축한 현인으로 공자가 가장 존경한 이상형이다. 요즘 말로 하면 공자의
롤모델이다. 몽견주공夢見周公을 두 글자로 줄여 이름으로 삼은 분이 바로 고려 말
때 충신인 포은圃隱 정몽주鄭夢周이다.

6

(군자가 되려면 어떠해야 하는지 조목조목 설명한다.
제자들, 고개를 끄덕이며 열심히 받아 적는다.)

공자 도道에 뜻을 두고,

덕德에 의거하며,

인仁에 의지하고,

예藝*를 익혀야 한다.

예藝 | 예술을 가리키는 말이 아니다. 옛날에 군자가 되려면 반드시 배워야하는 6종
필수 과목인 육예六藝를 말한다(참고 06-06). 공자 제자 3천명 가운데 육예에
정통한 제자는 72명뿐이었다.

7

(돈에 관한 것이기에 말하기 민망하여 몇 번을 망설이다, 수업료 문제를
거론한다.)

공자 말린 고기 열 두름* 그 이상을 스스로 낸 [사람에게는], 내가
가르치지 않은 적이 없다.

말린 고기 열 두름 | 속수束脩. 가르침을 청할 때 이것을 수업료로 바쳤다. 신분에
따라 다른데, 이것이 가장 낮은 것이라고 한다. 중국 최초로 사립 교육기관을 창설한
분이 바로 공자다.

5

子曰: 甚矣, 吾衰也!
자 왈   심 의   오 쇠 야

久矣, 吾不復夢見周公。
구 의   오 불 부 몽 견 주 공

6

子曰: 志於道,
자 왈   지 어 도

據於德,
거 어 덕

依於仁,
의 어 인

游於藝。
유 어 예

7

子曰: 自行束脩以上, 吾未嘗無誨焉。
자 왈   자 행 속 수 이 상   오 미 상 무 회 언

誨: 가르칠 회.

8

(제자들에게 자발적인 학습을 독려한다. 큰 목소리로)

공자 깨치려고 애태우지 아니하면 열어 주지 않고,
표현 못해 애태우지 아니하면 말해주지 않는다.
[네 모 가운데] 한 모퉁이를 들어주어 [나머지] 셋을 알아채지
못하면,
반복해서 말해주지 않는다.

9

(한 제자가 스승을 회고한다. 눈시울이 붉다.)

우리 스승님은 상을 당한 사람 옆에서 식사할 때는 배부르게 먹지 않
으셨습니다.
우리 스승님은 [장례를 치르는] 날에는 곡만 할 뿐, 노래는 절대 하지
않으셨습니다.

10

(안연, 자로와 함께 셋이서 학당 뒷마당을 거닌다.)

공자, 안연에게 말한다. (안연의 어깨를 토닥거리며)
등용해 주면 [깊은 뜻]을 펼치고,
내쫓으면 깊이 숨어 지내는 것은,
오직 나와 그대만이 할 수 있을 것이다.

자로, (시샘이 난 듯, 생뚱맞게 불쑥 나서며)
선생님이 삼군*을 거느린다면 누구와 함께하겠습니까?

공자, (과격한 자로를 은근히 비꼬는 말투로)
범을 맨손으로 때려잡겠다고 나서며, 강을 맨발로 건너겠다고

8

子曰: 不憤不啓,
자 왈   불 분 불 계

　　不悱不發;
　　불 비 불 발

　　擧一隅不以三隅反,
　　거 일 우 불 이 삼 우 반

　　則不復也。
　　즉 불 복 야

憤: 결낼 분.
悱: 표현 못할 비.
隅: 모퉁이 우.

9

子食於有喪者之側, 未嘗飽也。
자 식 어 유 상 자 지 측   미 상 포 야

子於是日哭, 則不歌。
자 어 시 일 곡   즉 불 가

飽: 배부를 포.
哭: 소리내어 울 곡.

10

子謂顔淵曰: 用之則行,
자 위 안 연 왈   용 지 즉 행

　　　　舍之則藏,
　　　　사 지 즉 장

　　　　惟我與爾有是夫!
　　　　유 아 여 이 유 시 부

子路曰: 子行三軍, 則誰與?
자 로 왈   자 행 삼 군   즉 수 여

子曰: 暴虎馮河, 死而無悔者, 吾不與也。
자 왈   포 호 빙 하   사 이 무 회 자   오 불 여 야

暴: 맨손으로 칠 포.
馮: 맨발로 건널 빙.

날뛰다가 죽어도 뉘우침이 없는 자와는 내가 함께 하지 않을 것이다.
반드시 일에 임하여 겁을 낼 정도로 신중하고,
[미리미리] 잘 도모하여 [끝내] 성공시키는 자와 함께 할 것이다.

삼군三軍 | 3만 7천 5백 명의 군사.

11

(강의 중에 부자란 말이 나오자, 제자들이 모두 열심히 듣는다.
특히 자공이 귀를 쫑긋 세운다.)

공자 부자가 될 수 있다면야 비록 채찍을 잡는 일이라도 나 또한 마다하지 않겠다.
만약 [부자가] 될 수 없는 [운명이라면], 내가 좋아하는 일을 하겠다.

12

(한 제자가 나와서 회고를 한다. 흐느끼는 목소리로)
우리 스승님이 특히 신중히 처리한 일은 재계와 전쟁과 질병 등
세 가지였습니다.

13

선생께서 (36세에) 제나라에 계실 때 (순임금의 음악인) 〈소〉를
들으시고는, 석 달 동안 고기 맛을 잊는다. 그리고 한 말씀 하신다.

공자 음악이 이런 경지에까지 이를 줄은 상상조차 못 했다.

14

(아버지가 국외로 망명가는 바람에 졸지에 임금이 된 위나라 출공이
국외에서 돌아오려는 아버지를 받아들이지 않고 전쟁을 벌이면서,

必也臨事而懼,
필야임사이구

好謀而成者也。
호모이성자야

11

子曰: 富而可求也, 雖執鞭之士, 吾亦爲之。
자 왈 부이가구야 수집편지사 오역위지

如不可求, 從吾所好。
여불가구 종오소호

12

子之所愼: 齊、戰、疾。
자 지 소 신 재 전 질

齊(=齋): 재계하다.

13

子在齊聞韶, 三月不知肉味。
자 재 제 문 소 삼 월 부 지 육 미

曰: 不圖爲樂之至於斯也!
왈   부 도 위 악 지 지 어 사 야

14

공자를 초청한다. 그런 부덕한 임금의 요청을 과연 받아들일까?
스승의 의중이 궁금한 두 제자가 실랑이한다.)

염유   우리 선생님께서 위나라 임금에게 동조하실까?

자공   좋아! 내가 들어가 물어보겠소.

자공이 방문을 열고 안으로 들어간다.

자공   [왕위를 서로 양보하고 국외로 피신한] 백이와 숙제는 어떤
　　　 사람입니까?

공자   예전의 현인이다.

자공   [왕위를 양보한 일을 두고 서로를] 원망했습니까?

공자   [스스로] 인仁을 구하고자 하여 인을 얻었는데, 어찌
　　　 원망했겠는가?

자공이 밖으로 나온다.

자공   우리 선생님은 [배은망덕한] 위나라 임금에게 절대로 동조하지
　　　 않을 것 같소!

15

(주군에게 반란을 일으켜 권력을 잡은 한 세도가가 벼슬을 제안했을 때,
받아들이지 않았던 일을 회상하며 제자들에게 말한다. 목소리도
우렁차다. 자공이 좀 놀란다.)

공자   거친 밥 먹고 찬물 마시며,
　　　 팔을 굽혀 베개로 삼을 지라도,
　　　 즐거움이 또한 그 가운데 있다.
　　　 떳떳하지 않게 부자가 되고 귀한 신분이 되는 것이
　　　 나에게는 뜬 구름과 같다.

冉有曰: 夫子爲衛君乎?
염유왈 부자위위군호

子貢曰: 諾。 吾將問之。
자공왈 낙 오장문지

入, 曰: 伯夷、叔齊何人也?
입 왈 백이 숙제하인야

曰: 古之賢人也。
왈 고지현인야

曰: 怨乎?
왈 원호

曰: 求仁而得仁, 又何怨!
왈 구인이득인 우하원

出, 曰: 夫子不爲也。
출 왈 부자불위야

15

子曰: 飯疏食飮水,
자왈 반소사음수

曲肱而枕之,
곡굉이침지

樂亦在其中矣!
낙역재기중의

不義而富且貴,
불의이부차귀

於我如浮雲。
어아여부운

飯: 먹다.
疏食: 거친 밥, 잡곡 밥.
水: 냉수, 찬물. '따뜻한
물'은 湯(탕)이라 한다.

16

(문득 역학易學 연구에 몰두하고픈 생각이 들어서)

공자 나에게 몇 년의 시간이 더 허용되어
오십에 『주역』을 배운다면,
큰 잘못은 하지 않게 될 것이다.

17

(한 제자가 나와서 스승을 회고한다. 산동 사투리가 아니라 고운 말로
또박또박)

우리 선생님께서는 고운 말을 쓰셨습니다. 『시경』이나 『서경』을 읽고,
예를 집행하실 때 늘 고운 말을 쓰셨습니다.

18

(초나라의 현인으로 명망이 높은) 섭공이 공자의 사람됨을 자로에게
묻는다. 자로가 (머뭇머뭇) 대답을 하지 못한다.

공자, (자로로부터 그런 일을 전해 듣고 아쉬움을 토로한다. 63세의
노령임에도 목소리가 우렁차다.)
그대는 어찌 이렇게 말하지 않았던고?
    "그는 사람됨이
    일에 열중하면 먹는 것도 잊어버리고,
    [학문하는] 즐거움으로 근심을 잊으면서,
    늙어가는 것도 모르고 살아가는 그런 사람일 뿐입니다."

19

(강의 중 자신에 관한 이야기를 한다. 제자들이 열심히 들으며 빠짐없이
받아 적는다.)

16

子曰: 加我數年,
자 왈   가 아 수 년

五十以學易,
오 십 이 학 역

可以無大過矣。
가 이 무 대 과 의

17

子所雅言, 詩、書、執禮, 皆雅言也。
자 소 아 언   시   서   집 례   개 아 언 야

雅言: 고운 말, 우아한 말, 당시 표준말.

18

葉公問孔子於子路, 子路不對。
섭 공 문 공 자 어 자 로   자 로 부 대

子曰: 女奚不曰:
자 왈   여 해 불 왈

"其爲人也,
기 위 인 야

發憤忘食,
발 분 망 식

樂以忘憂,
낙 이 망 우

不知老之將至云爾。"
부 지 노 지 장 지 운 이

女(여자 여): 너. 그대(=汝 너 여).
爲人: 사람됨, 성품.
云爾: ~할 뿐이다.

19

공자 나는 나면서부터 저절로 아는 사람이 아니고,
옛것을 좋아하여 재빨리 구하는 사람이다.

20

(한 제자가 스승을 회고한다. 차분하게)
우리 선생님은 괴이한 말, 폭력적인 말, 혼란스러운 말, 귀신 이야기는
일절 하지 않으셨습니다.

21

(어느덧 겨울이 됐다. 학당 안에 추위가 엄습한다. 제자들은 오들오들
떨면서도 열심히 듣는다.)

공자 세 사람이 길을 가면 [그 가운데] 반드시 자기의 스승이 될
만한 사람이 있다.
좋은 점은 가려서 그를 따르고,
좋지 아니한 점은 [그를 보고] 고쳐야 한다.

22

(등 뒤쪽 나무가 쓰러지려고 함에도 놀라지 않고 늠름하게)

공자 하늘이 나에게 덕을 이어갈 사명을 주었거늘, 환퇴* 따위가
나를 어찌하겠는가!

환퇴桓魋 | 송宋나라의 사마司馬를 지낸 인물이다. 석곽石槨을 만든 일로 공자의
책망을 받은 일이 있었기 때문에 공자를 미워했다. 공자가 조曹나라를 떠나 송나라를
지나가다가 큰 나무 아래에서 제자들에게 예禮를 강의한다. 그 틈을 타 환퇴가
나무를 쓰러트려 공자를 해치려 한다. 제자들이 "선생님 빨리 피하세요!"라고 외치자,
공자가 위와 같이 말했다(「공자세가」주111, 433쪽). 공자 59세 때의 일이다.

23

(제자들이 뭔가 오해가 있었나 보다. 변명이나 항변이 아니라 사실과
소신을 확인시켜 준다. 목소리 톤이 여느 때보다 높다.)

子曰: 我非生而知之者,
자 왈　아비생이지지자

好古, 敏以求之者也。
호고　민이구지자야

20

子不語怪, 力, 亂, 神。
자 불 어 괴　력　난　신

21

子曰: 三人行, 必有我師焉。
자 왈　삼인행　필유아사언

擇其善者而從之,
택기선자이종지

其不善者而改之。
기불선자이개지

善(착할 선): 좋다. 잘 한다.

22

子曰: 天生德於予, 桓魋其如予何?
자 왈　천생덕어여　환퇴기여여하

23

공자 그대들은 내가 [무엇을] 숨긴다고 여기느냐?

나는 숨긴 것이 없다.

내가 행하고서 그대들에게 보여 주지 않은 것이 없는 자,

그게 바로 나다.

24

(한 제자가 회고담을 늘어놓는다. 대단히 자랑스러운 듯이)

선생님은 문헌·행실·충성·믿음 등 네 가지를 우리에게 가르쳐
주셨습니다.

> ※ 문헌[文], 행실[行], 충성[忠], 믿음[信] 등 네 가지를 공문사과孔門四科 또는 공문
> 사교孔門四敎라고 한다.

25

(위인론 강의 시간, 특정 인물이 생각나지 않자 멈칫멈칫하다가)

공자 성인聖人을 내가 보지 못하거든, 군자라도 만나보면 좋겠다.

(잠시 멈추었다가, 다시)

공자 착한 사람을 만나보지 못하거든, 한결같음이 있는 사람이라도
만나보면 좋겠다.

없으면서 있는 척하고,

텅 비었으면서 꽉 찬 척하며,

가난하면서 부유한 척 하면, 항상 됨이 있기 어렵다.

26

(한 제자가 회고담을 늘어놓는다. 감회에 젖어 눈을 지그시 감고)

우리 선생님은 낚시질은 하되 그물질은 아니 했고, 주살질은 하되
잠자는 새는 쏘지 아니하셨습니다.

子曰: 二三者以我爲隱乎?
자 왈　이 삼 자 이 아 위 은 호

　　吾無隱乎爾。
　　오 무 은 호 이

　　吾無行而不與二三子者, 是丘也。
　　오 무 행 이 불 여 이 삼 자 자　시 구 야

24

子以四敎: 文, 行, 忠, 信。
자 이 사 교　문　행　충　신

25

子曰: 聖人, 吾不得而見之矣; 得見君子者, 斯可矣。
자 왈　성 인　오 부 득 이 견 지 의　득 견 군 자 자　사 가 의

子曰: 善人, 吾不得而見之矣; 得見有恒者, 斯可矣。
자 왈　선 인　오 부 득 이 견 지 의　득 견 유 항 자　사 가 의

　　亡而爲有,
　　무 이 위 유

　　虛而爲盈,
　　허 이 위 영

　　約而爲泰, 難乎有恒矣。
　　약 이 위 태　난 호 유 항 의

26

子釣而不綱, 弋不射宿。
자 조 이 불 강　익 불 석 숙

綱: 그물의 굵은 줄.
　　'그물질 하다'는 동사로
　　쓰였다.
弋: 주살 익.
射: 맞힐 석.
宿: 잠잘 숙. 여기에서는
　　잠자는 새를 말한다.

27

(제자들이 가만히 듣기만 하자, 필기의 중요성을 강조한다.)

공자 대저 잘 알지 못하면서 억지로 지어내는 사람이 있느냐?
나는 그런 일은 하지 않는다.
많이 들어서 좋은 점을 가려내면 따르고,
많이 보고서 잘 적어 두며, 안다는 것은 그다음이다.

28

호향 사람들은 더불어 말하기 어려울 정도로 고집불통이다. 그런데
그 마을의 한 동자를 만나주자, 제자들이 의심을 한다.

공자 그가 앞으로 나아가고자 하면 그를 받아들일지언정, 그가 뒤로
물러나고자 하는데 [그를 받아들이지 아니하고, 덮어놓고]
심하게 할 게 무엇이냐?
사람이 자신을 깨끗하게 하고 앞으로 나아가고자 하면, 그의
깨끗함을 받아들일지언정, 그의 지난 일에 구애될 필요는 없다.

29

(만사가 마음먹기에 달렸음을 간단명료하게 설명한다. 단호한 말투로)

공자 인仁이 멀리 있는 것일까?
내가 인하고자 하면, 바로 인에 이르게 된다.

30

진陳나라 (법무장관) 사패*가 (찾아와) 묻는다.
[귀하의 노나라 임금] 소공*이 예禮를 잘 알았습니까?

공자 알다마다요.

(사패) 공자가 자리를 뜨자 [공자 제자인] 무마기*에게 읍을 하고
다가가 말한다.

27

子曰: 蓋有不知而作之者? 我無是也。
자 왈 개 유 부 지 이 작 지 자 아 무 시 야

多聞, 擇其善者而從之;
다 문 택 기 선 자 이 종 지

多見而識之, 知之次也。
다 견 이 지 지 지 지 차 야

28

互鄕難與言, 童子見, 門人惑。
호 향 난 여 언 동 자 현 문 인 혹

子曰: 與其進也, 不與其退也, 唯何甚。
자 왈 여 기 진 야 불 여 기 퇴 야 유 하 심

人潔己以進, 與其潔也, 不保其往也。
인 결 기 이 진 여 기 결 야 불 보 기 왕 야

29

子曰: 仁遠乎哉? 我欲仁, 斯仁至矣!
자 왈 인 원 호 재 아 욕 인 사 인 지 의

30

陳司敗問: 昭公知禮乎?
진 사 패 문 소 공 지 례 호

孔子曰: 知禮。
공 자 왈 지 례

孔子退, 揖巫馬期而進之曰:
공 자 퇴 읍 무 마 기 이 진 지 왈

取(취할 취): 장가들다(=娶
장가들 취).

내가 듣기로 군자는 편을 들지 않는다고 하던데, [노나라의]
군자는 편을 듭니까?
노나라 임금 소공이 성이 같은 오나라 공주를 왕비로
맞이하고는 그녀를 ['오희'가 아니라] '오맹자'*라고 불렀으니,
그가 예를 안다고 하면 누가 예를 알지 못하겠습니까?
무마기가 (그의 말을 공자에게) 전해 준다.

공자　나는 행운아로다. [나에게] 실로 허물이 있다면, 남이 반드시
알려주니 말이다!

> **사패司敗** | 형벌과 치안을 담당하는 사법장관(=司寇).
> **무마기巫馬期** | 공자보다 30세 어린 제자, 성은 무마, 자는 자기子期.
> **소공召公** | 노나라의 24대 임금, 주공周公의 후예이므로 희姬씨이다.
> **오맹자吳孟子** | 노나라 임금 소공의 부인. 그녀는 태백太伯의 후예이므로 희姬씨이다.
> 맹자孟子는 자字로 '맏이'라는 뜻이다. 당시 관례에 따르면 마땅히 오희吳姬라고
> 해야 하는데, 그렇게 하면 소공과 동성同姓인 사실이 드러나므로 이 사실을 숨기려고
> 자를 넣어서 불렀다. 동성불혼同姓不婚의 예법을 어겼음을 비난하는 내용이다.

31

(어느 제자인지는 몰라도 증언 내용이 사뭇 재미있다. 앵콜!)
우리 선생님은 남과 함께 노래할 때, 잘 하면 반드시 재창을 청한
다음, 화답하는 노래를 하셨습니다.

> ※ 맹자도 음악을 좋아했다. "홀로 음악을 즐기는 것과 남들과 함께 즐기는 것 중에
> 어느 것이 더 즐겁습니까?(獨樂樂, 與人樂樂, 孰樂)"라고 맹자가 묻자, 양혜왕이
> "남들과 함께 즐기는 것만 못합니다."(不若與人)라고 대답하자, 다시 "적은 사람들과
> 함께 음악을 즐기는 것과 많은 사람과 더불어 음악을 즐김 가운데 어느 것이 더
> 즐겁습니까?" (與少樂樂, 與衆樂樂, 孰樂)라고 묻자, 양혜왕이 "많은 사람과 더불어
> 즐김만 못합니다"(不若與衆)라고 대답한 기록이 『맹자』 양혜왕 하편 1장에 나온다.

32

(강의를 하면서 겸양을 몸소 실천하여 시범을 보이는 때가 많다.
오늘도 변함없이)

吾聞君子不黨, 君子亦黨乎?
오 문 군 자 부 당　군 자 역 당 호

君取於吳, 爲同姓, 謂之吳孟子。
군 취 어 오　위 동 성　위 지 오 맹 자

君而知禮, 孰不知禮。
군 이 지 례　숙 부 지 례

巫馬期以告。
무 마 기 이 고

子曰: 丘也幸, 苟有過, 人必知之。
자 왈　구 야 행　구 유 과　인 필 지 지

31

子與人歌而善, 必使反之, 而後和之。
자 여 인 가 이 선　필 사 반 지　이 후 화 지

32

공자　글을 쓰는 일이라면, 내가 남들과 못하지 않다.

　　　군자의 도를 몸소 행하는 일이라면, 나는 아직 경지에 오르지
　　　못했다.

33

(몸소 겸손함을 보이자, 제자가 나서서 적극 변호한다. 얼굴에 희색이
감돈다.)

공자　만약 성聖과 인仁으로 말하자면 내가 어찌 감히 그렇다고
　　　자처하겠는가?

　　　하지만 배움을 싫어하지 아니하고, 가르치는 일을 게을리 하지
　　　않는 것으로

　　　말하자면 그렇다고 말할 수 있다.

공서화　[선생님의 그러한 점이] 바로 저희들이 배우기 어려운 것입니다.

34

스승님의 병환이 깊어지자, 자로가 나서서 기도하기를 청한다.

공자　그렇게 하는 일이 있는가?

자로　(모처럼 차분하고 침착하게)

　　　있습니다. "그대를 위해 하늘과 땅의 귀신에게 비노라"라는
　　　기도문이 있습니다.

공자　내가 기도를 한 지 하도 오래 되어서….

35

(제자들에게 검소함을 가르치려고 무척 애쓴다. 몸소 모범을 보인다.)

공자　사치하면 공손하지 않고, 검소하면 고루하다.

子曰: 文, 莫吾猶人也。
자 왈 문 막 오 유 인 야

躬行君子, 則吾未之有得。
궁 행 군 자 즉 오 미 지 유 득

33

子曰: 若聖與仁, 則吾豈敢!
자 왈 약 성 여 인 즉 오 기 감

抑爲之不厭, 誨人不倦, 則可謂云爾已矣。
억 위 지 불 염 회 인 불 권 즉 가 위 운 이 이 의

公西華曰: 正唯弟子不能學也。
공 서 화 왈 정 유 제 자 불 능 학 야

34

子疾病, 子路請禱。
자 질 병 자 로 청 도

子曰: 有諸?
자 왈 유 저

子路對曰: 有之。誄曰: "禱爾于上下神祇"。
자 로 대 왈 유 지 뇌 왈 도 이 우 상 하 신 기

子曰: 丘之禱, 久矣。
자 왈 구 지 도 구 의

誄: 기도할 뢰.
祇: 땅 귀신 기.

35

子曰: 奢則不孫, 儉則固。
자 왈 사 즉 불 손 검 즉 고

공손하지 않는 것보다, 차라리 고루한 것이 낫겠다.

36 (모처럼 군자론 강의를 한다. 소인과의 대비가 기가 막힌다.)
공자 군자는 늘 느긋하며 너그럽고,
소인은 늘 근심으로 지새운다.

37
(이름을 밝히지 않은 한 제자가 나와 회고한다. 그 내용이 가슴을 저민다.)
우리 선생님은 온화하면서도 엄숙하며,
위엄이 있으면서도 무섭지 아니하고,
공손하면서도 편안하게 해주셨습니다.

與其不孫也, 寧固。
여 기 불 손 야　영 고

36

子曰: 君子坦蕩蕩,
자 왈　군 자 탄 탕 탕

小人長戚戚。
소 인 장 척 척

坦: 평평할 탄.
蕩: 넓을 탕.
戚(겨레 척): 근심하다(=慽
근심할 척).

37

子溫而厲,
자 온 이 려

威而不猛,
위 이 불 맹

恭而安。
공 이 안

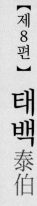

【제8편】

태백 泰伯

1

(역사 강의 시간, 제자들이 귀를 쫑긋 세우고 열심히 듣는다.)

공자   태백*은 지극한 덕행을 했다고 할 만하다.

   세 번이나 천하를 양보하면서 [은밀하게 하여] 백성들이

   칭송할 수 없도록 하였다.

> **태백泰伯(=太伯)** | 주周나라 태왕 고공단보古公亶父의 맏아들. 태백이 왕위를 셋째
> 아들 계력季歷의 아들 姬昌(즉 文王)에게 물려주려 하자, 부친의 뜻을 받들어 양보하고
> 오 지역으로 가서 나라를 세우고 오吳나라 시조가 됐다.

2

(예의범절이 가장 근본임을 강조한다. 강의 내용을 의식한 듯 옷매무새를
단장하며)

공자   공손하면서 예의가 없으면 수고만 하고,

   신중하면서 예의가 없으면 떨기만 하며,

   용감하면서 예의가 없으면 난폭만 하고,

   강직하면서 예의가 없으면 조급만 떤다.

   윗사람들이 부모에게 독실하게 하면 백성들이 인仁에 흥기하고,

   오랜 친구를 버리지 않으면 백성들이 각박해지지 않는다.

3

증자, 중병이 들어 제자들을 불러놓고 말한다(곧 죽게 될 것처럼).

   내 발을 꺼내 보고, 내 손을 꺼내 보거라!

   『시경』에 전하기를

   "두려워서 벌벌 떨기를 깊은 연못 앞에 서 있는 듯,

   엷은 얼음을 밟듯 하라!"*고 했듯이

   [조심조심했는데], 이제부터는 내가 [그런 걱정을] 면하게 될 것

   같구나! 제자들아!

> 『시경詩經』 소아小雅의 소민小旻에 나오는 구절.

1

子曰: 泰伯, 其可謂至德也已矣!
자 왈　태 백　기 가 위 지 덕 야 이 의

三以天下讓, 民無得而稱焉。
삼 이 천 하 양　민 무 득 이 칭 언

2

子曰: 恭而無禮則勞,
자 왈　공 이 무 례 즉 로

愼而無禮則葸,
신 이 무 례 즉 시

勇而無禮則亂,
용 이 무 례 즉 란

直而無禮則絞。
직 이 무 례 즉 교

君子篤於親, 則民興於仁;
군 자 독 어 친　즉 민 흥 어 인

故舊不遺, 則民不偸。
고 구 불 유　즉 민 불 투

葸: 두려워 떨 시.
絞: 조급할 교.
偸: 각박할 투.

3

曾子有疾, 召門弟子曰:
증 자 유 질　소 문 제 자 왈

啓予足, 啓予手。
계 여 족　계 여 수

詩云:"戰戰兢兢, 如臨深淵, 如履薄氷"。
시 운　전 전 긍 긍　여 림 심 연　여 리 박 빙

而今而後, 吾知免夫! 小子!
이 금 이 후　오 지 면 부　소 자

4

증자가 병에 걸리자 (맹무백의 아들이자 노나라 대부인) 맹경자가
병문안을 온다.

증자　새가 죽을 때가 되면 그 울음소리가 애처롭고,

　　　사람이 죽을 때가 되면 그 말이 착한 법입니다.

　　　군자가 귀하게 여기는 세 가지 예도가 있습니다.

　　　　용모를 움직일 때는 사나움과 태만함을 멀리하고,

　　　　낯빛을 바르게 할 때는 신실함을 가깝게 하며,

　　　　말과 소리를 낼 때는 비속하고 도리에 어긋남을 멀리해야 합니다.

　　　제사 그릇을 다루는 따위의 사소한 일은 유사에게 맡기면 됩니다.

5

(어느덧 증자도 일가를 이루어 제자 육성에 매진한다. 수강생이 갈수록
많아진다.)

증자　능력이 있으면서도 능하지 못한 사람에게 묻고,

　　　박학다식하면서도 과문한 사람에게 묻고,

　　　[도가] 있어도 없는 것 같고,

　　　[덕이] 꽉 차 있어도 비어 있는 것 같고,

　　　[남이 자신을] 범해도 따지지 아니한다.

　　　옛날 나의 벗*이 일찍이 이런 태도로 일했다.

　　　나의 벗(吾友) | 역대 주석가들은 모두 안회顔回로 보았다. 안회와 증자는 16살 차이다.
　　　중국 사람들은 요즘도 나이가 많은 고향 선배를 '친구'(朋友)라고 한다.

6

(증자의 강의 기법이 나날이 발전한다. 오늘은 스스로 묻고 답하는
자문자답의 설의법을 활용한다.)

증자　어린 임금을 맡길 [만큼 신임을 얻고],

4

曾子有疾, 孟敬子問之。
증 자 유 질　맹 경 자 문 지

曾子言曰: 鳥之將死, 其鳴也哀;
증 자 언 왈　조 지 장 사　기 명 야 애

人之將死, 其言也善。
인 지 장 사　기 언 야 선

君子所貴乎道者三:
군 자 소 귀 호 도 자 삼

動容貌, 斯遠暴慢矣;
동 용 모　사 원 포 만 의

正顔色, 斯近信矣;
정 안 색　사 근 신 의

出辭氣, 斯遠鄙倍矣。
출 사 기　사 원 비 패 의

籩豆之事則有司存。
변 두 지 사 즉 유 사 존

5

曾子曰: 以能問於不能,
증 자 왈　이 능 문 어 불 능

以多問於寡;
이 다 문 어 과

有若無,
유 약 무

實若虛,
실 약 허

犯而不校,
범 이 불 교

昔者吾友嘗從事於斯矣。
석 자 오 우 상 종 사 어 사 의

6

曾子曰: 可以託六尺之孤,
증 자 왈　가 이 탁 육 척 지 고

鄙: 비속할 비.
倍: 어긋날 패
籩: 대나무 제기 변.
豆: 나무 제기 두.
籩豆之事: 제사 때 그릇을
　다루는 사소한 일.

校(학교 교): 견주다(=較
　견줄 교).

六尺之孤 : 나이가 15세
　미만이고, 키가 138cm
　정도 되는 고아.
孤: 아버지 잃을 고.

사방 백리 제후 나라의 운명을 부탁할 [만큼 능력이 있고],
존망의 위급함에 임해서도 뜻을 굽히지 아니한다.
[이렇게 하면] 군자다운 사람일까?
[그렇다] 군자다운 사람이다.

7

(증자의 선비론 특강이 스승 못지않다. 목소리에 자신감이 있다.)

증자 선비가 마음이 넓고 의지가 굳어야 하는 것은 책임이 무겁고
갈 길이 멀기 때문이다.
인仁을 자기의 책임으로 삼으니 또한 무겁지 아니한가?
죽어서야 그만두니 또한 멀지 아니한가?

8

(간단하면서도 명쾌한 멘트, 제자들이 감탄을 연발한다.)

공자 시詩를 배워야 감흥이 일어나고,
예禮를 배워야 세상에 설 수 있으며,
악樂을 배워야 인생이 완성된다.

9

(가르침을 대단히 중요시한다. 그러나 모든 사람을 다 가르칠 수 없음을
한탄하면서)

공자 백성들로 하여금 [도를] 좇아 따르게 할 수는 있어도,
[모든] 백성들로 하여금 [도를] 알게 할 수는 없겠다.

10

(제자 가운데 혹시 만용을 부리는 사람이 생길까 우려하면서)

공자 용맹함을 좋아하고 가난을 심히 괴로워하면 난동을 부릴 것이고,

可以寄百里之命,
가 이 기 백 리 지 명

臨大節而不可奪也,
임 대 절 이 불 가 탈 야

君子人與?
군 자 인 여

君子人也。
군 자 인 야

7

曾子曰: 士不可以不弘毅, 任重而道遠。
증 자 왈　사 불 가 이 불 홍 의　임 중 이 도 원

弘毅: 마음이 넓고 의지가
굳음(心弘志毅).

仁以爲己任, 不亦重乎?
인 이 위 기 임　불 역 중 호

死而後已, 不亦遠乎?
사 이 후 이　불 역 원 호

8

子曰: 興於詩,
자 왈　흥 어 시

立於禮,
입 어 례

成於樂。
성 어 악

9

子曰: 民可使由之,
자 왈　민 가 사 유 지

不可使知之。
불 가 사 지 지

10

子曰: 好勇疾貧, 亂也。
자 왈　호 용 질 빈　난 야

疾: 괴로워할 질, 미워할 질.

사람으로서 어질지 못함을 너무 미워해도 난동을 부릴 것이다.

11

(교만하거나 인색하지 말라는 뜻을 어떻게 강의할까, 고민한 끝에 문득
한 생각이 나서, 신나게)

공자   비록 주공* 같은 훌륭한 미덕을 지녔다 해도,

교만하고 또 인색하면,

그 나머지는 볼 것도 없다.

주공周公 | 참고 술이편 07-05.

12

(제자들이 공부보다 취업에만 혈안이 되자 일침을 가한다. 단호한
목소리로)

공자   3년 동안 학업을 쌓고도 취직할 생각을 하지 않는 사람은 쉽게
얻을 수 없다.

13

(제자들을 일일이 잘 토닥여주는 강의가 심금을 울린다.)

공자   굳게 믿고 배움을 좋아하고, 죽음으로 지킬 정도로 도를 잘
실천해야 한다.

위태로운 나라에는 들어가지 말고, 어지러운 나라에서는 살지
말라.

천하에 도가 있으면 나아가 벼슬을 하고, 도가 없으면 숨어 살
아라.

나라에 도가 있는데 가난하고 미천하면 부끄러운 일이며,

나라에 도가 없는데 부유하고 고귀하면 부끄러운 일이다.

人而不仁, 疾之已甚, 亂也。
인 이 불 인   질 지 이 심   난 야

11

子曰: 如有周公之才之美,
자 왈   여 유 주 공 지 재 지 미

使驕且吝,
사 교 차 린

其餘不足觀也已。
기 여 부 족 관 야 이

12

子曰: 三年學, 不至於穀, 不易得也。
자 왈   삼 년 학   부 지 어 곡   불 이 득 야

穀: 녹봉 곡.

13

子曰: 篤信好學, 守死善道。
자 왈   독 신 호 학   수 사 선 도

危邦不入, 亂邦不居。
위 방 불 입   난 방 불 거

天下有道則見, 無道則隱。
천 하 유 도 즉 현   무 도 즉 은

邦有道, 貧且賤焉, 恥也;
방 유 도   빈 차 천 언   치 야

邦無道, 富且貴焉, 恥也。
방 무 도   부 차 귀 언   치 야

14

(콩이야 팥이야! 남의 일에 간섭하지 말라는 말을 에둘러 말한다.)

공자 그 자리에 있지 아니하면, 그 정사를 도모하지 않아야 한다.

　　※ 헌문편(14-27)에도 똑같은 말이 나온다.

15

(강의 중에 예전에 들은 악곡을 양념으로 들려준다. 눈을 지그시 감고)

공자 악사 지가 처음 연주할 때 관저의 종장 악곡이 양양하게 귀에
　　　가득 찼었지!

16

(일부 제자 가운데 미덥지 못한 이가 있어 걱정스레 몇 마디 한다.
근심 어린 말투로)

공자 사리를 모르면서도 정직하지 않고,
　　　무식하면서도 공손하지 않으며,
　　　정성스럽지만 미덥지 않으면,
　　　[그런 사람을 어찌해야 할지] 나도 모르겠다.

17

(제자들이 열심히 잘 하지만 주마가편하듯이 닦달한다. 큰 소리로)

공자 배움은 따라가지 못할까 [서두르고], [때를] 놓칠까 두려워해라.

18

(역사 강의에서 빠트린 말을 보충한다.)

공자 위대하다! 순임금과 우임금은 천하를 가지고도 [개인적인
　　　일에는] 관여하지 않았다.

14

子曰: 不在其位, 不謀其政。
자 왈　부 재 기 위　불 모 기 정

15

子曰: 師摯之始, 關雎之亂, 洋洋乎盈耳哉!
자 왈　사 지 지 시　관 저 지 란　양 양 호 영 이 재

摯: 노나라 악사 이름.
關雎:『시경』첫 번째 시의
제목.
亂: 악곡의 종장終章.

16

子曰: 狂而不直,
자 왈　광 이 부 직

侗而不愿,
동 이 불 원

悾悾而不信,
공 공 이 불 신

吾不知之矣。
오 부 지 지 의

狂: 사리분별 못할 광.
侗: 무식할 동.
愿: 공손할 원.
悾: 정성 공.

17

子曰: 學如不及, 猶恐失之。
자 왈　학 여 불 급　유 공 실 지

18

子曰: 巍巍乎, 舜禹之有天下也, 而不與焉。
자 왈　외 외 호　순 우 지 유 천 하 야　이 불 여 언

巍: 높을 외.

19

(역사 강의에서 빠트린 말을 계속 보충한다. 목소리를 굵게 가다듬으며)

공자 크다! 요의 임금됨이여!

위대하다! 오직 하늘만이 큰데, 오직 요임금만이 하늘을
　　　　　본받았다.

넓다! 백성들이 이름 하지 못할 만큼.

위대하다! 그가 공을 이룸이.

빛나다! 그 문물제도가.

20

순임금에게는 어진 신하 5명이 있어서 천하가 잘 다스려졌다.

[일찍이 주나라] 무왕*은 "나에게는 훌륭한 신하 10명이 있노라!"라고
말한 바 있다.

공자 인재를 구하기 어렵다고 하니 그렇지 아니한가? 요임금과
순임금 이후 주나라 때에 비로소 인재가 많아졌다.

그 가운데 부인*이 들어있으니 [실제로는] 9명일뿐이다.

주나라는 천하를 셋으로 나누어 둘을 가졌는데도 은나라를
섬겼다.

[그러니] 주나라의 덕이 참으로 지극하다고 말할 만하다.

무왕武王 | 주나라 문왕文王의 아들로 성은 희姬, 이름은 발發이다. 은나라 주왕紂王을
토벌하고 주나라를 건국했다. 공자가 가장 흠모하던 주공周公은 무왕의 동생이다.

부인婦人 | 주나라 문왕을 신하 이상으로 잘 보필한 왕비 태사太姒를 말한다. 타고
난 미모에다 총명하고 현숙했으며, 왕비가 되어서는 나라 걱정을 함께 나누고,
어머니로서는 자녀 교육에 매우 엄격하였으며, 윗사람은 존경하고 아랫사람은 잘
보살펴주어 문왕의 총애寵愛와 신하의 경애敬愛를 한 몸에 받은 인물이다. '서주시대의
세 어머니'란 뜻의 서주삼모西周三母란 말이 있다. 문왕의 부인이자 무왕과 주공의 어
머니인 태사太姒, 문왕의 어머니인 태임太妊(=太任), 문왕의 할머니인 태강太姜을
말한다. 특히 태임은 중국 최초로 태교胎敎를 실행하여 자녀 교육에 성공한 여성으
로 존경받는 인물이다.

19

子曰: 大哉! 堯之爲君也!
자 왈 대 재 요 지 위 군 야

巍巍乎! 唯天爲大, 唯堯則之。
외 외 호 유 천 위 대 유 요 칙 지

蕩蕩乎! 民無能名焉。
탕 탕 호 민 무 능 명 언

巍巍乎! 其有成功也。
외 외 호 기 유 성 공 야

煥乎! 其有文章。
환 호 기 유 문 장

文章: 문화文化, 문물제도
　文物制度, 예교禮敎 등을
　말한다.

20

舜有臣五人而天下治。
순 유 신 오 인 이 천 하 치

武王曰: 予有亂臣十人。
무 왕 왈 여 유 난 신 십 인

孔子曰: 才難, 不其然乎? 唐虞之際, 於斯爲盛。
공 자 왈 재 난 불 기 연 호 당 우 지 제 어 사 위 성

有婦人焉, 九人而已。
유 부 인 언 구 인 이 이

三分天下, 有其二, 以服事殷。
삼 분 천 하 유 기 이 이 복 사 은

周之德, 其可謂至德也已矣!
주 지 덕 기 가 위 지 덕 야 이 의

亂: 다스릴 란(=治).
亂臣=治臣.
唐: 요임금의 국호國號.
虞: 순임금의 국호.

문왕이 훌륭했던 것은 어머니의 태교 때문이라고 한다. 우리나라에서는 그 세 분 가운데 태임을 특히 존경하였다. 신사임당의 사임師任은 태임[任]을 스승[師]으로 삼겠다는 뜻이다. 그래서 율곡 같은 훌륭한 선비가 나왔던 것이다. 여성의 이름에 쓰인 임任자는 모두 태임을 뜻한다. 상임相任, 모임慕任, 봉임奉任 등이 모두 그러한 뜻으로 지은 이름이다.

21

(역사 강의는 위인에 대한 찬탄이 주종을 이룬다. 헛기침하여 주의를 집중시킨 다음에)

공자   우임금은 내가 흠잡을 데가 없다.

음식은 소략하게 먹으면서도 귀신에게는 정성을 다했고,

의복은 초라하게 입으면서도 제사 복장은 미감을 추구했으며,

궁실은 조촐하게 하면서도 농사에 필요한 봇도랑을 파는 데는 힘을 다했다.

우임금은 내가 흠잡을 데가 없다.

21

子曰: 禹, 吾無間然矣。
_{자 왈   우   오 무 간 연 의}

菲飮食, 而致孝乎鬼神;
_{비 음 식   이 치 효 호 귀 신}

惡衣服, 而致美乎黻冕;
_{악 의 복   이 치 미 호 불 면}

卑宮室, 而盡力乎溝洫。
_{비 궁 실   이 진 력 호 구 혁}

禹, 吾無間然矣!
_{우   오 무 간 연 의}

菲: 보잘 것 없을 비.

黻: 슬갑 불.

冕: 면류관 면.

黻冕: 제사복장.

溝: 봇도랑 구.

洫: 봇도랑 혁.

溝洫: 봇도랑, 배수시설.

【제9편】 자한子罕

1

(영특하게 생긴 한 제자가 나와서 스승을 회고한다. 머리를 숙이고 기억을 되살리며)

우리 선생님은 이익과 운명을 인仁과 더불어 말씀하는 경우가 드물었습니다.

2

달항 고을 사람들이 (옹기종기 모여 앉아) 입방아를 찧는다.

참 대단하다, 공자는! 박학하지만 이름을 낸 것이 없구나!

공자, 그런 말을 전해 듣고 제자들에게 말한다(자기를 몰라줌이 다소 언짢은 듯이).

내가 무슨 일로 이름을 낼까?

말 모는 일로 할까?

활 쏘는 일로 할까?

나는 말 모는 일로 이름을 낼까 보다!

3

(오늘은 예법 강의에 열중한다. 차근차근 하나하나 예를 들면서)

공자 삼베로 만든 관을 쓰는 것이 바른 예법인데,

요즘은 다들 명주실로 만들어 쓰니 검소하다. 나도 대중을 따르겠다.

당 아래에서 절을 하는 것이 바른 예법인데,

요즘은 당 위에 올라서 하니 교만해 보인다.

비록 대중과는 어긋난다고 하더라도 나는 아래에서 하는 예법을 따르겠다.

1

子罕言利與命, 與仁。
자 한 언 리 여 명 여 인

罕: 드물 한.

2

達巷黨人曰: 大哉孔子, 博學而無所成名。
달 항 당 인 왈 대 재 공 자 박 학 이 무 소 성 명

子聞之, 謂門弟子曰:
자 문 지 위 문 제 자 왈

吾何執?
오 하 집

執御乎?
집 어 호

執射乎?
집 사 호

吾執御矣!
오 집 어 의

【제9편】 자한

3

子曰: 麻冕, 禮也;
자 왈 마 면 예 야

今也純, 儉, 吾從衆。
금 야 순 검 오 종 중

拜下, 禮也;
배 하 예 야

今拜乎上, 泰也。
금 배 호 상 태 야

雖違衆, 吾從下。
수 위 중 오 종 하

純: 명주실 순.
泰: 교만할 태.

4

(한 제자가 나와서 스승을 회고한다. 눈물을 글썽이며)

우리 선생님은 다음 네 가지를 특히 강조하셨습니다.

억측하지 말 것!

독단하지 말 것!

고집하지 말 것!

자만하지 말 것!

5

공자, 광 지역 사람들에게 목숨을 위협 당할 때 이렇게 말한다.

문왕*은 이미 돌아가셨지만, 그가 남긴 문화가 여기 [나에게]

전해져 있지 아니한가?

하늘이 장차 그 문화를 없애려 했다면, 곧이어 죽을 [나에게]

그 문화를 주지 않았을 것이다.

하늘이 그 문화를 없애고자 하지 않는 이상, 너희 광 지역

사람들이 나를 어찌하겠는가?

문왕文王 | 무왕武王의 아버지, 희창姬昌. 은나라를 섬겼으나, 천하의 3분의 2가
은나라 왕을 등지고 문왕에게 귀속되었다고 한다. 공자는 주나라 문화를 발흥시킨
창시자인 그를 대단히 흠모하고 존경했다.

※ 노나라의 정치에 환멸을 느낀 55세의 공자(미자편 18-04), 제자들과 함께 위衛
나라로 간다. 기구하게도 그곳에서 억울한 누명을 쓰고, 다시 그곳을 떠나 진陳나라로
가는 도중에 광匡 고을을 지난다. 그곳 사람들이 노나라 양호陽虎(=陽貨)가 또다시
침략한 것으로 착각하고 병사를 풀어 공자 일행을 5일간이나 잡아 가둔다. 절체절명의
위기에서 위와 같은 말을 했다. 「공자세가」에 상세한 기록이 있다(431~432쪽).

6

태재*가 자공에게 묻는다.

[그대] 스승님은 참으로 성인인가 봅니다.

어찌 그렇게 능한 것이 많으시오?

4

子絶四: 毋意,
자 절 사   무 의

　　　毋必,
　　　무 필

　　　毋固,
　　　무 고

　　　毋我。
　　　무 아

5

子畏於匡, 曰: 文王旣沒, 文不在玆乎?
자 외 어 광   왈   문 왕 기 몰   문 부 재 자 호

　　　天之將喪斯文也, 後死者不得與於斯文也;
　　　천 지 장 상 사 문 야   후 사 자 부 득 여 어 사 문 야

　　　天之未喪斯文也, 匡人其如予何?
　　　천 지 미 상 사 문 야   광 인 기 여 여 하

6

太宰問於子貢曰: 夫子聖者與?
태 재 문 어 자 공 왈   부 자 성 자 여

　　　何其多能也?
　　　하 기 다 능 야

자공 실로 하늘이 내신 성인이십니다. 또한 능한 일이 참으로 많소이다!

공자, 두 사람의 말을 듣고 (흡족한 어투로 입가에 미소를 지으며) 말한다.

태재가 나를 알아보는구나!

나는 어려서 미천했기 때문에 잡다한 일*에 능통했다.

군자는 많은 일에 능해야 할까?

아니다. 많지 않아도 된다.

금뢰* 선생님께서 "내가 등용되지 않았기 때문에 재주가 많다"고

하신 말씀이 생각납니다.

태재太宰 | 재상宰相. 공자 69세이고 자공이 38세일 때, 자공이 오나라의 재상과 회담한 일이 있다고 한다. 그러나 어느 나라 누구라고 단정하기는 어렵다.

잡다한 일 | 공자는 젊었을 때에 창고를 관리하는 위리委吏, 목축을 주관하는 승전乘田, 공사를 관장하는 사공司空을 지낸 바 있다.

금뢰琴牢 | 사마천이 지은 「중니제자열전」에 열거된 제자 명단에는 없는 인물이다. 『공자가어』에는 이런 기록이 있다. 성이 금琴, 이름이 장張, 일명 뢰牢이고, 자는 자개子開인데 자장子張이라고도 하며, 위衛나라 사람이다. 48세 연하의 최연소 제자인 자장子張은 진陳나라 사람으로 전혀 다른 사람이다.

7

(강의 때마다 솔직한 고백이 제자들을 더욱 감동케 한다. 듣는 이로 하여금 자기도 할 수 있겠다는 자신감과 아울러 구체적인 방법론을 알려주는 명강의! 명불허전!)

공자 내가 아는 게 있는가? 아는 게 없다.

어떤 잡역부가 내게 물어오면, 내가 전혀 모르는 것일지라도 그 말의 자초지종을 되물어 [짐작하여] 끝까지 다 답해줄 따름이다.

8

(14년 만에 고국에 돌아와 교육에만 전념한 지도 꽤 됐다. 하루는

子貢曰: 固天縱之將聖, 又多能也。
자공왈 고천종지장성 우다능야

子聞之曰: 太宰知我乎!
자문지왈 태재지아호

吾少也賤, 故多能鄙事。
오소야천 고다능비사

君子多乎哉?
군자다호재

不多也。
부다야

牢曰: 子云: "吾不試, 故藝"。
뇌왈 자운 오불시 고예

7

子曰: 吾有知乎哉? 無知也。
자왈 오유지호재 무지야

有鄙夫問於我, 空空如也,
유비부문어아 공공여야

我叩其兩端而竭焉。
아고기량단이갈언

叩: 두드릴 고, 물을 고.

8

강의를 하다 말고 자신의 노쇠함을 한탄한다. 한숨을 쉬며)

공자 봉황*이 날아오지 아니하며, 황하에서 하도가 나오지 아니하니,
내가 이제 그만인가 보다.

> **봉황鳳凰·하도河圖** | 고대 전설 나오는 상서로운 조짐의 상징. 신령스런 봉황새가
> 나타나면 태평성대가 도래할 조짐이라 여겼다. 성인이 하늘의 책명을 받을 것 같으면
> 황하[河]에서 그림[圖]이 나타난다고 믿었다.

9

(한 제자가 나와 증언을 한다. 예전 학당 시절을 회상하며)

우리 선생님은 상복이나 관복을 입은 사람 또는 앞을 못 보는
장님을 만나면

나이가 비록 더 젊더라도 반드시 자리에서 일어나셨고,
그들 앞을 지나갈 때는 반드시 총총걸음으로
걸으셨습니다.

10

(특히 덕행이 뛰어난) 안연이 크게 탄식하며 말한다(약간 흐느끼는 듯,
젖은 목소리로).

우러러볼수록 더욱 높고,
뚫으려 하니 더욱 단단하며,
바라보니 앞에 있다가, 갑자기 뒤에 서 계신 분!
스승님은 우리를 차례차례 잘 이끌어주십니다.
글로써 나를 넓혀 주시고,
예禮로써 나를 묶어 주시어, 그만둘까 해도 그럴 수가 없습니다.
나의 재주 이미 다했는데, 더욱 높이 우뚝 서 계십니다.
스승님을 따르고자 하나 그렇게 할 방도가 없습니다.

子曰: 鳳鳥不至, 河不出圖, 吾已矣夫!
자 왈　봉 조 부 지　하 불 출 도　오 이 의 부

9

子見齊衰者, 冕衣裳者與瞽者, 見之,
자 견 자 최 자　면 의 상 자 여 고 자　견 지

　　　　　雖少, 必作;
　　　　　수 소　필 작

　　　　　過之, 必趨。
　　　　　과 지　필 추

齊: 옷자락 자.
衰: 상복 이름 최(=縗).
齊衰(자최): 모친상의 상복
　부친상의 상복은 斬衰
　(참최).

10

顔淵喟然歎曰: 仰之彌高,
안 연 위 연 탄 왈　앙 지 미 고

　　　　　　　鑽之彌堅,
　　　　　　　찬 지 미 견

　　　　　　　瞻之在前, 忽焉在後。
　　　　　　　첨 지 재 전　홀 언 재 후

　　　　　　　夫子循循然善誘人,
　　　　　　　부 자 순 순 연 선 유 인

　　　　　　　博我以文,
　　　　　　　박 아 이 문

　　　　　　　約我以禮, 欲罷不能。
　　　　　　　약 아 이 례　욕 파 불 능

　　　　　　　既竭吾才, 如有所立卓爾。
　　　　　　　기 갈 오 재　여 유 소 립 탁 이

　　　　　　　雖欲從之, 末由也已。
　　　　　　　수 욕 종 지　말 유 야 이

卓: 높이 서있는 모습 탁.
末(=無): 없다.

11

(13년간 전국 주유를 마치고, 고국에 돌아와 제자 양성에만 주력한다.
고희를 넘긴 어느 날)

공자, 병이 위독해지자, (나이가 많은 제자) 자로가 문인을 가신으로 삼
아 장례 치를 준비를 시킨다. 그런데 얼마 후 병이 좀 나아지자,
이 사실을 알게 되어 꾸중한다(깊은 정이 담긴 목소리로).

오래되었구나! 유(자로)가 나를 속인지!
내가 가신을 두면 예법에 어긋나는데, 가신*을 둔 꼴이었으니
내가 누구를 속인다는 말인가?
하늘을 속인다는 말인가?
그리고 내가 가신의 손에 죽기보다는 차라리 너희 손에 죽는
것이 낫지 않겠는가?
또한 내 장례식을 성대하게 치르지는 못한다 해도 내가 길에서
죽기야 하겠는가?

가신家臣 | 당시 제후나 대부들만이 가신을 둘 수 있었다. 50대에 대부에 상당하는
큰 벼슬을 한 적은 있었으나 이때는 아무런 벼슬을 하지 않았기 때문에 이렇게 질책한
것이다. 예법에 어긋나는 일을 가장 싫어했음을 방증하는 대목이다.

12

(고국에서 버림받고 여러 나라를 전전한다. 하루는 자공이 달려와
스승의 의중을 떠본다. 언어에 뛰어나고 사업 수완이 좋은 그다운 말로)

자공   여기 아름다운 옥이 있다면,
궤 속에 그냥 넣어 두시겠습니까?
좋은 장사를 구하여 파시겠습니까?

공자   팔아야지! 팔고말고!
나는 살 장사꾼을 기다리고 있느니라.

11

子疾病, 子路使門人爲臣。
자 질 병　자 로 사 문 인 위 신

病間, 曰: 久矣哉, 由之行詐也!
병 간　왈　구 의 재　유 지 행 사 야 !

無臣而爲有臣, 吾誰欺?
무 신 이 위 유 신　오 수 기

欺天乎?
기 천 호 ?

且予與其死於臣之手也, 無寧死於二三子之手乎!
차 여 여 기 사 어 신 지 수 야　무 녕 사 어 이 삼 자 지 수 호

且予縱不得大葬, 予死於道路乎?
차 여 종 부 득 대 장　여 사 어 도 로 호

12

子貢曰: 有美玉於斯,
자 공 왈　유 미 옥 어 사 ,

韞匵而藏諸,
온 독 이 장 저

求善賈而沽諸?
구 선 고 이 고 저

子曰: 沽之哉! 沽之哉!
자 왈　고 지 재　고 지 재 !

我待賈者也!
아 대 고 자 야

韞: 감출 온.
匵: 궤 독.
賈: 장사 고.
沽: 팔 고.

13

(멀리서 온 한 사람을 만난) 공자, 아홉 오랑캐가 사는 변방 지역에 가서 살고 싶다고 한다.

혹자 누추할 텐데 어떻게 살 수 있겠습니까?

공자 군자가 거주하는데, 누추함이 무슨 문제가 되겠습니까?

14

(꿈에도 잊을 수 없던 고국에 돌아와 여생을 교육과 연구에만 몰두한다. 하루는 제자들에게 자신의 업적을 술회한다.)

공자 내가 위나라에서 노나라로 돌아온 후에 음악이 바로잡혔고, 『시경』의 아雅와 송頌이 각각 제자리를 찾게 되었다.

> ※ 위정편(02-23), 팔일편(03-09, 03-14, 03-23)도 같은 시기의 대화록이다. 『시경』의 찬집 과정과 결과는 사마천의 「공자세가」에 소상하게 소개되어 있다(447-448쪽).

15

(오늘 강의에서는 자신을 낮추지 않는다. 제자들이 고개를 갸우뚱거린다.)

공자 집 밖에서는 공경을 섬기고,

집 안에서는 부형을 섬기며,

장례에는 갖은 정성을 다하며,

술 때문에 곤란을 겪지 않는다.

이런 일들이 나에게 무슨 어려움이 있으랴!

16

(하루는) 선생님이 냇가에 서서 (냇물을 바라보며) 이렇게 말씀하셨습니다.

흘러가는 것이 이와 같구나!

밤낮으로 그치지 않는구나!

13

子欲居九夷。
자 욕 거 구 이

或曰: 陋, 如之何?
혹 왈 누 여 지 하

子曰: 君子居之, 何陋之有?
자 왈 군 자 거 지 하 누 지 유

14

子曰: 吾自衛反魯然後, 樂正, 雅頌, 各得其所。
자 왈 오 자 위 반 로 연 후 악 정 아 송 각 득 기 소

15

子曰: 出則事公卿,
자 왈 출 즉 사 공 경

入則事父兄,
입 즉 사 부 형

喪事不敢不勉,
상 사 불 감 불 면

不爲酒困。
불 위 주 곤

何有於我哉!
하 유 어 아 재

16

子在川上曰: 逝者如斯夫!
자 재 천 상 왈 서 자 여 사 부

不舍晝夜。
불 사 주 야

舍(집 사): 그치다(=捨).

17

(왕비의 미모에 홀려 덕행은 아랑곳하지 않는 한 임금을 떠올리며
실망한 어조로)

공자　나는 덕을 좋아하기를 여색을 좋아하는 것처럼 하는 자를 보지
　　　못했다.

위衛나라 임금 영공이 미녀 부인(南子, 참고 06-26)과 함께 수레를 타고 궁문을
나서며 공자는 뒤차에 타고 따라오게 하면서 거드름을 피우고 뽐을 낸다. 이 때
공자가 위와 같이 말했다는 기록이 「공자세가」(433쪽)에 있다. 여색에 빠져 국정에
소홀한 임금에게 실망하여 위나라를 떠나서 조曹나라로 간다. 공자 56세 때 일이다.

18

(모든 일은 자기 하기 나름이라며 제자들을 설득한다. 목소리가
우렁차서 깜박깜박 졸고 있던 제자가 정신을 번쩍 차린다.)

공자　산을 쌓음에 비유하면, 흙 한 삼태기가 모자라 그쳐도,
　　　[그것은] 내가 그만두었기 때문이다.
　　　땅을 평평하게 고름에 비유하면, 흙 한 삼태기라도 덮는 진전이
　　　있어도, [그것은] 내가 그만두지 않았기 때문이다.

19

(오늘 강의에서도 수제자 칭찬이 이어진다. 나도 칭찬을 좀 받았으면
하고 분발하는 제자들이 스승의 깊은 뜻을 눈치채고는 열심히 듣는다.)

공자　말을 해주면 게을리하지 않는 자는 아마도 안회뿐인 것 같다.

20

공자, (수제자) 안연을 그리며 말한다.

　　　[그의 죽음이 참으로] 애석하구나!
　　　나는 그가 앞으로 나아가는 것만 보았고,
　　　멈춰 서 있는 것은 보지 못했다.

17

子曰: 吾未見好德如好色者也。
자 왈　오 미 견 호 덕 여 호 색 자 야

18

子曰: 譬如爲山, 未成一簣, 止, 吾止也!
자 왈　비 여 위 산　미 성 일 궤　지　오 지 야

　　　譬如平地, 雖覆一簣, 進, 吾往也!
　　　비 여 평 지　수 복 일 궤　진　오 왕 야

簣: 삼태기 궤.
覆: 덮을 복.

19

子曰: 語之而不惰者, 其回也與!
자 왈　어 지 이 불 타 자　기 회 야 여

20

子謂顏淵, 曰: 惜乎!
자 위 안 연　왈　석 호

　　　吾見其進也,
　　　오 견 기 진 야

　　　未見其止也。
　　　미 견 기 지 야

21

(인간의 생몰과 성취를 식물에 비유하여 강의한다. 제자의 단명에
대한 애통이 낮은 목소리에 배어있어 듣는 이로 하여금 더욱 애절하게
한다.)

공자 싹이 났으나 꽃을 피우지 못하는 경우가 있는가 하면,
꽃을 피웠으나 열매를 맺지 못하는 경우도 있구나!

22

(젊은 제자들을 독려한다. 적어도 50전에는 꼭 뭔가를 성취하라며
목놓아 말한다.)

공자 젊은 후생이 두렵다. 어찌 장래의 그들이 오늘의 우리만
못하겠는가?
그러나 그들이 40이나 50이 되어도 명성이 들리지 않으면
두려울 것이 못된다.

23

(깊은 속뜻을 풀어내고, 잘못이 있으면 반드시 고치는 습관을 길러야
한다는 주제의 강의가 감동을 자아낸다.)

공자 바른 말을 따르지 않을 수 있겠느냐?
[그러나 그 말을 따라 잘못을] 고치는 것이 더욱 소중하다.
공손한 말을 기뻐하지 않을 수 있겠느냐?
[그러나 그 말의 속뜻을] 풀어내는 것이 더욱 소중하다.
기뻐하기만 하고 [속뜻을] 풀어내지 못하고, 따르기만 하고
잘못을 고치지 않는다면,
그러한 사람은 나로서도 어찌할 방도가 없다.

24

21

子曰: 苗而不秀者有矣夫!
자 왈　묘 이 불 수 자 유 의 부

秀而不實者有矣夫!
수 이 부 실 자 유 의 부

22

子曰: 後生可畏, 焉知來者之不如今也?
자 왈　후 생 가 외　언 지 래 자 지 불 여 금 야

四十五十而無聞焉, 斯亦不足畏也已!
사 십 오 십 이 무 문 언　사 역 부 족 외 야 이

23

子曰: 法語之言, 能無從乎?
자 왈　법 어 지 언　능 무 종 호

改之爲貴。
개 지 위 귀

巽與之言, 能無說乎?
손 여 지 언　능 무 열 호

繹之爲貴。
역 지 위 귀

說而不繹, 從而不改,
열 이 불 역　종 이 불 개

吾末如之何也已矣!
오 말 여 지 하 야 이 의

巽: 공손할 손.
繹: (속뜻을) 풀어낼 역.

24

(같은 잘못을 거듭하지 않았던 안연을 떠올리면서 제자들을 독려한다.)

공자 충성과 신의를 주로 하고,

자기보다 못한 이와 벗하지 말라.

잘못을 하면 고치기를 꺼리지 말라!

※ 학이편(01-08)에도 같은 말이 있다.

25

(오늘 강의에서도 제자들에 대한 독려가 이어진다. 뜻있는 사나이가
되라며!)

공자 삼군의 대장은 빼앗을 수 있어도, 사나이의 굳은 의지는

빼앗을 수 없다.

26

(하루는 강의 중에 나이 많은 제자 자로를 칭찬한다. 웃음을 지으며)

공자 [값싼] 해진 솜옷을 입고서 [비싼] 담비 털옷을 입은 자와 함께

서 있어도 부끄러워하지 않을 사람은 아마 자로 자네일 걸세!

[『시경』에 이런 시구가 있다]

"질투하지 않고 탐내지 않으니 어찌 착하지 않으랴!"

자로, (모처럼 칭찬을 들어 우쭐하며) 평생 잊지 않고 외우겠다고
다짐한다.

공자 [별것 아닌 당연한] 도리일 뿐인데, 어찌 족히 착하다 하랴?

27

(지조론 강의, 나무에 비유하니 제자들이 재미있어 열심히 받아 적는다.)

공자 날씨가 추워진 다음에야 소나무나 잣나무가 나중에 시듦을

알겠다.

28

子曰: 主忠信,
자 왈　주 충 신,

　　毋友不如己者,
　　무 우 불 여 기 자

　　過則勿憚改。
　　과 즉 물 탄 개

25

子曰: 三軍可奪帥也, 匹夫不可奪志也。
자 왈　삼 군 가 탈 수 야　필 부 불 가 탈 지 야

26

子曰: 衣敝縕袍, 與衣狐貉者立, 而不恥者, 其由也與!
자 왈　의 폐 온 포　여 의 호 학 자 립　이 불 치 자　기 유 야 여

　　"不忮不求, 何用不臧?"
　　불 기 불 구　하 용 부 장

子路終身誦之。
자 로 종 신 송 지

子曰: 是道也, 何足以臧?
자 왈　시 도 야　하 족 이 장

敝: 해질 폐.
縕: 헌솜 온.
袍: 겉옷 포.
狐: 여우 호.
貉: 담비 학.
忮: 해칠 기.
臧: 착할 장.

27

子曰: 歲寒, 然後知松栢之後彫也。
자 왈　세 한　연 후 지 송 백 지 후 조 야

彫(새길 조)=凋(시들 조):
시들다.

28

(짧은 명언으로 제자들을 사로잡는다. 듣자마자 그 자리에서 바로 외우는 학생들이 많다.)

공자 유식한 사람은 미혹되지 않고,

인덕한 사람은 근심하지 않으며,

용감한 사람은 두려워하지 않는다.

29

(인간 세태를 꿰뚫는 명강! 촌철살인의 명언! 연일 계속! 제자들이 열광한다.)

공자 함께 배울 수는 있어도 도를 똑같이 깨칠 수는 없고,

함께 도를 깨칠 수는 있어도 똑같이 출세할 수는 없으며,

함께 출세할 수는 있어도 똑같이 권력을 나눌 수는 없다.

30

높은 산 앵두나무 꽃,

펄럭펄럭 나부끼니,

어찌 그대 생각나지 않으랴?

그대 집은 멀기만 하누나!

공자 (『시경』에 빠진 일시*가 문득 떠올라 읊조리고는)

진정으로 생각한 것은 아닌 것 같다.

[진정이었다면] 어찌 멀다고 여겼겠는가?

일시逸詩 | 당시 민간에 널리 알려진 시詩가 3천여 편이 되었는데, 공자가 305편을 추려 엮은 것이 바로 『시경詩經』이다. 이 책에 빠진 시를 '일시'라고 한다.

子曰: 知者不惑,
자왈 지자불혹

仁者不憂,
인자불우

勇者不懼。
용자불구

29

子曰: 可與共學, 未可與適道;
자왈 가여공학 미가여적도

可與適道, 未可與立;
가여적도 미가여립

可與立, 未可與權。
가여립 미가여권

30

唐棣之華,
당체지화

偏其反而。
편기반이

豈不爾思?
기불이사

室是遠而。
실시원이

子曰: 未之思也,
자왈 미지사야

夫何遠之有?
부하원지유

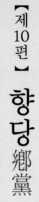

【제10편】

향 당 鄕黨

1

(한 제자가 스승의 사생활과 공직 생활 전반에 대해 간략하게 증언한다.)

공자님이 마을에 계실 때에는 온순하고 과묵하여 마치 말을 하지 못하는 사람 같다.

[그러나] 종묘나 조정에 나아가서는 말씀이 분명하고 거침없되, 다만 신중하게 하신다.

2

(조정에서 보여준 기품을 증언하는 제자도 있다.)

조회에 갈 때 [임금이 나오지 않아] 낮은 대부들과 말씀을 나눌 적에는 강직하다.

[그리고] 높은 대부들과 담소를 나눌 적에는 온화하다.

임금이 나오면 발걸음을 평온하게 하고, 위엄을 갖추신다.

3

(한 제자는 궁중에서 국빈을 접대하는 광경을 증언한다.)

임금이 불러 국빈 접대를 맡기면 얼굴빛을 가다듬고, 발걸음을 빨리하신다.

함께 서있는 이에게 읍할 때 손을 좌우로 내밀어 공경을 표하신다.

이때는 옷깃을 앞뒤로 가지런하게 하신다.

총총걸음으로 나가실 때는 날개를 펼친 듯이 하신다.

손님이 돌아가면 임금께 반드시 이제 "손님이 돌아가셨나이다." 라고 보고하신다.

1

孔子於鄕黨, 恂恂如也, 似不能言者。
공 자 어 향 당   순 순 여 야   사 불 능 언 자

其在宗廟、朝廷, 便便言, 唯謹爾。
기 재 종 묘   조 정   편 편 언   유 근 이

恂恂: 온순하고 과묵하다.
便便: 말이 분명하고
　　　거침이 없다.

2

朝, 與下大夫言, 侃侃如也;
조   여 하 대 부 언   간 간 여 야

　　與上大夫言, 誾誾如也。
　　여 상 대 부 언   은 은 여 야

君在, 踧踖如也, 與與如也。
군 재   축 척 여 야   여 여 여 야

侃: 강직할 간.
誾: 온화할 은.
踧: 평평할 축.
踖: 밟을 척.
與與: 위엄스럽되 거동이
　　　알맞음.

3

君召使擯, 色勃如也, 足躩如也。
군 소 사 빈   색 발 여 야   족 곽 여 야

揖所與立, 左右手。
읍 소 여 립   좌 우 수

衣前後, 襜如也。
의 전 후   첨 여 야

趨進, 翼如也。
추 진   익 여 야

賓退, 必復命曰: 賓不顧矣。
빈 퇴   필 복 명 왈   빈 불 고 의

勃: 낯 변할 발.
躩: 바삐 갈 곽.
襜: 옷 가지런히 할 첨.
趨: 달릴 추.

4

(한 제자가 몸가짐을 다소곳이 하고 나와서, 궁궐 출입할 때의 모습과
태도를 증언한다. 실제로 자기가 하듯이)

궁궐의 문에 들어갈 적에는 몸을 굽히고 송구스러운 듯이
하신다.

[궁궐 안에서는] 문 가운데 서 있는 일이 없고, 지나갈 때는
문지방을 밟지 않으신다.

임금의 자리를 지날 때에는 얼굴빛을 가다듬고, 발걸음을
빨리하고, 말을 잘 못하는 듯이 하신다.

층계를 밟고 중당에 오를 때에는 옷자락을 잡고, 절하듯이 몸을
굽히고, 숨을 쉬지 않는 듯 호흡을 가다듬는다.

궁궐 밖으로 나와 한 계단 내려서면, 낯빛을 펴서 편안하게
하신다.

층계를 다 내려서면, 총총 걷기를 새가 날개를 펼친 듯 하신다.
본래의 자리로 돌아갈 때는 발걸음을 평온하게 하신다.

5

(다른 나라에 사신으로 가서 전례를 올릴 때의 모습을 회고하는
문인도 있다. 실제로 하듯이)

규를 잡아 바칠 때는 몸을 굽혀 무거워 들지 못할 듯하고,
규를 위로 올릴 때는 읍할때와 같이 공손히 하며,
아래로 내릴 때는 물건을 줄 때와 같이 정중하게 하신다.

안색은 두려워하는 빛을 띠고,
발걸음은 땅을 끄는 듯 촘촘하게 하신다.

공식 잔치를 할 때에는 낯빛을 너그럽게 하고,
사적인 만남에서는 부드럽게 하신다.

4

入公門, 鞠躬如也, 如不容。
입공문 국궁여야 여불용

立不中門, 行不履閾。
입부중문 행불리역

過位, 色勃如也, 足躩如也, 其言似不足者。
과위 색발여야 족곽여야 기언사부족자

攝齊升堂, 鞠躬如也, 屏氣似不息者。
섭자승당 국궁여야 병기사불식자

出, 降一等, 逞顔色, 怡怡如也。
출 강일등 영안색 이이여야

沒階, 趨進, 翼如也,
몰계 추진 익여야

復其位, 踧踖如也。
복기위 축척여야

閾: 문지방 역.
攝: 잡을 섭.
齊: 옷자락 자.
屏: 막을 병.
逞: 유쾌할 령.

【제10편】 향당

5

執圭, 鞠躬如也, 如不勝。
집규 국궁여야 여불승

上如揖,
상여읍

下如授。
하여수

勃如戰色,
발여전색

足蹜蹜如有循。
족축축여유순

享禮, 有容色,
향례 유용색

私覿, 愉愉如也。
사적 유유여야

蹜: 종종걸음 칠 축.
覿: 뵐 적.
愉: 부드러울 유.
享禮: 공식적으로 예물을 드리는 의식.
私覿: 사적인 예물을 주고 받는 會見禮.

6

(의복과 가정생활에 대하여 증언하는 문인도 있다. 52세에서 55세까지 노나라 대사구大司寇라는 높은 관직에 있을 때 가신家臣을 지낸 적이 있는 제자 원헌原憲인 듯)

군자(공자)님은 감색과 검붉은색의 옷깃을 달지 않으며, 다홍색과 자주색의 평상복을 입지 않으신다.

더울 때는 칡 베로 짠 겉옷을 걸쳐입고 밖에 나가신다.

검정 옷에는 염소 가죽옷을 받쳐 있고, 흰옷에는 사슴 가죽옷을 받쳐 입으며, 누런 옷에는 여우가죽 옷을 받쳐 입으신다.

평소 입는 갖옷은 다소 길게 하되, 오른쪽 소매는 조금 짧게 하신다.

반드시 잠옷을 입는데 길이는 몸의 한길 반쯤 되게 하신다.

자리는 여우나 담비의 두터운 털가죽을 깔고 앉으신다.

상복을 벗은 뒤에는 차야 할 패물은 빠짐없이 다 차신다.

예복이 아니면 반드시 주름을 줄여서 꿰매신다.

염소 갖옷에 검은 관을 쓰고 문상 가는 일은 없다.

초하룻날에는 반드시 정장 차림으로 조회에 참석하신다.

7

(누군가 달려 나와 제사 때의 몸과 마음가짐에 대해 증언하기도 한다.)

목욕재계할 때는 반드시 삼베로 만든 깨끗한 옷을 입으신다.

재계를 마친 다음에는 반드시 식사를 평상시와 달리 하고, 잠자리도 옮겨 거처하신다.

※ 평상시 부인과 함께하는 침실을 연침燕寢이라 하고, 재계할 때 사용하는 곳을 외침外寢 또는 정침正寢이라 한다.

6

君子不以紺緅飾, 紅紫不以爲褻服。
군 자 불 이 감 추 식 홍 자 불 이 위 설 복

當署, 袗絺綌必表而出之。
당 서 진 치 격 필 표 이 출 지

緇衣羔裘, 素衣麑裘, 黃衣狐裘。
치 의 고 구 소 의 예 구 황 의 호 구

褻裘長, 短右袂。
설 구 장 단 우 몌

必有寢衣, 長一身有半。
필 유 침 의 장 일 신 유 반

狐貉之厚以居。
호 학 지 후 이 거

去喪, 無所不佩。
거 상 무 소 불 패

非帷裳, 必殺之。
비 유 상 필 쇄 지

羔裘玄冠不以弔。
고 구 현 관 불 이 조

吉月, 必朝服而朝。
길 월 필 조 복 이 조

紺: 감색 감.
緅: 검붉을 추.
褻服: 평상복.
絺: 칡베 치.
綌: 칡베 격.
緇: 검은 비단 치.
羔: 새끼 양 고.
裘: 갖옷 구.
麑: 사슴 예.
貉: 담비 학.

7

齊, 必有明衣, 布。
재 필 유 명 의 포

齊必變食, 居必遷坐。
재 필 변 식 거 필 천 좌

齊(가지런할 제)=齋
(재계할 재).
遷坐: 침실을 옮기다.

8

(식생활을 하나하나 소상하게 증언하는 사람도 있다. 평소 관찰력이
대단한 인물로 보인다. 아마 가신을 지낸 제자 원헌일 듯)

밥은 찧은 쌀로 지은 것을 싫어하지 않고, 회는 가늘게 썬 것을
싫어하시지 않는다.

밥이 쉬어 맛이 변한 것, 생선이 문드러져 부패한 것은 드시지
않는다.

빛깔이 변한 것은 드시지 않는다.

냄새가 나쁜 것은 드시지 않는다.

조려 익히지 않은 것은 드시지 않는다.

때가 아니면 드시지 않는다.

삐뚤게 자른 것은 드시지 않는다.

싱거운 것은 드시지 않는다.

고기가 많아도 밥보다 많이 드시지 않는다.

술은 일정한 양이 없으나, 비틀거릴 정도에 이르지는 않는다.

시장에서 사온 술과 포는 드시지 않는다.

생강을 물리치는 일은 없으나 많이 드시지는 않는다.

나라 제사에서 받아온 고기는 밤을 넘기지 않는다.

집에서 제사 지낸 고기는 사흘을 넘기지 않고, 사흘이 지난 것은
드시지 않는다.

음식을 먹을 때는 이야기하지 않고, 잠자리에 들면 말을 하지
않는다.

거친 음식이나 나물국이라도 반드시 제사상에 올리듯, 반드시
재계하듯이 하신다.

8

食不厭精, 膾不厭細。
사 불 염 정 회 불 염 세

食饐而餲, 魚餒而肉敗, 不食。
사 의 이 애 어 뇌 이 육 패 불 식

色惡, 不食。
색 악 불 식

臭惡, 不食。
취 악 불 식

失飪, 不食。
실 임 불 식

不時, 不食。
불 시 불 식

割不正, 不食。
할 부 정 불 식

不得其醬, 不食。
부 득 기 장 불 식

肉雖多, 不使勝食氣。
육 수 다 불 사 승 사 기

唯酒無量, 不及亂。
유 주 무 량 불 급 란

沽酒市脯, 不食。
고 주 시 포 불 식

不撤薑食, 不多食。
불 철 강 식 부 다 시

祭於公, 不宿肉。
제 어 공 불 숙 육

祭肉不出三日, 出三日, 不食之矣。
제 육 불 출 삼 일 출 삼 일 불 식 지 의

食不語, 寢不言。
식 불 어 침 불 언

雖疏食菜羹, 必祭, 必齊如也
수 소 사 채 갱 필 제 필 재 여 야

饐: 밥쉴 의.

餲: 밥쉴 애.

餒: 물고기 문드러질 뇌.

飪: 알맞게 조릴 임.

羹: 국 갱.

必祭: 瓜祭로 되어 있는
판본이 있다. 노나라
판본에 의거한 육원랑
陸元朗의 설에 따라
必자로 고쳤다.

9

(달려 나와 간단하게 한마디만 증언하기도 한다. 부끄러운 듯 얼굴을 감추고)

　　자리가 바르지 아니하면 앉지 않으신다.

10

(고을사람들과 행하던 간단한 의식을 회고하는 제자도 있다. 옷차림이 말끔하다.)

　　고을 사람들과 향음주례*를 행하고 나서 지팡이를 짚은 노인들이
　　다 나간 다음에 자리를 뜨신다.

　　고을에서 역귀를 몰아내는 굿을 할 때 예복을 입고 동쪽 섬돌에
　　서 계신다.

　　향음주례 | 고을 유생들이 모여 향약을 읽고 훌륭한 선비를 천거하고 술을 마시며
　　펼치던 잔치.

11

(매우 특이한 내용을 증언하는 이도 있다. 1인 2역으로 변성을 하며)

　　사람을 다른 나라에 보내어 친지를 문안할 때는 그에게 두 번
　　절한 다음에 보냅니다.

(막강한 세도를 부리는 계씨 가문의) 계강자가 약을 보내오자,
절을 하고 받으면서 이렇게 말했다고 합니다.

　　"저 공구(공자)는 이 약에 대하여 잘 알지 못합니다.
　　감히 복용하지 못하겠습니다."

12

(짧은 내용이지만 인명人命을 대단히 중시한 대목을 증언한 제자도 있다.)

(한번은 동네) 마구간에 불이 났다.

스승님이 조정에서 퇴청하여 [그 사실을 알고는] 이렇게

9

席不正, 不坐。
석 부 정   부 좌

10

鄕人飮酒, 杖者出, 斯出矣。
향 인 음 주   장 자 출   사 출 의

鄕人儺, 朝服而立於阼階。
향 인 나   조 복 이 립 어 조 계

儺: 귀신 쫓을 나.
阼: 동편 층계 조.

11

問人於他邦, 再拜而送之。
문 인 어 타 방   재 배 이 송 지

康子饋藥, 拜而受之。
강 자 궤 약   배 이 수 지

曰:丘未達, 不敢嘗。
왈   구 미 달   불 감 상

饋: 먹일 궤. 대접할 궤.

12

廐焚。
구 분

子退朝曰: "傷人乎?"
자 퇴 조 왈   상 인 호

廐: 마구간 구.
焚: 불탈 분.

물으셨습니다.

　　"다친 사람은 [없습니까]?"

　　[하지만] 말에 대해서는 [한마디도] 묻지 않으셨습니다.

13

(매우 특수한 상황을 증언한 문인도 있다. 입맛을 다시며 말한다.)

　　임금이 음식을 하사하면 반드시 자리를 바로 한 다음에 맛보신다.

　　임금이 날고기를 하사하면 반드시 익힌 다음에 조상께 올리신다.

　　임금이 산 짐승을 하사하면 반드시 [죽이지 않고 정성들여] 기르신다.

　　임금을 모시고 식사할 때에 임금이 제를 올리면 미리 밥맛을 점검하신다.

　　병환이 나서 임금이 문병을 오면, 머리를 동쪽으로 하고 예복을 덮고 띠를 두르신다.

　　임금이 부르면 수레를 기다리지 않고 걸어서 가신다.

14

(헐레벌떡 달려 나와 한 마디하고 뛰어 들어가는 이도 있다. 앞에서 누가 한 말인 줄도 모르고)

　　태묘에 들어가면 하나하나 꼬치꼬치 물어보신다.

　　※ 팔일편(03-15)에도 같은 말이 나온다.

15

(한 제자가 나와서 스승의 평소 교우 관계를 알 수 있는 내용을 증언한다.)

　　친구가 죽어 장례를 치러줄 사람이 없으면,

　　"내 집에 빈소를 차리시오"라고 하신다.

　　친구가 보내준 음식이 비록 수레처럼 비싼 것일지라도,

不問馬。
불 문 마

13

君賜食, 必正席先嘗之。
군 사 식　필 정 석 선 상 지

君賜腥, 必熟而薦之。
군 사 성　필 숙 이 천 지

君賜生, 必畜之。
군 사 생　필 휵 지

侍食於君, 君祭, 先飯。
시 식 어 군　군 제　선 반

疾, 君視之, 東首, 加朝服, 拖紳。
질　군 시 지　동 수　가 조 복　타 신

君命召, 不俟駕行矣。
군 명 소　불 사 가 행 의

腥: 비릴 성.
畜: 기를 휵.
拖(끌 타): 풀어 놓다.
俟: 기다릴 사.

14

入太廟, 每事問。
입 태 묘　매 사 문

15

朋友死, 無所歸。
붕 우 사　무 소 귀

曰: "於我殯"。
왈　　어 아 빈

朋友之饋, 雖車馬,
붕 우 지 궤　수 거 마

제사 지낸 고기가 아니면 절을 하시지 않는다.

16

(잠자리를 포함한 사소한 일까지 증언하는 이가 있다. 사모님에게
전해 들은 듯)

잠잘 때는 시체처럼 딱딱하지 아니하고, 집에 거처하실 때는
용모를 꾸미시지 않는다.

상복을 입은 사람을 보면 비록 친한 사이라도 낯빛을
엄숙하게 바꾸신다.

면관을 쓴 사람이나 장님을 보면 비록 자주 만나는 사이라도
반드시 예모를 갖추신다.

흉복을 입은 사람에게는 식례(절의 일종)를 갖추신다.

나라의 지도나 호적을 짊어진 사람에게도 식례를 갖추신다.

진수성찬이 나오면 반드시 기색을 바꾸고 일어나 [고마움을
표하신다].

천둥 번개가 치거나 바람이 세차면 낯빛이 바뀌신다.

17

(수레에 오를 때 모습을 회상하며 증언하는 제자도 있다. 스승의 수레를
자주 몰았던 제자 번지인 듯)

수레에 올라서는 반드시 바르게 서서 손잡이를 잡으신다.

수레에서는 안을 이리저리 돌아다보지 않고, 말을 빨리하지
않고, 손가락질을 친히 하지 않으신다.

18

(자로와 함께 산 속을 거닐 때 꿩 몇 마리가 날아든다.)

사람 기색이 나자, (꿩이 잡힐까 봐) 빙빙 날아 오른 뒤에 다시 내려와 앉는다.

非祭肉, 不拜。
비 제 육　불 배

16

寢不尸, 居不容。
침 불 시　거 불 용

見齊衰者, 雖狎, 必變。
견 자 최 자　수 압　필 변

見冕者與瞽者, 雖褻, 必以貌。
견 면 자 여 고 자　수 설　필 이 모

凶服者式之。
흉 복 자 식 지

式負版者。
식 부 판 자

有盛饌, 必變色而作。
유 성 찬　필 변 색 이 작

迅雷風烈, 必變。
신 뢰 풍 렬　필 변

齊: 옷자락 자.
衰: 상복 이름 최(=縗).
齊衰(자최): 모친상의 상복.
　부친상의 상복은 斬衰
　(참최).
狎: 친할 압
褻: 자주 만날 설
式: 식례 식.
版: 지도를 그리고 호적을
　기록하는 데 쓰는 나무
　조각.

17

升車, 必正立, 執綏。
승 거　필 정 립　집 수

車中不內顧, 不疾言, 不親指。
거 중 불 내 고　부 질 언　불 친 지

綏: 수레 손잡이 수.

18

色斯擧矣, 翔而後集。
색 사 거 의　상 이 후 집

공자　산속 다리에 앉은 암꿩이여, 때를 만났구나! 때를 만났구나!
자로가 잡으려 하자 [꿩이] 냄새를 맡듯이 몇 차례 킁킁거리다가 훨훨
날아가 버린다.

> ※ 이 장에 대한 역대 주석가들의 해석이 매우 다양하다. 대체로 양백준楊佰峻의
> 설을 참고 하였다

曰: 山梁雌雉, 時哉! 時哉!
왈　산량자치　시재　시재

子路共之, 三嗅而作。
자로공지　삼후이작

梁(들보 량)=樑(다리 량).
共(함께 공)=拱(잡을 공).

【제11편】 선진先進

1

(강의 중에 옛날을 회상하며 감회에 젖는다.)

공자　옛날 선배들의 예악이 [소박한] 야인 같고,

　　　요즘 후배들의 예악은 [말끔한] 군자 같다.

　　　만약 둘 중 하나를 골라 쓴다면, 나는 선배들의 [소박한] 방식을
　　　따르겠다.

2

공자　내가 진나라와 채나라에 갔을 때, 나를 따르던 제자들이 모두
　　　[지금은 내] 문하에 있지 않구나!

(누군가 72명의 정규 제자 가운데 상위 10명을 분야별로 석차를 매긴다.)

덕행에는 안연, 민자건, 염백우, 중궁이 뛰어나고,

언어에는 재아와 자공이 뛰어나고,

정사에는 염유와 계로가 뛰어나고,

문학에는 자유와 자하가 뛰어나다.

　　　※ 유학에서는 이 10대 제자를 '공문십철孔門十哲'이라 한다. 덕행, 언어, 정사, 문학을
　　　'공문사과孔門四科'라고 한다. 문文, 행行, 충忠, 신信을 공문사과라 하기도 한다(참고
　　　술이편 07-24).

3

(강의 중에 또 수제자 안회를 언급하자 다른 제자들이 바짝 긴장한다.
그런데 내용이 의표를 찌른다.)

공자　안회는 나에게 도움을 주는 자가 아니로다.

　　　내가 한 말에 대하여 기뻐하지 않는 것이 없구나!

4

(오늘은 민자건을 칭찬한다. 다른 제자들이 부러운 듯 그를 쳐다본다.)

공자　효성스럽다, 민자건은!

1

子曰: 先進於禮樂, 野人也;
자왈　선 진 어 예 악　야 인 야

後進於禮樂, 君子也。
후 진 어 예 악　군 자 야

如用之, 則吾從先進。
여 용 지　즉 오 종 선 진

2

子曰: 從我於陳, 蔡者, 皆不及門也。
자왈　종 아 어 진　채 자　개 불 급 문 야

德行: 顔淵, 閔子騫, 冉伯牛, 仲弓;
덕 행　안 연　민 자 건　염 백 우　중 궁

言語: 宰我, 子貢;
언 어　재 아　자 공

政事: 冉有, 季路;
정 사　염 유　계 로

文學: 子游, 子夏。
문 학　자 유　자 하

3

子曰: 回也! 非助我者也!
자왈　회 야　비 조 아 자 야

於吾言無所不說。
어 오 언 무 소 불 열

4

子曰: 孝哉閔子騫!
자왈　효 재 민 자 건

그의 부모와 형제들이 [그를 칭찬하는] 말을 남들이 트집 잡지
못하는구나!

5

남용*[이란 젊은이]가 [시경에 나오는 시] 백규*를 자주 반복하여 [읽어
외우자] **공자**, 자기 [이복] 형님의 딸을 그에게 시집보낸다.

> **남용南容** | 성은 남궁南宮, 이름은 괄适, 자는 자용子容. 남궁자용을 줄여 남용이라
> 했다. 공야장편 05-01에도 나온다.
>
> **백규白圭** | 『시경詩經』 대아大雅 억抑에 "하얀 홀의 흠은 그래도 갈면 되지만, 입으로
> 하는 말의 흠은 어떻게 할 수가 없다.(白圭之玷, 尙可磨也. 斯言之玷, 不可爲也)"는
> 구절에 나오는 말이다.

6

(어느덧 72세의 늙은이가 되어 학당을 거닐고 있는데 노나라의
실권자가 찾아온다.)

계강자 제자 중에 누가 학문을 가장 좋아합니까?

공자, (지난해에 세상을 떠난 애제자 생각이 나서 눈물을 글썽인다.
목소리에도 슬픔이 실린다.)

> 안회라는 제자가 학문을 가장 좋아했는데,
> 불행하게도 단명하여 죽고 지금은 그런 사람이 없습니다.

7

안연이 사망하자 (그의 아버지이자 공자 제자이기도 한) 안로가 공자의
수레를 팔아 덧널을 마련해 줄 것을 요청한다.

공자　　재주가 있거나 없거나 누구나 자기 자식이 [최고라고] 말한다.
[나의 아들] 백어가 죽었을 때도 널만 있었지 덧널은 만들어
주지 못했다.
내가 걸어 다니더라도 [수레를 팔아] 덧널을 만들어 주어야

人不間於其父母昆弟之言。
인 불 간 어 기 부 모 곤 제 지 언

間(사이 간): 트집 잡다.
이론을 제기하다.
昆弟: 형제.

5

南容三復白圭, 孔子以其兄之子妻之。
남 용 삼 복 백 규　공 자 이 기 형 지 자 처 지

6

季康子問: 弟子孰爲好學?
계 강 자 문　제 자 숙 위 호 학

孔子對曰: 有顏回者好學,
공 자 대 왈　유 안 회 자 호 학

不幸短命死矣! 今也則亡。
불 행 단 명 사 의　금 야 즉 무

7

顏淵死, 顏路請子之車以爲之槨。
안 연 사　안 로 청 자 지 거 이 위 지 곽

子曰: 才不才, 亦各言其子也。
자 왈　재 부 재　역 각 언 기 자 야

鯉也死, 有棺而無槨。
이 야 사　유 관 이 무 곽

吾不徒行以爲之槨,
오 부 도 행 이 위 지 곽

하는데,

[그렇게 하지 못하는 것은] 대부의 뒤를 따르자면 걸어 다닐 수 없기 때문이다.

8

(가장 아끼는 제자) 안연이 죽는다.

공자 (비통한 목소리로, 땅을 치며)

아아! 하늘이 나를 망치는구나! 하늘이 나를 망치는구나!

9

안연이 죽자, 공자께서 대성통곡을 하신다.

종자 (대단히 의아하다는 듯, 눈을 동그랗게 뜨고)

선생님께서 [왜 그토록] 서럽게 우십니까?

공자 서럽게 운다고? [내가] 그의 죽음을 서러워하지 않는다면 누구를 위해 그렇게 하겠느냐!

10

안연이 죽자, [그의 선후배] 문인들이 후하게 장사지내려 한다.

공자 옳지 않다.

(스승의 말에도 아랑곳하지 않고) 문인들이 후하게 장사를 지낸다.

공자 안회는 나를 친아버지처럼 대해 주었는데,

나는 친자식 같이 대해 주지 못했구나!

[그런데 예를 모르는 것은] 내가 아니고, 바로 너희들이다.

11

계로(자로)가 귀신 섬기는 일에 관하여 묻는다.

以吾從大夫之後, 不可徒行也。
이 오 종 대 부 지 후   불 가 도 행 야

8

顔淵死。
안 연 사

子曰: 噫! 天喪予! 天喪予!
자 왈   희   천 상 여   천 상 여

9

顔淵死, 子哭之慟。
안 연 사   자 곡 지 통

慟: 서럽게 울 통.

從者曰: 子慟矣。
종 자 왈   자 통 의

曰: 有慟乎? 非夫人之爲慟而誰爲!
왈   유 통 호   비 부 인 지 위 통 이 수 위

10

顔淵死, 門人欲厚葬之。
안 연 사   문 인 욕 후 장 지

子曰: 不可。
자 왈   불 가

門人厚葬之,
문 인 후 장 지

子曰: 回也, 視予猶父也,
자 왈   회 야   시 여 유 부 야

予不得視猶子也。
여 부 득 시 유 자 야

非我也, 夫二三子也。
비 아 야   부 이 삼 자 야

11

季路問事鬼神。
계 로 문 사 귀 신

공자　산 사람도 제대로 섬기지 못하는데, 어떻게 [죽은] 귀신을 섬기겠는가?

(자로가) 감히 죽음에 관해 물어본다.

공자　삶도 아직 모르겠는데, 어찌 죽음을 알겠느냐?

12

(스승을) 모실 때

민자건은 온화하고,

자로는 강직하고,

염유와 자공은 화락한다.

공자　유(자로)는 [너무 강직하여] 제 명대로 살지 못할 것 [같아 걱정이구나]!

13

노나라 고급 관리가 장부라는 대형 창고를 짓는다.

민자건　(혼잣말로) 옛날 것을 [수리하여] 거듭 쓰면 어떨까? 무엇 때문에 다시 지으려 할까?

공자　(옆에서 엿듣고 혼잣말로) 이 사람(민자건)은 말을 [많이] 하지는 않지만, 말을 하면 반드시 [사리에] 어긋나지 않는다.

14

공자　유(자로)가 비파를 타는 것은 좋은데, 하필 우리집 대문 앞에서 타는가?

문인들이 (스승의 꾸중을 들은) 자로를 공경하지 않는다.

공자　유(자로)는 마루에 오를 정도는 되지만, 아직 방안에 들어올 수준은 아니다.

子曰: 未能事人, 焉能事鬼?
자 왈 미 능 사 인 언 능 사 귀

敢問死。
감 문 사

曰: 未知生, 焉知死?
왈 미 지 생 언 지 사

12

閔子侍側, 誾誾如也;
민 자 시 측 은 은 여 야

子路, 行行如也;
자 로 항 항 여 야

冉有, 子貢, 侃侃如也。
염 유 자 공 간 간 여 야

子曰*: 若由也, 不得其死然。
자 왈 약 유 야 부 득 기 사 연

13

魯人爲長府。
노 인 위 장 부

閔子騫曰: 仍舊貫, 如之何? 何必改作?
민 자 건 왈 잉 구 관 여 지 하 하 필 개 작

子曰: 夫人不言, 言必有中。
자 왈 부 인 불 언 언 필 유 중

14

子曰: 由之瑟, 奚爲於丘之門?
자 왈 유 지 슬 해 위 어 구 지 문

門人不敬子路,
문 인 불 경 자 로

子曰: 由也, 升堂矣, 未入於室也。
자 왈 유 야 승 당 의 미 입 어 실 야

誾: 온화할 은.
行行(항항): 강하고
굳센 모습.
侃: 강직할 간.

子曰: 주자 『논어집주』에는
子樂으로 되어 있다.
樂은 曰자를 잘못 쓴
것이라는 설이 있어 이를
따랐다. 이렇게 해야
의미가 통하고 누가
한 말임이 분명해진다.
"子曰"의 '子'가 생략된
사례는 많지만 '曰'이
생략된 사례는 없다.
仍: 거듭 잉.

【제11편】 선진

231

15

(하루는 자공이 찾아와 다짜고짜 묻는다.)

자공 사(자장)와 상(자하) 가운데 누가 났습니까?

공자 사(자장)가 지나친 점이 있고, 상(자하)은 미치지 못한 점이 있다네!

자공 그렇다면 사(자장)가 더 낫다는 말씀입니까?

공자 지나침은 미치지 못함과 같으니라.

16

계씨 가문이 (노나라 시조의 아버지인) 주공 보다 더 부유한데, (공자의
제자이자 계씨가문의 가신인) 염구가 그를 위해 세금을 걷어 재산을
불려준다.

공자 [염구는] 내 제자가 아닌 것 같구나!
그대들이 북을 울려 그를 성토해도 좋다.

17

(제자의 이름을 한 명씩 부르며 평을 한다)
시(자고)는 우직한 점이 있고,
삼(증자)은 노둔한 점이 있고,
사(자장)는 치우친 점이 있고,
유(자로)는 거친 점이 있다.

18

(하루는 안회와 자공을 언급하며 연민의 정과 대견함을 표한다.)

공자 회(안연)는 학문과 수양이 대단했다. [그러나] 끼니를 자주 굶었다.
사(자공)는 자기 운명을 받아들이지 않고 [끊임없이] 재물을 불렸다.
예측을 하면 자주 적중했다.

15

子貢問: 師與商也, 孰賢?
자 공 문　사 여 상 야　숙 현

子曰: 師也過, 商也不及。
자 왈　사 야 과　상 야 불 급

曰: 然則師愈與?
왈　연 즉 사 유 여

子曰: 過猶不及。
자 왈　과 유 불 급

16

季氏富於周公, 而求也爲之聚斂而附益之。
계 씨 부 어 주 공　이 구 야 위 지 취 렴 이 부 익 지

子曰: 非吾徒也。
자 왈　비 오 도 야

小子鳴鼓而攻之, 可也。
소 자 명 고 이 공 지　가 야

17

柴也愚,
시 야 우

參也魯,
삼 야 로

師也辟,
사 야 벽

由也喭,
유 야 안

魯: 노둔할 로.
辟(임금 벽): 치우치다: 僻
喭: 거칠 안.

18

子曰: 回也其庶乎! 屢空。
자 왈　회 야 기 서 호　누 공

賜不受命, 而貨殖焉, 億則屢中。
사 불 수 명　이 화 식 언　억 즉 누 중

庶: 도에 가깝다. 학문과
　수양이 높다.
億: 헤아릴 억

19

자장이 착한 사람이 되는 길에 관해 묻는다.

공자 (대단히 어린 제자임을 감안하여 쉽고 자상하게 말해 준다.)
[성인의] 발자취를 밟지 아니하면 깊은 방안까지 들어가지 못
한단다.

20

(군자론 강의 시간이다. 말재주와 군자의 상관성을 쉽게 설명하려고
무척 애를 쓴다.)

공자 언론이 독실해야 한다는 점, 그것은 인정하지만
[그렇다고] 군자라 할 수 있을까?
겉만 거창하게 꾸민 사람이 아닐까?

21

(하루는 자로, 염유, 공서화, 세 제자가 스승을 모시고 문답을 겸한
토론을 벌인다.)

자로 [좋은 말을] 들으면 곧바로 실행해야 합니까?

공자 아버지나 형님이 계신데 어찌 [물어보지 않고] 들은 대로 실행할
수 있겠는가?

염유 [좋은 말을] 들으면 곧바로 실행해야 합니까?

공자 들었으면 곧바로 실행하게!

공서화 유(자로)가 "들으면 곧바로 실행해야 합니까?"라고 묻는 말에는
선생님이 "아버지나 형님이 계신데…."라고 말씀하시고,
구(염유)가 "들으면 곧바로 실행해야 합니까?"라고 묻는 말에는
선생님이 "들었으면 곧바로 실행해야 한다."고 말씀하시니,
저 적(공서화)은 도무지 종잡을 수가 없어 감히 [다시] 여쭈어봅니다.

공자 구(염유)는 [소극적이라] 물러나는 성향이 있기에 [적극적으로]

19

子張問善人之道。
자 장 문 선 인 지 도

子曰: 不踐迹, 亦不入於室。
자 왈 　 불 천 적 　 역 불 입 어 실

20

子曰: 論篤是與, 君子者乎? 色壯者乎?
자 왈 　 논 독 시 여 　 군 자 자 호 　 색 장 자 호

與: 허여하다. 인정하다.

21

子路問: 聞斯行諸?
자 로 문 　 문 사 행 저

子曰: 有父兄在, 如之何其聞斯行之?
자 왈 　 유 부 형 재 　 여 지 하 기 문 사 행 지

冉有問: 聞斯行諸?
염 유 문 　 문 사 행 저

子曰: 聞斯行之。
자 왈 　 문 사 행 지

公西華曰: 由也問: "聞斯行諸",
공 서 화 왈 　 유 야 문 　 　 문 사 행 저

子曰: "有父兄在"。
자 왈 　 유 부 형 재

求也問: "聞斯行諸"。
구 야 문 　 문 사 행 저

子曰: "聞斯行之"。
자 왈 　 문 사 행 지

赤也惑, 敢問。
적 야 혹 　 감 문

子曰: 求也退, 故進之;
자 왈 　 구 야 퇴 　 고 진 지

나서게 했고,

유(자로)는 [적극적이라] 남의 몫까지 겸할 정도이기에 물러서게
한 것이다.

22

공자께서 광이란 곳에서 (목숨이 걸린 곤경에 처했을 때) 안연이 뒤늦게
나타난다.

공자 나는 자네가 죽은 줄 알았다.

안연 스승께서 살아 계시는데, 감히 제가 어찌 죽겠습니까?

※ 자한편 09-05에 사건의 전말이 상세히 소개되어 있다.

23

(하루는 학당에서 조용히 쉬고 있는데, 권문세가의 아들인 제자가 찾아온다.)

계자연* 중유(자로)와 염구(염유)는 큰 신하가 될 만합니까?

공자 나는 그대가 색다른 질문을 할 줄 알았는데, 고작 유(자로)와
구(염유)에 대해 묻는구나!

이른바 큰 신하란 도의로써 임금을 섬기다 안 되면 물러나는
이를 말한다.

지금 유(자로)와 구(염유)는 신하의 자격만 [겨우] 갖추었을 정도이다.

계자연 그렇다면 [임금의 말에] 따르기만 하는 자들입니까?

공자 아버지나 임금을 죽이는 일에는 따르지 아니할 것이다.

계자연季子然 | 노나라 3대 귀족인 계씨가문 사람으로 공자의 제자라는 설이 있을 뿐 자
세한 행적은 알려진 바 없다.

24

자로가 자고를 [계씨 가문의 땅인] 비읍의 읍장으로 천거한다.

공자 [그대가] 남의 아들을 망치려는가?

자로 [그곳에도] 백성과 선비가 있고, 사직도 있어 [벼슬을 하면] 됩니다.

由也兼人, 故退之。
유 야 겸 인 고 퇴 지

22

子畏於匡, 顏淵後。
자 외 어 광 안 연 후

子曰: 吾以女爲死矣。
자 왈 오 이 여 위 사 의

曰: 子在, 回何敢死?
왈 : 자 재 회 하 감 사

23

季子然問: 仲由、冉求, 可謂大臣與?
계 자 연 문 중 유 염 구 가 위 대 신 여

子曰: 吾以子爲異之問, 曾由與求之問。
자 왈 오 이 자 위 이 지 문 증 유 여 구 지 문

所謂大臣者, 以道事君, 不可則止。
소 위 대 신 자 이 도 사 군 불 가 즉 지

今由與求也, 可謂具臣矣。
금 유 여 구 야 가 위 구 신 의

曰: 然則從之者與?
왈 연 즉 종 지 자 여

子曰: 弑父與君, 亦不從也。
자 왈 시 부 여 군 역 부 종 야

24

子路使子羔爲費宰。
자 로 사 자 고 위 비 재

子曰: 賊夫人之子。
자 왈 적 부 인 지 자

子路曰: 有民人焉, 有社稷焉,
자 로 왈 유 민 인 언 유 사 직 언

어찌 반드시 [이곳에서] 책을 읽어야만 공부가 된다고 하십니까?

공자 그래서 [그대와 같이] 말 잘하는 자가 싫다는 것이다.

25

자로, 증석, 염유, 공서화 네 제자가 (선생님을) 모시고 앉아 (이야기꽃을 피운다.)

공자 내가 그대들보다 나이가 많아 [늙어서 그런지] 나를 써주는 이가 없구나! 그대들이 평소에 "나를 알아주는 이가 없다."하며 불평하던데, 만약 [어떤 나라나 임금이] 그대들을 알아서 등용시켜 준다면 어떻게 하겠는가?

자로 (나이가 가장 많다고 불쑥 나서며)
천승의 작은 나라가 큰 나라들 사이에 끼어 있어 [밖으로는] 전쟁에 시달리고, [안으로는] 기근이 들어 곤경에 처해 있더라도, 제가 맡아서 다스린다면 3년 안에 백성들을 용기 잃지 않게 하고 올바른 길로 이끌겠습니다.

공자, 빙그레 웃으며
구(염유)! 자네의 뜻은 어떠한고?

염유 (당찬 목소리로)
국토가 사방 60~70리 혹은 더 작은 50~60리쯤 되는 작은 나라를 제가 맡아 다스린다면, 3년 안에 백성들의 생활을 풍족하게 할 것입니다. 하지만 예악 제도는 [제가 감당하기 어려우니 그 분야에 밝은] 다른 군자를 기다리겠습니다.

공자 적(공서화)! 그대의 뜻은 어떠한가?

공서화 [제가] 유능하다는 말이 아니라, 배우고자 하는 바를 말씀 드리겠습니다. 종묘에 제사를 올리는 일이나 제후들과 회합하는 일을 할 때 검정 예복과 예관을 갖추어 입고 예식을 조금 돕고자 할 따름이옵니다.

何必讀書, 然後爲學?
하 필 독 서　연 후 위 학

子曰: 是故惡夫佞者。
자 왈　시 고 오 부 녕 자

25

子路, 曾晳, 冉有, 公西華侍坐。
자 로　증 석　염 유　공 서 화 시 좌

子曰: 以吾一日長乎爾, 毋吾以也。
자 왈　이 오 일 일 장 호 이　무 오 이 야

居則曰: "不吾知也"。 如或知爾, 則何以哉?
거 즉 왈　　불 오 지 야　　여 혹 지 이　즉 하 이 재

子路率爾而對曰: 千乘之國, 攝乎大國之間, 加之以師旅, 因之以饑饉;
자 로 솔 이 이 대 왈　천 승 지 국　섭 호 대 국 지 간　가 지 이 사 려　인 지 이 기 근

由也爲之, 比及三年, 可使有勇, 且知方也。
유 야 위 지　비 급 삼 년　가 사 유 용　차 지 방 야

夫子哂之。
부 자 신 지

求! 爾何如?
구　이 하 여

對曰: 方六七十, 如五六十, 求也爲之, 比及三年, 可使足民。
대 왈　방 육 칠 십　여 오 륙 십　구 야 위 지　비 급 삼 년　가 사 족 민

如其禮樂, 以俟君子。
여 기 예 악　이 사 군 자

赤! 爾何如?
적　이 하 여

對曰: 非曰能之, 願學焉。宗廟之事, 如會同, 端章甫, 願爲小相焉。
대 왈　비 왈 능 지　원 학 언　종 묘 지 사　여 회 동　단 장 보　원 위 소 상 언

居(살 거): 평소
端(바를 단): 고대 예복
　禮服 이름
章甫: 고대 예모禮帽의
　이름

공자　점(증석)! 그대의 뜻은 어떠한고?

조용히 비파를 타던 [증석이] 다시 한번 크게 퉁기고는 벌떡 일어나 답한다(아들 증자가 이 자리에는 없기는 하지만 동문수학하는지라 혹시 아들에게 체면을 구기면 어쩌나 걱정스러운 듯).

증석　[저는] 좀 다릅니다. 앞서 말한 세 사람과는!

공자　무슨 걱정인가? 각자 자기의 뜻을 말하는 자리인데?

증석　늦은 봄에 봄옷을 만들어 입고서 5~6명의 성인 그리고 6~7명의 동자를 데리고 먼저 기수 강에서 목욕한 후, 무우대 주변을 노닐다 노래를 부르며 돌아오겠습니다.

공자, (흡족한 표정으로) 감탄하여 말한다.

　　나는 그대의 뜻에 동의하노라!

세 사람이 나가고 증석만 그 자리에 남는다.

증석　(좀 심각한 말투로)

　　[밖으로 나간] 세 친구의 말을 어떻게 생각하십니까?

공자　(태연하게)

　　각자 자기가 생각하는 바를 말했을 뿐인데…[뭘 그리 심각하게 여기는고?]

증석　유(자로)의 말을 듣고 선생님께서 왜 웃으셨습니까?

공자　나라를 다스리는 것은 예로써 해야 하는데, 그의 말이 겸손하지 않았기에 웃음을 지었을 뿐이다.

증석　구(염유)가 말한 것은 나라를 다스리겠다는 뜻이 아닙니까?

공자, (작아도 나라는 나라이니 나라답게 예악으로 잘 다스려야 한다는 뜻을 이렇게 말한다.)

　　사방 60~70리 혹은 50~60리밖에 안 된다고 나라가 아니란 말인가?

點! 爾何如?
점 이 하 여

鼓瑟希, 鏗爾, 舍瑟而作,
고 슬 희 갱 이 사 슬 이 작

對曰: 異乎三子者之撰。
대 왈 이 호 삼 자 자 지 선

子曰: 何傷乎! 亦各言其志也。
자 왈 하 상 호 역 각 언 기 지 야

曰: 莫春者, 春服旣成, 冠者五六人, 童子六七人, 浴乎沂,
왈 모 춘 자 춘 복 기 성 관 자 오 륙 인 동 자 육 칠 인 욕 호 기

風乎舞雩, 詠而歸。
풍 호 무 우 영 이 귀

夫子喟然嘆曰: 吾與點也。
부 자 위 연 탄 왈 오 여 점 야

三子者出, 曾晳後。
삼 자 자 출 증 석 후

曾晳曰: 夫三子者之言, 何如?
증 석 왈 부 삼 자 자 지 언 하 여

子曰: 亦各言其志也已矣。
자 왈 역 각 언 기 지 야 이 의

曰: 夫子, 何哂由也?
왈 부 자 하 신 유 야

曰: 爲國以禮, 其言不讓, 是故哂之。
왈 위 국 이 례 기 언 불 양 시 고 신 지

唯求則非邦也與?
유 구 즉 비 방 야 여

安見方六七十, 如五六十而非邦也者?
안 견 방 육 칠 십 여 오 륙 십 이 비 방 야 자

撰: 가릴 선
莫(=暮): 저물다

【제11편】 선진

증석 적(공서화)이 말한 것은 나라가 아닙니까?

공자 (공서화의 소극적인 태도를 질타하는 듯이)

종묘사직이 있고, 다른 나라와 회맹이 있는데 어찌 나라가 아니란

말인가? 공서화가 작은 일 밖에 하지 않겠다면 나라를 위한

큰일은 누가 능히 한다는 말인가?

唯赤則非邦也與?
유 적 즉 비 방 야 여

宗廟會同, 非諸侯而何? 赤也爲之小, 孰能爲之大。
종 묘 회 동　비 제 후 이 하　　적 야 위 지 소　숙 능 위 지 대

【제12편】 안연 顔淵
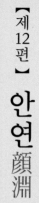

1

안연이 인仁에 관해 묻는다(배가 고파 가는 목소리로).

공자 자기를 이기고 예禮로 돌아가는 것이 인仁이다.

하루라도 자기를 이기고 예로 돌아가면 천하가 [그대가] 인함을 인정할 것이다.

인을 행하는 것은 자기로부터 비롯하는 것이지, 남으로부터 비롯하는 것이겠는가?

안연 청컨대 [구체적이고 세부적인] 항목을 여쭙겠습니다.

공자 예가 아니면 보지도 말며,

예가 아니면 듣지도 말고,

예가 아니면 말하지도 말며,

예가 아니면 행하지도 말라.

안연 제가 비록 불민하지만, 스승님 말씀을 잘 받들겠습니다.

2

(안회와 더불어 덕행 분야에서 뛰어난 제자인) 중궁(염옹)이 인仁에 관하여 묻는다.

공자 밖에 나가 [남과 사귈] 때에는 큰 손님을 뵌 듯 [경건하게] 하고, 백성을 부리는 등 [나랏일을 할] 때에는 큰 제사를 받들 듯 [신중하게] 하라.

자기가 하고 싶지 않은 것은 남에게 시키지도 말라.

[그렇게 하면]

나라에 있어서도 원망이 없을 것이고,

집안에 있어서도 원망이 없을 것이다.

중궁 (앞에서 안회가 말할 때 잘 들어두었던 것을 그대로 따라 한다.)

제가 비록 불민하지만, 선생님 말씀을 잘 받들겠습니다.

1

顏淵問仁。
안 연 문 인

子曰: 克己復禮爲仁。
자 왈   극 기 복 례 위 인

一日克己復禮, 天下歸仁焉。
일 일 극 기 복 례   천 하 귀 인 언

爲仁由己而由人乎哉?
위 인 유 기 이 유 인 호 재

顏淵曰: 請問其目。
안 연 왈   청 문 기 목

子曰: 非禮勿視,
자 왈   비 례 물 시

非禮勿聽,
비 례 물 청

非禮勿言,
비 례 물 언

非禮勿動。
비 례 물 동

顏淵曰: 回雖不敏, 請事斯語矣!
안 연 왈   회 수 불 민   청 사 사 어 의

2

仲弓問仁。
중 궁 문 인

子曰: 出門如見大賓,
자 왈   출 문 여 견 대 빈

使民如承大祭。
사 민 여 승 대 제

己所不欲, 勿施於人。
기 소 불 욕   물 시 어 인

在邦無怨,
재 방 무 원

在家無怨。
재 가 무 원

仲弓曰: 雍雖不敏, 請事斯語矣!
중 궁 왈   옹 수 불 민   청 사 사 어 의

3

(송나라 출신으로 언행이 좀 경솔한 제자) 사마우가 인仁에 대하여
묻는다.

공자 인한 사람은 말을 더듬는 듯 [함부로 하지 않는다].

사마우 (이해가 잘 안되어 다시)

말을 함부로 하지 않으면 인이라 할 수 있습니까?

공자 [말을] 실천하기 어려우니, 말을 함부로 하면 되겠는가?

4

(수선공 출신) 사마우가 (이번에는) 군자에 대하여 묻는다.

공자 군자는 근심하지 아니하고 두려워하지 아니한다.

사마우 (이해가 잘 안되기도 하지만 습관처럼 다시)

근심하거나 두려워하지 아니하면 군자라고 할 수 있겠습니까?

공자 속으로 반성하여 거리낄 게 없는데, 무엇을 근심하며 무엇을
두려워하겠는가?

5

(언행이 경솔하기로 소문난 학생) 사마우가 (동료에게) 신세타령을 한다.

다른 사람은 모두 형제가 있는데 나만 없어요!

자하 (등을 토닥여 주며)

[일찍이 스승님께] 나는 이런 말을 들었소.

"죽고 사는 것은 명에 달려 있고, 부유하고 귀함은 하늘에 달려
있다.

군자로서 [남을] 공경하여 잘못을 하지 아니하고, 남에게
공손하고 예의를 지키면

온 천하의 사람들이 모두 형제이다."

3

司馬牛問仁。
사 마 우 문 인

子曰: 仁者, 其言也訒。
자 왈   인 자   기 언 야 인

曰: 其言也訒, 斯謂之仁矣乎?
왈 : 기 언 야 인   사 위 지 인 의 호

子曰: 爲之難, 言之得無訒乎?
자 왈   위 지 난   언 지 득 무 인 호

訒(말더듬을 인): 말을
함부로 하지 않다.

4

司馬牛問君子。
사 마 우 문 군 자

子曰: 君子不憂不懼。
자 왈   군 자 불 우 불 구

曰: 不憂不懼, 斯謂之君子矣乎?
왈   불 우 불 구   사 위 지 군 자 의 호

子曰: 內省不疚, 夫何憂何懼?
자 왈   내 성 불 구   부 하 우 하 구

疚(오랜 병 구): 거리낌이
있다, 양심의 가책을
느끼다.
懼: 두려워할 구.

제 12 편 안연

5

司馬牛憂曰: 人皆有兄弟, 我獨亡。
사 마 우 우 왈   인 개 유 형 제   아 독 무

子夏曰: 商聞之矣:
자 하 왈   상 문 지 의

　　"死生有命, 富貴在天。
　　　사 생 유 명   부 귀 재 천

　　君子敬而無失,
　　　군 자 경 이 무 실

　　與人恭而有禮,
　　　여 인 공 이 유 례

　　四海之內, 皆兄弟也"。
　　　사 해 지 내   개 형 제 야

[그러니] 군자라면 형제가 없음이 어찌 걱정거리가 되겠소?

6

(48세나 어린 제자) 자장이 현명함에 관해 묻는다(앳된 목소리로).

공자 (어린 제자의 질문을 대견스럽게 여겼기 때문인지 하나하나
차근차근 쉽게 설명한다.)
물이 스미는 듯 [은근한] 참소와 피부에 닿는 [절절한] 하소연을
[분별없이 함부로] 행하지 아니하면 현명하다고 이를 만하다.
물이 스미는 듯 [은근한] 참소와 피부에 닿는 [절절한] 하소연을
[분별없이 함부로] 행하지 아니하면 멀리 내다본다 이를 만하다.

7

자공이 정치에 관하여 묻는다.

공자 (재테크에 관심이 많더니 웬일로 정치에 관하여 물으니
기특하기도 하여 정치의 요체를 말해준다.)
식량을 풍부하게 비축하는 것, 무기를 충분히 갖추는 것,
백성들을 믿고 따르게 하는 것, 이 세 가지가 정치의 요체이다.

자공 부득이 [하나를] 반드시 버려야 한다면 세 가지 가운데 어느 것을
먼저 버려야 합니까?

공자 무기를 버려라!

자공 부득이 [하나를] 반드시 버려야 한다면 두 가지 가운데 어느 것을
먼저 버려야 합니까?

공자 식량을 버려라! 예나 요즘이나 [나라나 사람이나] 다 죽는다.
백성들이 믿지 아니하면 [나라가 바로] 설 수 없다.

君子何患乎無兄弟也?
군 자 하 환 호 무 형 제 야

6

子張問明。
자 장 문 명

譖: 참소할 참.
愬: 하소연할 소.

子曰: 浸潤之譖, 膚受之愬, 不行焉, 可謂明也已矣。
자 왈 침 윤 지 참 부 수 지 소 불 행 언 가 위 명 야 이 의

浸潤之譖, 膚受之愬, 不行焉, 可謂遠也已矣。
침 윤 지 참 부 수 지 소 불 행 언 가 위 원 야 이 의

7

子貢問政。
자 공 문 정

子曰: 足食, 足兵, 民信之矣。
자 왈 족 식 족 병 민 신 지 의

子貢曰: 必不得已而去, 於斯三者, 何先?
자 공 왈 필 부 득 이 이 거 어 사 삼 자 하 선

曰: 去兵!
왈 거 병

子貢曰: 必不得已而去, 於斯二者, 何先?
자 공 왈 필 부 득 이 이 거 어 사 이 자 하 선

曰: 去食! 自古皆有死, 民無信不立。
왈 거 식 자 고 개 유 사 민 무 신 불 립

8

극자성 (위나라 대부답게 위엄을 차리고)

군자는 [실질적인] 바탕을 갖추어야지, [형식적인] 꾸밈은 무엇
하리오?

자공. (언어에 통달한 제자라는 소문답게 대답이 당차고, 비유가 기가
막힌다.)

애석하게도 [옳지 않습니다], 군자에 대한 그대의 말은! 네 마리의
말이 끄는 수레도 혀로 하는 말을 따라갈 수 없소이다.

꾸밈이 바탕과 같으며,

바탕이 꾸밈과 같은 것이오. [둘 다 중요한 것이오.]

[털을 벗겨낸] 호랑이나 표범의 가죽은

[털을 벗겨낸] 개나 양의 가죽과 다를 바 없소이다!

9

(노나라 임금) **애공**이 (공자 제자) 유약에게 묻는다.

금년에는 흉년이 들어서 나라의 재정이 부족하니, 어찌하면
좋겠소?

유약   어찌 [백성의 부담을 줄여서] 1할 세법을 쓰지 않습니까?

애공   2할! 나는 그것으로도 부족한데, 어찌 1할 세법을 쓴단 말이오?

유약   백성이 풍족하면, 임금께서 누구와 더불어 부족할 것이며,

백성이 부족하면, 임금께서 누구와 더불어 풍족할 것입니까?

10

자장이 덕망을 높이고 미혹을 가리는 것에 관하여 묻는다.

공자   (매우 어린 제자의 질문이 가상하여 자상하게 답한다.)

충성과 신의를 위주로 하고, 정의로 나아가는 것이 덕망을

8

棘子成曰: 君子質而已矣, 何以文爲?
극 자 성 왈   군 자 질 이 이 의   하 이 문 위

子貢曰: 惜乎, 夫子之說君子也! 駟不及舌。
자 공 왈   석 호   부 자 지 설 군 자 야   사 불 급 설

文猶質也,
문 유 질 야

質猶文也。
질 유 문 야

虎豹之鞹,
호 표 지 곽

猶犬羊之鞹。
유 견 양 지 곽

駟(사마 사): 네 마리 말이
끄는 수레.
鞹: 털 벗긴 날가죽.

9

哀公問於有若曰: 年饑用不足, 如之何?
애 공 문 어 유 약 왈   연 기 용 부 족   여 지 하

有若對曰: 盍徹乎?
유 약 대 왈   합 철 호

曰: 二, 吾猶不足, 如之何其徹也?
왈   이   오 유 부 족   여 지 하 기 철 야

對曰: 百姓足, 君孰與不足,
대 왈   백 성 족   군 숙 여 부 족

百姓不足, 君孰與足?
백 성 부 족   군 숙 여 족

盍=何不, 어찌 ~하지
않습니까?
徹: 1할(1/10)을 세금으로
걷는 세법.

10

子張問崇德, 辨惑。
자 장 문 숭 덕   변 혹

子曰: 主忠信, 徙義, 崇德也。
자 왈   주 충 신   사 의   숭 덕 야

높이는 것이다.
사랑하면 살기를 바라고,
미워하면 죽기를 바란다.
살기를 바라면서도 죽기를 바란다면 그것은 미혹이다.
실로 부유해서가 아니라, 다만 색다름을 취한 것일 뿐이다.

11

제나라 임금 경공*이 공자에게 정치에 관해 묻는다.

공자 (경공이 경제에 관심이 많음을 모르고 인륜 문제에 초점을
맞추어)
임금은 임금다워야 하고, 신하는 신하다워야 하며, 아비는
아비다워야 하고, 자식은 자식다워야 합니다.

경공 좋은 말씀입니다. 실로 임금이 임금답지 못하고,
신하가 신하답지 못하고,
아비가 아비답지 못하고,
자식이 자식답지 못하면,
비록 식량이 많더라도 내가 어찌 [맘 편히] 먹을 수 있겠소이까?

경공景公 | 58년간 재위하는 동안 대부들의 권력 다툼이 심했다.

※ 이 대화는 36세 때의 일이다. 이듬해 겨울에 미자편 18-03의 대화를 나눈 후
노나라로 돌아온다.

12

(강의 중에 모처럼 자로를 칭찬한다. 나이가 많다고 뒤에 앉아 있는 자
로, 웃음을 감추지 못한다.)

공자 한마디 말로 옥사를 판결할 수 있는 사람은 아마도 자로일 것
이다. 자로는 승낙한 일을 그냥 잠 재워 두는 법이 없다.

愛之欲其生,
애 지 욕 기 생

惡之欲其死;
오 지 욕 기 사

既欲其生, 又欲其死, 是惑也。
기 욕 기 생   우 욕 기 사   시 혹 야

誠不以富, 亦祇以異。
성 불 이 부   역 지 이 이

祇: 토지신 기, 다만 지.
맨 뒤의 "成不以富, 亦祇以異"는
『시경』 소아小雅 홍안지습
鴻鴈之什의 시(我行其野)에
나오는 맨 끝 구절인데
(成=誠). 여기에 잘못 들어간
착간錯簡으로 계씨편 16-12에
넣어야 한다는 설이 있다(程子).

11

齊景公問政於孔子。
제 경 공 문 정 어 공 자

孔子對曰: 君君, 臣臣, 父父, 子子。
공 자 대 왈   군 군   신 신   부 부   자 자

公曰: 善哉! 信如君不君,
공 왈   선 재   신 여 군 불 군

臣不臣,
신 불 신

父不父,
부 불 부

子不子,
자 부 자

雖有粟, 吾得而食諸?
수 유 속   오 득 이 식 저

12

子曰: 片言可以折獄者, 其由也與!
자 왈   편 언 가 이 절 옥 자   기 유 야 여

子路無宿諾。
자 로 무 숙 낙

13

(오늘은 여느 때와 달리 자신을 높인다. 다들 좀 의아해 한다.)

공자 송사를 듣고 판결하는 것은 나도 남만 못하지 않다. [그러나 다른
사람과 달리 나는] 반드시 송사가 제기되는 일이 없도록 하겠다.

14

자장이 정치에 대해 묻는다.

공자 (어린 제자의 질문인지라 쉽고 간단명료하게 대답한다.)
일이 없을 때는 게으름을 피우지 말고,
일을 행할 때는 온갖 정성을 다해라.

15

(군자론 강의는 끝없이 이어진다. 제자 사랑이 각별하다.)

공자 글을 널리 배우고,
예법으로 [품행을] 다듬으면,
또한 [사람의 도리에] 벗어나는 일이 없을 것이다.

　　　※ 옹야편(06-25)에도 같은 말이 나오는데, 거기에서는 '군자'가 주어로 들어가 있다.

16

(이번 시간에도 군자론 강의가 이어진다. 그래도 학생들이 지루해하지
않는다.)

공자 군자는 남의 아름다운 점은 이루도록 도와주고,
남의 사악한 점은 이루지 못하도록 한다.
소인은 이와 반대로 한다.

17

(14년 만에 고국에 돌아와 교육 문제에만 몰두하는데 하루는 권문세가인)
계강자가 공자에게 정치를 어떻게 해야 하느냐고 묻는다.

13

子曰: 聽訟, 吾猶人也, 必也使無訟乎!
자 왈 청 송 오 유 인 야 필 야 사 무 송 호

14

子張問政。
자 장 문 정

子曰: 居之無倦,
자 왈 거 지 무 권

       行之以忠。
       행 지 이 충

15

子曰: 博學於文,
자 왈 박 학 어 문

       約之以禮,
       약 지 이 례

       亦可以不畔矣夫。
       역 가 이 불 반 의 부

畔(밭두둑 반): 배반하다
(=叛).

16

子曰: 君子成人之美,
자 왈 군 자 성 인 지 미,

       不成人之惡。
       불 성 인 지 악

       小人反是。
       소 인 반 시

17

季康子問政於孔子。
계 강 자 문 정 어 공 자

공자　정치는 바르게 하는 것입니다.

그대가 올바른 모범을 보인다면 누가 감히 바르게 하지

않겠습니까?

18

계강자가 도둑이 많음을 걱정하며 공자에게 [그 대책을] 물어본다.

공자　(의견을 직설적으로 표현한다.)

실로 그대가 탐욕을 부리지 아니한다면,

비록 상을 준다 해도 [백성들이] 남의 물건을 도둑질하지 않을

것입니다.

19

계강자, 공자에게 정치에 관하여 물어본다.

만일 무도한 자를 죽여서 [백성들로 하여금] 도를 지키도록

이끌면 어떻겠습니까?

공자　그대가 정치를 하겠다고 하면서 어찌 살인하려고 하십니까?

그대가 착한 정치를 베풀고 싶어 하면 백성들도 착하게 될 것

입니다.

군자의 덕행이 바람이라면,

소인의 덕행은 풀잎입니다.

풀잎에 바람이 불면 [풀잎은] 반드시 고개를 숙입니다.

※ 사마천의 「공자세가」(446쪽)에 의하면, 위나라에 머물고 있던 공자를 노나라의
실권자 계강자가 간곡하게 요청하여 14년 만에 고국으로 돌아왔을 때 만남이
이루어져 이런 대화를 했다고 한다. 이 때 이전에 노나라 임금 애공과 만나 주고받은
대화는 위정편 02-19에 있다. 아무튼 공자의 의견이 대단히 직설적이고 강직했기
때문인지는 모르겠지만, 결과적으로 노나라는 공자를 등용하지 않는다. 68세의
공자도 더 이상 정치에 대한 미련을 버리고 오로지 교육과 연찬 활동에만 몰두한다.

孔子對曰: 政者正也, 子帥以正, 孰敢不正?
공 자 대 왈　정 자 정 야　자 솔 이 정　숙 감 부 정

18

季康子患盜, 問於孔子。
계 강 자 환 도　문 어 공 자

孔子對曰: 苟子之不欲,
공 자 대 왈　구 자 지 불 욕

　　　雖賞之不竊。
　　　수 상 지 부 절

19

季康子問政於孔子。
계 강 자 문 정 어 공 자

曰: 如殺無道, 以就有道, 何如?
왈　여 살 무 도　이 취 유 도　하 여

孔子對曰: 子爲政焉用殺?
공 자 대 왈　자 위 정 언 용 살

　　　子欲善而民善矣。
　　　자 욕 선 이 민 선 의

　　　君子之德, 風;
　　　군 자 지 덕　풍

　　　小人之德, 草。
　　　소 인 지 덕　초

　　　草上之風, 必偃。
　　　초 상 지 풍　필 언

偃: 쓰러질 언.

20

(48세나 차이가 나는 어린 제자의 질문을 받고 기특하고 가상하여
자상하게 말해준다. 사제의 모습이 참으로 다정다감하다.)

자장 선비가 어떻게 하면 통달할 수 있겠습니까?

공자 무엇인고? 자네가 말하는 통달한 사람이란?

자장 나라에서도 반드시 소문이 나며,
집안에서도 반드시 소문이 나는 것을 말하옵니다.

공자 그것은 소문난 사람이지 통달한 사람이 아니란다.

무릇 통달한 사람은,

질박하며 정직하고 정의를 좋아하며,

남의 말을 깊이 살피고 얼굴빛을 잘 관찰하여 생각해서

자기를 낮춘다.

[그렇게 하면]

나라에 나가서도 통달하게 마련이며

집안에 있어도 통달하게 마련이다.

무릇 소문난 사람이란,

얼굴빛은 어진 척하지만 행동이 딴판이며,

그렇게 살면서도

[자기 잘못을] 의심하지 않는다.

[그렇게 해도]

나라에 나가서도 소문나게 마련이며,

집안에 있어도 소문나게 마련이다.

21

(농사일에 능한 어린 제자) 번지가 (스승을 모시고 제단이 있는)
무우라는 곳을 거닐다가 (느닷없이 좋은 질문을 하여 스승을 놀라게 한다.)

20

子張問: 士何如斯可謂之達矣?
자 장 문 사 하 여 사 가 위 지 달 의

子曰: 何哉? 爾所謂達者!
자 왈 하 재 이 소 위 달 자

子張對曰: 在邦必聞,
자 장 대 왈 재 방 필 문

在家必聞。
재 가 필 문

子曰: 是聞也, 非達也。
자 왈 시 문 야 비 달 야

夫達也者,
부 달 야 자

質直而好義,
질 직 이 호 의

察言而觀色, 慮以下人。
찰 언 이 관 색 려 이 하 인

在邦必達,
재 방 필 달

在家必達。
재 가 필 달

夫聞也者,
부 문 야 자

色取仁而行違, 居之不疑。
색 취 인 이 행 위 거 지 불 의

在邦必聞,
재 방 필 문

在家必聞。
재 가 필 문

21

樊遲從遊於舞雩之下。
번 지 종 유 어 무 우 지 하

번지 덕을 높이 쌓고, 사악함을 바로잡고, 미혹을 분별하자면 [
어떻게 해야 하나요]?

공자 참 좋은 질문이로고!
일을 먼저 행하고 얻음을 뒤로 하면 덕을 높이는 것이
아니겠느냐!
자기의 나쁨은 공격하고 남의 나쁨은 공격하지 않는 것이 사
악함을 바로잡는 것이 아니겠느냐!
하루아침의 분노로 자신을 망치고 화가 부모에게까지 미치게
하는 것이 미혹이 아니겠느냐!

22

(칭찬을 받으니 기분이 좋았는지 계속 질문을 한다.)

번지 인仁은 무엇을 말하나요?

공자 남을 사랑하는 것이다.

번지 지知는 무엇을 말하나요?

공자 사람을 아는 것이다.

번지, 알듯 말듯 고개를 갸우뚱거린다.

공자 곧은 사람을 등용하여 굽은 사람 위에 두면 굽은 사람이
곧게 할 수 있다.

번지, 물러나가다 [문학에 뛰어난 선배] 자하를 만나 그에게 물어본다.
좀전에 선생님을 뵙고 지知에 대하여 여쭈어 보았더니,
선생님께서 "곧은 사람을 등용하여 굽은 사람 위에 두면 굽은
사람이 곧게 할 수 있다"고 하시던데 그게 대체 무슨
뜻인가요?

曰: 敢問崇德, 修慝, 辨惑。
왈 감문숭덕 수특 변혹

子曰: 善哉問!
자왈 선재문

先事後得, 非崇德與?
선사후득 비숭덕여

攻其惡, 無攻人之惡, 非修慝與?
공기악 무공인지악 비수특여

一朝之忿, 忘其身, 以及其親, 非惑與?
일조지분 망기신 이급기친 비혹여

22

樊遲問仁。
번지문인

子曰: 愛人。
자왈 애인

問知。
문지

子曰: 知人。
자왈 지인

樊遲未達。
번지미달

子曰: 舉直錯諸枉, 能使枉者直。
자왈 거직조저왕 능사왕자직

樊遲退, 見子夏曰: 鄉也吾見於夫子而問知。
번지퇴 견자하왈 향야오현어부자이문지

子曰:"舉直錯諸枉, 能使枉者直" 何謂也?
자왈 거직조저왕 능사왕자직 하위야

鄕(=嚮): 좀 전에.
遠: 멀어지다. 멀리 떠나다.

자하 참으로 심오하구나! 선생님 말씀이!

[옛날에] 순 임금이 천하를 거느릴 때, 많은 사람 중에서
선발하여 고요皐陶를 천거하자 인仁하지 못한 사람들이
멀어졌단다.

[옛날에] 탕 임금이 천하를 거느릴 때, 많은 사람 중에서
선발하여 이윤伊尹을 천거하자 인하지 못한 사람들이
멀어졌단다.

23

자공이 (찾아와) 어떻게 하면 벗을 잘 사귈 수 있는지를 물어본다.

공자 진심으로 말하여 잘 이끌어 주어야 한다.

말이 통하지 않을 것 같으면 그만두어서 스스로 욕되게 하는
일은 없어야 한다.

24

(증자가 자기 학생을 모아놓고 군자론을 강설한다. 수준이 스승 못지않다.)

증자 군자는 글로써 벗을 모으고,

벗을 통하여 인仁을 가꾼다.

子夏曰: 富哉言乎!
자 하 왈　 부 재 언 호

舜有天下, 選於衆, 擧皐陶, 不仁者遠矣。
순 유 천 하　 선 어 중　 거 고 요　 불 인 자 원 의

湯有天下, 選於衆, 擧伊尹, 不仁者遠矣。
탕 유 천 하　 선 어 중　 거 이 윤　 불 인 자 원 의

23

子貢問友。
자 공 문 우

子曰: 忠告而善道之,
자 왈　 충 고 이 선 도 지

不可則止, 無自辱焉。
불 가 즉 지　 무 자 욕 언

24

曾子曰: 君子以文會友,
증 자 왈　 군 자 이 문 회 우

以友輔仁。
이 우 보 인

1

자로가 어떻게 하면 정치를 잘 할 수 있을지 물어본다.

공자 (자로가 요즘 좀 게을러진 것을 걱정하면서)
　　　　 [백성들보다] 앞장서고, [백성들을] 위로해 주어야 한다.

[자로가] 더 자세히 말해주기를 청한다.

공자 (넌지시 말하는 것을 못 알아듣자, 직설적으로 말한다.)
　　　　 게으름을 피우는 일이 없도록 해야 한다.

2

중궁이 계씨 가문의 가신家臣이 되어 (인사를 겸하여 찾아와) 정치에
대하여 물어본다.

공자 부하를 잘 대해 주고, 작은 허물은 용서해 주며, 현명한 인재를
　　　　 천거해야 한다.

중궁 현명한 인재를 어떻게 발굴하여 천거해야 합니까?

공자 그대가 잘 알고 있는 인재를 천거하라! 그러면 그대가 모르는
　　　　 인재를 사람들이 내버려두겠는가?

3

(이국 땅 위나라에 머물던 공자, 하루는 혼자 조용히 명상에 잠겨
있는데 자로가 찾아와 다급히 묻는다.)

자로 위나라 임금이 선생님을 모셔서 큰일을 하려고 하십니다.
　　　　 선생님은 장차 무엇을 먼저 하시겠습니까?

공자 (단호한 목소리로) 반드시 명분을 바로잡겠다.

자로 (안타깝다는 듯 한숨을 쉬며)
　　　　 그렇게 하시겠다고요? 선생님은 세상 물정을 참 모르십니다.
　　　　 [많고 많은 일을 다 놔두고] 어찌 [명분을] 바로잡겠다고
　　　　 하십니까?

1

子路問政。
자 로 문 정

子曰: 先之勞之。
자 왈　　선 지 노 지

請益。
청 익

曰: 無倦。
왈　　무 권

2

仲弓爲季氏宰, 問政。
중 궁 위 계 씨 재　　문 정

子曰: 先有司, 赦小過, 擧賢才。
자 왈　　선 유 사　　사 소 과　　거 현 재

曰: 焉知賢才而擧之?
왈　　언 지 현 재 이 거 지

曰: 擧爾所知。爾所不知, 人其舍諸。
왈　　거 이 소 지　　이 소 부 지　　인 기 사 저

3

子路曰: 衛君待子而爲政, 子將奚先?
자 로 왈　　위 군 대 자 이 위 정　　자 장 해 선

子曰: 必也正名乎!
자 왈　　필 야 정 명 호

子路曰: 有是哉, 子之迂也! 奚其正?
자 로 왈　　유 시 재　　자 지 우 야　　해 기 정

迂: 물정에 어둡다.

공자 (어처구니가 없다는 듯 쓴 웃음을 지으며)

자네는 참으로 거칠구나!

군자는 자기가 모르는 것에 대하여는 모른다고 해야 한다.

명분이 바르지 아니하면 말이 순조롭지 못하고,

말이 순조롭지 못하면 일이 제대로 이루어지지 못하며,

일이 제대로 이루어지지 못하면 예악이 흥하지 못한다.

또한 예악이 흥하지 못하면 형벌이 적중하지 못하고,

형벌이 적중하지 못하면 백성들이 손발을 어찌할 줄 모른다.

그런 까닭에 군자는 명분을 세울 때에는 반드시 말이 되도록 하고,

말이 되도록 할 때에는 반드시 실행할 수 있도록 해야 한다.

군자는 자기가 하는 말에 경솔함이 없어야 한다.

※ 노나라를 떠난 공자가 64세 때 제자들과 더불어 위나라에 머물고 있었다. 공자의 제자 중에는 위나라에서 벼슬을 하는 사람이 많았다. 위나라 군주는 공자에게도 정사를 맡기고 싶어 했다. 이런 낌새를 눈치챈 자로가 스승 공자를 찾아와 나눈 대화이다. 그런데 이 당시 위나라 궁중은 대혼란기에 빠져 있었다. 41년간 재위했던 영공靈公이 미녀 왕비(南子)와 많은 일화를 남기고 죽는다. 부왕을 현혹시킨 왕비를 제거하려다 뜻을 이루지 못하고 국외로 망명한 영공의 아들 괴외蒯聵 대신 손자 첩輒이 왕위에 올라 출공出公이 된다. 제후들은 출공에 대해 부친에게 양위해야 한다고 수차례 책망했다고 한다(「공자세가」445쪽).

4

(농부 출신이라 농사일에 관심이 많은 제자) 번지가 농사짓는 일에 관해 묻는다.

공자 나는 노련한 농부보다 못하다.

(눈치 없는 번지가 다시) 채소밭 가꾸는 일에 대해 배우기를 청한다.

공자 (답답하다는 듯) 나는 노련한 밭일꾼만 못하다니까!

번지가 (시무룩하게 말없이) 밖으로 나간다.

子曰: 野哉, 由也,
자 왈 야 재 유 야

君子於其所不知, 蓋闕如也。
군 자 어 기 소 부 지 개 궐 여 야

名不正, 則言不順;
명 부 정 즉 언 불 순

言不順, 則事不成;
언 불 순 즉 사 불 성

事不成, 則禮樂不興;
사 불 성 즉 예 악 불 흥

禮樂不興, 則刑罰不中;
예 악 불 흥 즉 형 벌 부 중

刑罰不中, 則民無所措手足。
형 벌 부 중 즉 민 무 소 조 수 족

故君子名之必可言也,
고 군 자 명 지 필 가 언 야

言之必可行也。
언 지 필 가 행 야

君子於其言, 無所苟而已矣。
군 자 어 기 언 무 소 구 이 이 의

4

樊遲請學稼。
번 지 청 학 가

子曰: 吾不如老農。
자 왈 오 불 여 노 농

請學爲圃。
청 학 위 포

曰: 吾不如老圃。
왈 오 불 여 노 포

樊遲出。
번 지 출

稼: 심을 가.
圃: 밭 포.
襁: 포대기 강.

271

공자　(안타깝다는 듯 혼잣말로)

　　　소인이다! 번수(번지)는!

　　　윗사람이 예를 좋아하면 백성들이 감히 공경하지 않는 이가 없고,

　　　윗사람이 의를 좋아하면 백성들이 감히 복종하지 않은 이가
　　　없으며,

　　　윗사람이 믿음을 좋아하면 백성들이 감히 도탑지 않은 이가 없다.

　　　이렇게 하면 사방의 백성들이 자식을 포대기로 업고 모여들 것
　　　인데, 어찌 몸소 농사를 지을 필요가 있겠는가?

5

(시론詩論 강의 시간, 흥에 겨워 춤이라도 출 듯 어깨를 들썩인다.)

공자　『시경』 3백 편을 다 외운다고 하더라도 정치 일을 맡겼을 때 잘
　　　해내지 못하고,

　　　사방에 사신으로 나갔을 때 혼자서 응대하지 못한다면,

　　　비록 많이 [외운다 한들] 어디에 쓰겠는가?

6

(행실이 바르지 못했던 어느 임금을 떠올리며 한심한 듯 한숨을 쉬며)

공자　[통치자] 자신이 올바르면 명령을 내리지 않아도 [만사가 잘]
　　　행해지고,

　　　[통치자] 자신이 올바르지 못하면 비록 명령을 내려도 [백성들이]
　　　따르지 아니한다.

7

(64세의 공자, 위나라에 체류 중 제자들에게 국가론을 강의한다. 위나라
출신인 자공, 자하 등이 귀를 쫑긋 세우고 특히 열심히 듣는다.)

子曰: 小人哉, 樊須也!
자왈　소인재　번수야

上好禮, 則民莫敢不敬;
상호례　즉민막감불경

上好義, 則民莫敢不服;
상호의　즉민막감불복

上好信, 則民莫敢不用情。
상호신　즉민막감불용정

夫如是, 則四方之民, 襁負其子而至矣, 焉用稼?
부여시　즉사방지민　강부기자이지의　언용가

5

子曰: 誦詩三百, 授之以政, 不達;
자왈　송시삼백　수지이정　부달

使於四方, 不能專對;
시어사방　불능전대

雖多, 亦奚以爲?
수다　역해이위

使: 사신갈 시.

6

子曰: 其身正, 不令而行;
자왈　기신정　불령이행

其身不正, 雖令不從。
기신부정　수령부종

7

공자 노나라와 위나라의 정치는 형제처럼 [닮았다].

> ※ 노나라를 세운 주공周公과 위나라를 세운 강숙康叔은 형제로서 두 나라의 정치제도 또한 형제처럼 비슷했다. 두 나라가 처해 있던 정치 혼란도 비슷했다. 공자는 이를 두고 한 말이고, 이 말을 할 때 64세였다(「공자세가」 445쪽).

8

(하루는 특별히 할 말이 없었기 때문인지 인물평을 하자 제자들이
조용히 듣기만 한다.)

공자, 위나라 공자公子인 형荊의 [검소함을] 말해준다.

　[그는] 집안 가구 장만을 좋아했다.

　처음에는 "실로 [많이] 모았다"고 하고,

　조금 갖추었을 때는 "실로 완비됐다"고 하고,

　풍부하게 갖추었을 때는 "실로 아름답다"고 했다.

9

(정치에 환멸을 느껴 고국을 떠난) 공자, 위나라로 간다. 염유(염구)가
수레를 몰며 (둘이서 대화를 나눈다).

공자 [백성들이] 참 많기도 하구나!

염유 [백성들이] 많아지면 다시 무엇을 더해야 합니까?

공자 그들을 부유하게 해주어야 한다.

염유 부유해지면 다시 무엇을 더해야 합니까?

공자 그들을 잘 가르쳐야 한다.

10

(59세에 위나라에 머물고 있을 때, 임금 영공이 여색에 빠져 정사를
돌보지 않는다. 자신을 등용해주지 않자 크게 실망하며 혼잣말로)

공자 실로 나를 등용해 준다면 1년 만이라도 괜찮겠다.

　3년이면 [더욱 큰] 성과를 올리겠다.

子曰: 魯衛之政, 兄弟也。
자왈　노위지정　형제야

8

子謂衛公子荊: 善居室。
자위위공자형　선거실

始有, 曰: "苟合矣!"
시유　왈　구합의

少有, 曰: "苟完矣"。
소유　왈　구완의

富有, 曰; "苟美矣"。
부유　왈　구미의

9

子適衛, 冉有僕。
자적위　염유복

子曰: 庶矣哉!
자왈　서의재

冉有曰: 旣庶矣, 又何加焉?
염유왈　기서의　우하가언

曰: 富之。
왈　부지

曰: 旣富矣, 又何加焉?
왈　기부의　우하가언

曰: 敎之。
왈　교지

10

子曰: 苟有用我者, 朞月而已, 可也。
자왈　구유용아자　기월이이　가야

三年有成。
삼년유성

適: 갈 적.
僕: 마부 복.
庶: 많을 서.

朞月(=期月): 1년.

11

(정치론 강의 때 옛말을 인용하며 감탄한다. 제자들이 숨죽여 듣는다.)

공자 [옛말에] "착한 사람이 나라 다스리기를 백 년 동안 하면 잔학한 사람들을 교화시키고 사형을 없앨 수 있다."고 하니 참으로 옳다. 이 말은!

12

(이상국가를 그려보며 눈을 지그시 감고)

공자 만약 [덕망 있는] 왕이 나타난다면, 30년 후에는 반드시 인仁해질 것이다.

13

(모든 문제의 발단이 자기에서 비롯됨을 강조하며)

공자 자기 몸가짐을 실로 바르게 한다면, 정치하는 데 무슨 어려움이 있겠는가?

자기 몸가짐을 바르게 할 수 없다면, 어떻게 남을 바르게 할 수 있을까?

14

(계씨 가문의 가신이 된 제자) 염자(염유)가 조정에서 퇴근하여 집으로 가는 길에 (학당에 들른다).

공자 어찌하여 늦었는가?

염자 정사政事가 있었습니다.

공자 그것은 [계씨 가문의] 집안일이었을 것이다. 만약 [나라의] 정사가 있었다면, 비록 내가 벼슬을 하지는 않지만, 나도 더불어 [그 일을] 들었을 것이다.

※ 68세에 고국으로 돌아와 73세로 생을 마치기까지 정치에는 손을 떼고 교육에만 전념하고 있었지만, 이 대화로 미루어 보아 나라의 큰일에 관한 자문 역할은 종종 했던 것으로 추정된다.

11

子曰: "善人爲邦百年, 亦可以勝殘去殺矣".
자 왈　선 인 위 방 백 년　역 가 이 승 잔 거 살 의

　　誠哉! 是言也!
　　성 재　시 언 야

勝(이길 승): 교화시켜
　　이겨냄.
殘: 잔학할 잔.
去: 버릴 거.

12

子曰: 如有王者, 必世而後仁。
자 왈　여 유 왕 자　필 세 이 후 인

13

子曰: 苟正其身矣, 於從政乎何有?
자 왈　구 정 기 신 의　어 종 정 호 하 유

　　不能正其身, 如正人何?
　　불 능 정 기 신　여 정 인 하

14

冉子退朝。
염 자 퇴 조

子曰: 何晏也?
자 왈　하 안 야

對曰: 有政。
대 왈　유 정

子曰: 其事也。
자 왈　기 사 야

　　如有政, 雖不吾以, 吾其與聞之。
　　여 유 정　수 불 오 이　오 기 예 문 지

晏: 늦을 안.
以: 등용하다.
與: 참여할 예.

15 (노나라 임금과 모처럼 긴 정담政談을 나눈다.)

정공 한마디 말로 나라를 일으킬 수 있다고 하던데, 그러한 말이
있습니까?

공자 [한마디] 말로 그와 같이 기약할 수는 없겠습니다만,
사람들이 하는 말에 "임금 노릇하기가 어려우며, 신하 노릇하
기도 쉽지 않다."고 하니,
만약 임금 노릇하기가 어려움을 안다면 [어찌] 한마디 말로
나라를 일으키는 것을 기약할 수 없겠습니까?

정공 한마디 말로 나라를 망칠 수 있다고 하는데, 그러한 말이
있습니까?

공자 [한마디] 말로 그와 같이 기약할 수는 없겠습니다만,
사람들이 하는 말에 "나는 임금 노릇하는 데 다른 즐거움은
없고 오로지 내가 말을 하면 아무도 어기지 않는 것이 즐겁다."고
하니,
만약 착한 말을 하는데 어기지 않는다면 좋지 않겠습니까?
착하지 않은 말을 하는 데에도 아무도 어기지 않는다면 [어찌]
한마디 말로 나라를 망치게 됨을 기약할 수 없겠습니까?

※ 공자는 노나라 임금 정공의 신임을 받아 51세에 중도中都의 읍재가 되고, 52세에
사공司空으로 승진하자 곧바로 대사구大司寇로 승진한다. 55세 때 임금인 정공보다
힘이 센 실권자 계환자의 버림을 받아 노나라를 떠난다. 그렇다면 51세에서 54세
사이, 즉 정치적 전성기를 맞이하였을 때 정공과 나눈 대화일 것으로 추정된다.

16
(초나라 현인으로 명망이 높은) 섭공이 정치에 관해 묻는다.

공자 가까이 있는 사람들을 기쁘게 해주어,
먼 곳에 있는 사람들이 찾아오게 해야 합니다.

※ 63세 때 초나라의 섭葉으로 갔을 때 섭공과 이런 대화를 했다. 섭공은 술이편 07-18에도
나온다.

15

定公問: 一言而可以興邦, 有諸?
정공문   일언이가이흥방   유저

孔子對曰: 言不可以若是其幾也。
공자대왈   언불가이약시기기야

　　　人之言曰: "爲君難, 爲臣不易"。
　　　인지언왈   위군난   위신불이

　　　如知爲君之難也, 不幾乎一言而興邦乎!
　　　여지위군지난야   불기호일언이흥방호

曰: 一言而喪邦, 有諸。
왈   일언이상방   유저

孔子對曰: 言不可以若是其幾也。
공자대왈   언불가이약시기기야

　　　人之言曰: "予無樂乎爲君。唯其言而莫予違也"。
　　　인지언왈   여무락호위군   유기언이막여위야

　　　如其善而莫之違也, 不亦善乎!
　　　여기선이막지위야   불역선호

　　　如不善而莫之違也, 不幾乎一言而喪邦乎!
　　　여불선이막지위야   불기호일언이상방호

幾(=期): 기약하다.

16

葉公問政,
섭공문정

子曰: 近者說,
자왈   근자열

　　　遠者來。
　　　원자래

17

(문학에 뛰어난 제자) 자하가 거보의 읍재가 되어 정치에 관해
물으러 왔다.

공자   빨리하려고 하지 말고,

작은 이득을 보려고 하지 말아야 한다.

빨리 하려다 달성하지 못하는 수가 있고,

작은 이득을 보려다 큰일을 이루지 못하는 수가 있다.

18

(초나라 현인) 섭공이 (죽을 고비를 넘겨가며 초나라를 찾아온 63세의)
공자를 (반가이 맞이하여 정답게) 이야기를 나눈다.

섭공   우리 고을에 정직한 사람이 있소이다. 그의 아버지가 [자기 집에
들어온 남의] 양을 잡아 가두자, 아들이 그 사실을 [관가에]
증언했다고 합니다.

공자   우리 고을의 정직한 사람은 다릅니다.

아버지는 아들을 위해 숨겨 주고,

아들은 아버지를 위해 숨겨 줍니다.

정직함은 [부자간의 정] 가운데 있는 것입니다.

19

(농사일에 관하여 묻다가 혼난 적이 있는) 번지가 (이번에는) 인仁에
관해 묻는다.

공자   평소에 늘 공손한 태도를 지키고,

일을 할 때에는 공경하는 마음으로 하며,

남과 교제할 때에는 정성을 다해야 한다.

비록 멀리 변방에 가더라도 [이러한 태도를] 버려서는 안 된다.

17

子夏爲莒父宰, 問政。
자 하 위 거 보 재   문 정

子曰: 無欲速,
자 왈   무 욕 속

　　無見小利。
　　무 견 소 리

　　欲速則不達,
　　욕 속 즉 부 달

　　見小利則大事不成。
　　견 소 리 즉 대 사 불 성

18

葉公語孔子曰: 吾黨有直躬者, 其父攘羊, 而子證之。
섭 공 어 공 자 왈   오 당 유 직 궁 자   기 부 양 양   이 자 증 지

孔子曰: 吾黨之直者異於是。
공 자 왈   오 당 지 직 자 이 어 시

　　父爲子隱,
　　부 위 자 은

　　子爲父隱,
　　자 위 부 은

　　直在其中矣。
　　직 재 기 중 의

躬(몸 궁): 몸소 행하다.
攘(훔칠 양): 자신의 집에
들어온 닭이나 개를
잡아 가지다.

19

樊遲問仁。
번 지 문 인

子曰: 居處恭,
자 왈   거 처 공

　　執事敬,
　　집 사 경

　　與人忠;
　　여 인 충

　　雖之夷狄, 不可棄也。
　　수 지 이 적   불 가 기 야

20

(제자 자공이 찾아온다. 돈 버는 일에는 능하지만, 선비 대접을 받지
못해 한이 되었는지 '선비'에 대해 꼬치꼬치 묻는다.)

자공 어떻게 해야 훌륭한 선비라 할 수 있겠습니까?

공자 자기의 언행에 부끄러워할 줄 알고, 사방 어디든 사신으로 가서
임금의 명을 욕되게 하지 아니하면 선비라 이를 만하다.

자공 (실행하기 어렵겠다고 여겼는지 차선책이 궁금하여)
감히 여쭙겠습니다. 그 다음은 어떤 선비입니까?

공자 일가 친족들이 효자라고 칭찬하고, 마을 사람들이 우애롭다
칭찬하는 인물이다.

자공 (고개를 설레설레 흔들며)
감히 여쭙겠습니다. 그다음은 어떤 선비입니까?

공자 말을 하면 반드시 믿음을 얻게 하고,
실행을 하면 반드시 성과를 거두는 사람은
작은 자갈 같은 소인이긴 하지만, 그래도 그다음은 될 만하다.

자공 (이쯤은 자기도 할 수 있을 것 같은 자신이 생겨서)
요즈음 정치판에 설치는 사람들은 어떻습니까?

공자 허허! [도량이] 다섯 되 정도밖에 안 되는 사람들을 헤아려
무엇 하겠는가!

21

(언행이 정중한 사람이 되라는 취지를 제자들에게 에둘러 설명한다.)

공자 언행이 정중한 사람을 만나 그와 함께할 수 없다면, 반드시
미치광이나 고집쟁이와 함께할 수밖에 없지 않겠는가?
미치광이도 진취적인 점이 있고,
고집쟁이도 [나쁜 일은] 절대로 하지 않는 점이 있다.

20

子貢問曰: 何如斯可謂之士矣?
자 공 문 왈   하 여 사 가 위 지 사 의

子曰: 行己有恥, 使於四方, 不辱君命, 可謂士矣!
자 왈   행 기 유 치   시 어 사 방   불 욕 군 명   가 위 사 의

曰: 敢問其次?
왈   감 문 기 차

曰: 宗族稱孝焉, 鄕黨稱弟焉。
왈   종 족 칭 효 언   향 당 칭 제 언

曰: 敢問其次?
왈   감 문 기 차

曰: 言必信,
왈   언 필 신

　　行必果,
　　행 필 과

　　硜硜然小人哉!
　　경 경 연 소 인 재

　　抑亦可以爲次矣。
　　억 역 가 이 위 차 의

曰: 今之從政者何如?
왈   금 지 종 정 자 하 여

子曰: 噫! 斗筲之人, 何足算也。
자 왈   희   두 소 지 인   하 족 산 야

硜: 작고 단단한 돌 경(갱).
筲(대그릇 소): 용량이
　5升(되) 밖에 되지 않는다.
使: 사신갈 시.

【제13편】자로

21

子曰: 不得中行而與之, 必也狂狷乎!
자 왈   부 득 중 행 이 여 지   필 야 광 견 호

　　狂者進取,
　　광 자 진 취

　　狷者有所不爲也。
　　견 자 유 소 불 위 야

狂: 미칠 광.
狷: 고집 셀 견.

22

(사람은 한결같음이 있어야함을 예를 들어 자상하게 말해준다.)

공자 남쪽 나라 사람들이

"사람은 한결같음이 없으면 무당이나 의원도 될 수 없다."고

하던데 참으로 좋은 말이다.

[주역에는] "덕을 행함에 한결같음이 없으면 간혹 수치를

당하게 된다."는 말도 있다.

(잠시 머뭇거리다가 다시)

공자 [그런 일은] 점을 치지 않고도 알 수 있는 일이다.

23

(군자와 소인의 차이에 대한 명쾌한 설명에 제자들이 크게 감탄한다.)

공자 군자들은 화합은 하되 똑같이 굴지 아니하고,

소인들은 똑같으면서 화합하지 아니한다.

24

(부자가 된 자공이 찾아온다. 고을 사람들이 자기를 좋아하자

득의만면하며)

자공 고을 사람 모두가 좋아하는 [사람을] 어떻게 보아야 할까요?

공자 그것으로는 알 수 없다.

자공 (완전히 뜻밖인 듯, 눈이 둥그레져서)

[그렇다면] 고을 사람 모두가 싫어하는 [사람은] 어떻게 보아야

할까요?

공자 그것으로는 알 수 없다.

고을 사람 가운데 착한 사람이 좋아하고,

착하지 않는 사람이 싫어하는 그런 사람만 같지 못하다.

22

子曰: 南人有言曰:
자왈 남인유언왈

　"人而無恒, 不可以作巫醫",
　　인이무항 불가이작무의

善夫!
선부

　"不恒其德, 或承之羞".
　　불항기덕 혹승지수

子曰: 不占而已矣。
자왈 부점이이의

羞: 부끄러울 수.

23

子曰: 君子和而不同,
자왈 군자화이부동

　小人同而不和。
　소인동이불화

和: 화활 화.
同: 뇌동할 동. 뇌동: 주견
없이 남의 의견을 따라
한통속이 됨.

24

子貢問曰: 鄉人皆好之, 何如?
자공문왈 향인개호지 하여

子曰: 未可也。
자왈 미가야

　鄉人皆惡之, 何如?
　향인개오지 하여

子曰: 未可也;
자왈 미가야

　不如鄉人之善者好之,
　불여향인지선자호지

　其不善者惡之。
　기불선자오지

25

(군자론 강의시간, 장황하지만 이해하기 쉬워 감동의 도가니가 된다.)

공자　군자는 섬기기는 쉽지만, 기쁘게 하기는 어렵다.

　　　　기쁘게 할 때 바른 도리로써 하지 아니하면 기뻐하지 아니하고,

　　　　사람을 부림에 있어서는 그 사람의 기량에 따라 하기 때문이다.

　　　　소인은 섬기기는 어렵지만, 기쁘게 하기는 쉽다.

　　　　기쁘게 할 때 비록 바른 도리로써 하지 않더라도 기뻐하고,

　　　　사람을 부림에 있어서는 그가 다 갖출 것을 요구하기 때문이다.

26

(군자론 강의가 인기를 얻자 계속 이어진다. 간단명료한 대비이므로
모두 받아 적기에 바쁘다.)

공자　군자는 태연하지만 교만하지 아니하고,

　　　　소인은 교만하지만 태연하지 아니한다.

27

(모두가 어렵게 여기는 인仁을 쉽고 간단하게 네 글자로 설명한다.)

공자　강직함, 굳셈, 질박함, 어눌함이 인仁에 가깝다.

28

(자로가 헐레벌떡 달려와 다급하게 묻는다.)

자로　어떻게 해야 선비라 할 수 있겠습니까?

공자　(친구들과 자주 다투고, 형제들과 화목하지 않은 점이 생각난 듯)

　　　　간절하고 자상하고 기쁘게 대해 주면 선비라 할 만하다.

　　　　친구에게는 간절하고 자상하게 대해 주고,

　　　　형제들은 기쁘게 대해 주어야 한다.

25

子曰: 君子易事而難說也。
자 왈　군 자 이 사 이 난 열 야

說之不以道, 不說也;
열 지 불 이 도　불 열 야

及其使人也, 器之。
급 기 사 인 야　기 지

小人難事而易說也。
소 인 난 사 이 이 열 야

說之雖不以道, 說也;
열 지 수 불 이 도　열 야

及其使人也, 求備焉。
급 기 사 인 야　구 비 언

26

子曰: 君子泰而不驕,
자 왈　군 자 태 이 불 교

小人驕而不泰。
소 인 교 이 불 태

27

子曰: 剛, 毅, 木, 訥, 近仁。
자 왈　강　의　목　눌　근 인

剛: 강할 강.
毅: 굳셀 의.
木: 질박할 목.
訥: 더디고 둔할 눌.

28

子路問曰: 何如斯可謂之士矣?
자 로 문 왈　하 여 사 가 위 지 사 의

子曰: 切切偲偲, 怡怡如也, 可謂士矣。
자 왈　절 절 시 시　이 이 여 야　가 위 사 의

朋友切切偲偲,
붕 우 절 절 시 시

兄弟怡怡。
형 제 이 이

切: 간절할 절.
偲: 자세하고 힘쓸 시.
怡: 기뻐할 이.

29

(제대로 훈련시키지도 않고 전쟁터에 내보내 비참하게 죽어가는 것을 안타까워하며)

공자   [전투를] 잘 아는 사람이 7년 동안 백성을 훈련시켜야 [비로소 그들을] 전쟁에 나아가게 할 수 있다.

30

(전쟁론이 이어진다. 격한 목소리로)

공자   백성을 훈련시키지 않고 전쟁터로 보내면, 그것은 백성을 내다버리는 꼴이다.

29

子曰: 善人教民七年, 亦可以卽戎矣。
자 왈　선 인 교 민 칠 년　역 가 이 즉 융 의

卽(=就): 나아가다.
戎: 군사 융.

30

子曰: 以不教民戰, 是謂棄之。
자 왈　이 불 교 민 전　시 위 기 지

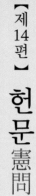

【제14편】

헌 문 憲問

1

(자기 집 가신을 지낸 제자) 원헌이 부끄러움에 관해 묻는다.

공자 나라에 도가 있어 [평온할 때는] 녹봉을 받아도 되지만,
나라에 도가 없어 [위태할 때는] 녹봉을 받으면 부끄러운 일이다.

2

(누군가 묻는다) 이기려는 것, 자랑하는 것, 원망하는 것, 욕심부리는
것을 하지 아니하면 인仁을 실천하는 것이 되느냐고?

공자 어려운 일이라고 할 수는 있겠으나, [그렇게 하는 것이] 인仁
인지는 나도 알지 못하겠소!

3

(선비론 강의 시간, 비근한 예를 들어 설명한다. 다들 고개를 끄덕인다.)

공자 선비로서 편하게 살기를 바라면, 선비가 되기에 부족한 점이 있다.

4

(말을 겸손하게 해야 하는 것을 어떻게 설명할지 한참 고민하다가
갑자기 좋은 생각이 떠오른 듯)

공자 나라에 도가 있어 [평온할] 때에는 꼿꼿한 언행을 [해도 되겠지만],
나라에 도가 없어 [위태할] 때에는 행동을 꼿꼿이 해도 말은
겸손하게 해야 한다.

5

(덕행과 인덕의 상대적 중요성을 알기 쉽게 말해주자, 제자들이 열심히
받아 적는다.)

공자 덕행이 훌륭한 사람은 반드시 언행이 바르지만,
언행이 바른 사람이라고 반드시 덕행이 훌륭한 것은 아니다.

1

憲問恥。
헌 문 치

子曰: 邦有道穀,
자 왈 방 유 도 곡

邦無道穀, 恥也。
방 무 도 곡 치 야

穀(=祿): 녹봉 곡.

2

克, 伐, 怨, 欲不行焉, 可以爲仁矣?
극 벌 원 욕 불 행 언 가 이 위 인 의

子曰: 可以爲難矣, 仁則吾不知也。
자 왈 가 이 위 난 의 인 즉 오 부 지 야

伐: 자랑하다.

3

子曰: 士而懷居, 不足以爲士矣。
자 왈 사 이 회 거 부 족 이 위 사 의

4

子曰: 邦有道, 危言危行;
자 왈 방 유 도 위 언 위 행

邦無道, 危行言孫。
방 무 도 위 행 언 손

危: 꼿꼿하다.
孫: 겸손하다(=遜).

5

子曰: 有德者必有言,
자 왈 유 덕 자 필 유 언

有言者不必有德;
유 언 자 불 필 유 덕

어진 사람은 반드시 용감하지만,

용감한 사람이라고 반드시 어진 것은 아니다.

6

[노나라의 대부] 남궁괄(남궁경숙)이 찾아와 공자에게 말을 건넨다.

예羿라는 사람은 활쏘기를 대단히 잘했고,

오奡라는 사람은 배를 흔들 정도로 힘이 셌지만, 모두 제명에

죽지 못했습니다.

[그러나] 우(하우씨)와 직(후직)은 몸소 농사를 지으면서도

천하를 차지하여 임금이 되었습니다.

(이런 말을 듣고도) 공자가 묵묵부답한다.

남궁괄이 나간다.

공자 군자로다. 이 사람은!

도덕을 숭상하는구나. 이 사람은!

7

(군자론 강의 시간, 예나 다름없는 대비법이 주목을 끈다.)

공자 군자이면서 인하지 못한 사람은 있겠으나,

소인이면서 인한 사람은 여태껏 없었다.

8

(강의 중에 사랑이라는 단어가 나오자, 제자들이 졸리던 눈을 번쩍 뜬다.)

공자 사랑한다면 위로해 주지 않을 수 있겠는가?

충성한다면 일깨워주지 않을 수 있겠는가?

9

(정鄭나라 대부들이 합심협력한 사례를 제자들에게 자상하게 설명한다.)

仁者必有勇,
_{인 자 필 유 용}

勇者不必有仁。
_{용 자 불 필 유 인}

6

南宮适問於孔子,
_{남 궁 괄 문 어 공 자}

曰: 羿善射,
_{왈　예 선 사}

奡盪舟, 俱不得其死然。
_{오 탕 주　구 부 득 기 사 연}

禹, 稷躬稼, 而有天下。
_{우　직 궁 가,　이 유 천 하}

夫子不答。
_{부 자 부 답}

南宮适出。
_{남 궁 괄 출}

子曰: 君子哉若人!
_{자 왈　군 자 재 약 인}

尙德哉若人!
_{상 덕 재 약 인}

7

子曰: 君子而不仁者, 有矣夫,
_{자 왈　군 자 이 불 인 자,　유 의 부,}

未有小人而仁者也。
_{미 유 소 인 이 인 자 야}

8

子曰: 愛之, 能勿勞乎?
_{자 왈　애 지,　능 물 로 호?}

忠焉, 能勿誨乎?
_{충 언,　능 물 회 호?}

9

羿: 사람 이름 예.
奡: 사람 이름 오.
盪: 움직일 탕.

공자　[정나라에서는] 외교 문서를 만들 때,

대부 비침이 초안을 작성하고,

대부 세숙이 [내용을 잘] 검토하며,

외교관이자 대부인 자우가 [문장을] 수정하고,

동리에 사는 대부 자산이 윤색을 했다.

※ 비침·세숙·자우·자산은 정나라의 대부들이다.

10

어떤 사람이 (찾아와 공자가 평소 대단히 흠모한 정나라의 대부인)

자산에 관해 묻는다.

공자　[그는] 남에게 은혜를 잘 베푸는 분이었습니다.

혹자, (그가 다시 공자의 등용을 반대한 바 있는 초나라의 왕자) 자서에

관해 묻는다.

공자　(멈칫멈칫 말끝을 흐리며) [글쎄요] 그 사람은? 그 사람은?

혹자, (다시 또 제나라 대부였던) 관중에 관해 묻는다.

공자　인물입니다. [제나라의 대부] 백씨의 땅인 병읍 3백을 탈취했는

데, [백씨는] 거친 밥을 먹으면서도 죽을 때까지 그를 원망하는

말을 하지 않았습니다.

11

(빈부론 강의, 간단하면서도 명쾌한 말에 다들 고개를 끄덕인다.)

공자　가난하면서 원망하지 않기는 어렵고,

부유하면서 교만하지 않기는 쉽다.

12

(인물론 강의로 이어진다.)

공자　[청렴하지만 무능한 노나라의 대부] 맹공작이 [진晉나라의

子曰: 爲命,
자 왈   위 명

裨諶草創之,
비 침 초 창 지

世叔討論之,
세 숙 토 론 지

行人子羽修飾之,
행 인 자 우 수 식 지

東里子産潤色之。
동 리 자 산 윤 색 지

10

或問子産。
혹 문 자 산

子曰: 惠人也。
자 왈   혜 인 야

問子西。
문 자 서

曰: 彼哉! 彼哉!
왈   피 재   피 재

問管仲。
문 관 중

曰: 人也。奪伯氏駢邑三百, 飯疏食, 沒齒無怨言。
왈   인 야   탈 백 씨 병 읍 삼 백   반 소 사   몰 치 무 원 언

沒齒: 이가 다 빠져 죽을
때까지.

11

子曰: 貧而無怨難,
자 왈   빈 이 무 원 난

富而無驕易。
부 이 무 교 이

12

子曰: 孟公綽爲趙魏老則優,
자 왈   맹 공 작 위 조 위 로 즉 우

老: 가신家臣.

고관인] 조씨나 위씨의 가신이 되어 [그들의 탐욕을 막는 일은] 홀륭하게 해내겠지만, [땅은 작지만 일이 많은] 등나라 혹은 설나라의 대부가 되기에는 부적합하다.

13

자로가 (급히 찾아와) 성인成人에 관해 묻는다.

공자 만약 장무중의 지혜,

맹공작의 무욕,

변장자의 용기,

염구의 재주,

[이에 다시] 예악으로 문채를 빛낸다면 성인이 될 수 있을 것이다.

(잠시 멈칫하다가 다시)

공자 오늘날의 성인成人이라면 반드시 그러할 필요가 있겠는가?

이익을 보면 [먼저] 정의를 생각하고,

[남이] 위태로움을 보면 [자기] 생명을 바치며,

오래 전의 약속이라도, 그때 한 말을 잊지 아니하면 이 또한 성인이 될 수 있을 것이다.

14

공자, (위나라 대부) 공숙문자에 대해 (위나라 사람인) 공명가에게 묻는다.

공자 정말인가요? 그분은 말이 없고, 웃지 않고, [재물을] 취하지도 않는다는 게?

공명가 말을 전한 사람이 좀 지나친 것 같습니다.

무릇 그분은 때가 된 다음에야 말을 하니, 사람들이 그의 말을 싫어하지 않고,

不可以爲滕薛大夫。
불 가 이 위 등 설 대 부

13

子路問成人。
자 로 문 성 인

子曰: 若臧武仲之知,
자 왈　약 장 무 중 지 지

公綽之不欲,
공 작 지 불 욕

卞莊子之勇,
변 장 자 지 용

冉求之藝,
염 구 지 예

文之以禮樂, 亦可以爲成人矣。
문 지 이 예 악　역 가 이 위 성 인 의

曰: 今之成人者何必然?
왈　금 지 성 인 자 하 필 연

見利思義,
견 리 사 의

見危授命,
견 위 수 명

久要不忘平生之言, 亦可以爲成人矣。
구 요 불 망 평 생 지 언　역 가 이 위 성 인 의

久要: 오랜 어려움.
　오랜 곤경(要=約).
平生: 젊은 시절. 평소.

14

子問公叔文子於公明賈曰:
자 문 공 숙 문 자 어 공 명 가 왈

信乎? 夫子不言, 不笑, 不取乎?
신 호　부 자 불 언　불 소　불 취 호

公明賈對曰: 以告者過也。
공 명 가 대 왈　이 고 자 과 야

夫子時然後言, 人不厭其言;
부 자 시 연 후 언　인 불 염 기 언

즐거운 일이 있은 다음에야 웃으니, 사람들이 그의 웃음을
싫어하지 않고,
옳은 것임을 안 다음에야 재물을 취하니, 사람들이 그의 취함을
싫어하지 않습니다.

공자　(매우 놀라면서)
그래요! 어찌 그럴 수 있을까요?

15
(인물론 강의 시간, 가까운 예를 들어 쉽게 설명하려고 무척 애를 쓴다.)
공자　[노나라 대부로 한때 기세가 등등했던] 장무중이 [다른 나라로
　　　　망명 갔다가 다시 돌아와] 방읍 땅을 점거하여 노나라
　　　　[임금]에게 후계자를 세우겠다고 요구했다는데, 비록 임금에게
　　　　압박을 하지 않았다고는 하나, 나는 [그의 말을] 믿지 못하겠다.

16
(인물론 강의가 이어진다. 이번에는 다른 나라 임금들을 예로 든다.)
공자　진나라 [임금] 문공은 속이면서 바르지 않았고,
　　　　제나라 [임금] 환공은 바르면서 속이지 않았다.

17
(인물론 강의, 호응이 높아 이번에는 제자의 질문으로 시작된다.)
자로　[제나라 임금] 환공이 [노나라로 피신간 자기 형님] 공자公子
　　　　규糾를 살해하자, [규의 스승인] 소홀은 자살했는데, [그와
　　　　같이 규를 가르쳤던] 관중은 죽지 않았습니다.
(잠시 머뭇거리다 다시)
자로　[그런데도 관중이] 인仁하다고 할 수 있을까요?

樂然後笑, 人不厭其笑;
낙 연 후 소　인 불 염 기 소

義然後取, 人不厭其取。
의 연 후 취　인 불 염 기 취

子曰: 其然, 豈其然乎?
자 왈　기 연　기 기 연 호

15

子曰: 臧武仲以防求爲後於魯, 雖曰不要君, 吾不信也。
자 왈　장 무 중 이 방 구 위 후 어 로　수 왈 불 요 군　오 불 신 야

要: 압박을 가하다.

16

子曰: 晋文公譎而不正,
자 왈　진 문 공 휼 이 부 정

譎: 속일 휼.

齊桓公正而不譎。
제 환 공 정 이 불 휼

17

子路曰: 桓公殺公子糾, 召忽死之, 管仲不死。
자 로 왈　환 공 살 공 자 규　소 홀 사 지　관 중 불 사

曰: 未仁乎?
왈　미 인 호

공자   [제나라 임금] 환공이 제후들을 여러 차례 규합하면서도 무력을
쓰지 않은 것은 관중의 힘 때문이었으니, [뉘라서] 그의 인仁만
하겠는가? [뉘라서] 그의 인仁만 하겠는가?

18
(인물론에 관한 문답이 점입가경이다. 이번에도 제자의 질문으로
시작된다.)

자공   관중은 인仁한 사람이 아니었던 것 같습니다. [제나라 임금]
환공이 공자公子 규를 살해했을 때, [그와 함께 글을 가르치던
동료 소홀처럼] 따라 죽지 아니한 [것을 보니], 게다가 또
환공을 보필한 것을 [보니, 그런 생각이 들었습니다. 아니
그렇습니까?]

공자   (하나는 알고 둘은 모름이 안타까운 듯, 쯧쯧 혀를 차며)
관중이 환공을 보필하여 제후들의 우두머리가 되도록 함으로써
천하를 바로잡으니, 백성들이 지금까지 그 혜택을 받고 있다네!
관중이 없었다면 우리는 [오랑캐]처럼 머리를 깎고 옷깃을 왼쪽
으로 여몄을 것이다!
어찌 하찮은 사내나 아낙처럼 작은 신의에 얽매여 도랑에서
스스로 목을 매고 죽어도 아무도 알아주는 이가 없는 것과
같겠는가?

19
(예전에 위나라 대부) 공숙문자의 가신인 대부 선僎이 공숙문자와 함께
국가 대신의 반열에 올랐다.

공자   (공숙문자가 천거하여 그렇게 되었음을) 전해 듣고
[공숙문자는 과연] 시호를 문文이라고 할만하다.

子曰: 桓公九合諸侯, 不以兵車, 管仲之力也。如其仁! 如其仁!
자 왈 환공구합제후 불이병거 관중지력야 여기인 여기인

18

子貢曰: 管仲非仁者與? 桓公殺公子糾, 不能死, 又相之。
자 공 왈 관중비인자여 환공살공자규 불능사 우상지

子曰: 管仲相桓公, 霸諸侯, 一匡天下, 民到于今, 受其賜。
자 왈 관중상환공 패제후 일광천하 민도우금 수기사

微管仲, 吾其被髮左衽矣!
미 관 중 오 기 피 발 좌 임 의

豈若匹夫匹婦之爲諒也, 自經於溝瀆而莫之知也。
기 약 필 부 필 부 지 위 량 야 자 경 어 구 독 이 막 지 지 야

被: 머리 깎을 피.
衽: 옷깃 임.
諒: 믿을 량.
經=縊(목맬 액).
溝: 도랑 구.
瀆: 도랑 독.

19

公叔文子之臣大夫僎與文子同升諸公。
공 숙 문 자 지 신 대 부 선 여 문 자 동 승 저 공

子聞之,
자 문 지

曰: 可以爲文矣。
왈 가 이 위 문 의

20

공자께서 위나라 영공이 무도하다며 강자에게 말해준다.

강자 그와 같음에도 어찌하여 왕위를 잃지 않았습니까?

공자 중숙어(공문자)가 빈객을 접대하고,
축타가 종묘를 관장하고,
왕손가가 군대를 장악하고 있다.
무릇 이와 같이 하니 어찌 그 지위를 잃을 수 있겠소?

21

(말을 조심하라며 제자들에게 이렇게 신신당부한다.)

공자 말하는 것을 부끄럽게 여겨 [조심하지] 않으면, 말을 이루 다
실천하기가 쉽지 않다.

22

[제나라 대부] 진성자가 [제나라 임금] 간공을 시해한다. 그 사실을
알게 된 공자, 목욕하고 조정에 나가서 (노나라의 무능한 임금) 애공에게
아뢴다.

공자 진성자가 자기 임금을 시해했으니 청컨대 토벌하소서!

애공 세 대부(계손, 맹손, 숙손)에게 알리세요!

공자 (혼잣말로)
내가 대부의 말석이므로 감히 아뢰었는데, 임금께서
"세 대부에게 알리라" 하니…[어쩐담!]

(하는 수 없이) 세 대부에게 가서 알리니, 불가하다고 한다.

공자 (혼잣말로)
내가 대부의 말석이어서 감히 고하지 않을 수 없었는데….

※ 제나라 간공簡公은 BC 481년에 시해되었다. 그 때 공자는 71세였다. 여러 나라를
주유하다 68세에 고국으로 돌아온 후 정치에는 관여하지 않고 교육과 연구 활동에

20

子言衛靈公之無道也, 康子曰: 夫如是, 奚而不喪?
자 언 위 령 공 지 무 도 야 강 자 왈 부 여 시 해 이 불 상

孔子曰: 仲叔圉治賓客,
공 자 왈 중 숙 어 치 빈 객

　　祝鮀治宗廟,
　　축 타 치 종 묘

　　王孫賈治軍旅。
　　왕 손 가 치 군 려

　　夫如是, 奚其喪。
　　부 여 시 해 기 상

21

子曰: 其言之不怍, 則爲之也難!
자 왈 기 언 지 부 작 즉 위 지 야 난

怍: 부끄러워할 작.

22

陳成子弑簡公。
진 성 자 시 간 공

孔子沐浴而朝, 告於哀公曰: 陳恒弑其君, 請討之。
공 자 목 욕 이 조 고 어 애 공 왈 진 항 시 기 군 청 토 지

公曰: 告夫三子。
공 왈 고 부 삼 자

孔子曰: 以吾從大夫之後, 不敢不告也。君曰: "告夫三子"者。
공 자 왈 이 오 종 대 부 지 후 불 감 불 고 야 군 왈 고 부 삼 자 자

之三子告, 不可。
지 삼 자 고 불 가

孔子曰: 以吾從大夫之後, 不敢不告也。
공 자 왈 이 오 종 대 부 지 후 불 감 불 고 야

만 전념했다고 하는데, 이 대화로 보면 간혹 '대부의 말석'으로 정치에 관여하거나 자문 역할은 한 것으로 추정된다.

23

자로가 찾아와 어떻게 하면 임금을 잘 섬길 수 있는지를 물어본다.

공자 속이지 말라! 그리고 보는 앞에서 대놓고 말해라.

24

(군자론 강의, 군자와 소인의 차이를 두 글자로 기가 막히게 대비시켜 감동을 자아낸다.)

공자 군자는 위(하늘의 이치)에 통달하려 하고,
　　　소인은 아래(사람의 욕심)에 통달하려 한다.

25

(공부하는 사람의 세대 차이에 대해 설명한다. 뒤에서 졸고 있던 학생이 정신을 번쩍 차린다.)

공자 옛날 공부하는 사람들은 자기 수양을 위해서 했는데,
　　　요즘 공부하는 사람들은 남에게 알리기 위해서 한다.

26

(공자에게 몇 차례 숙식을 제공한 위나라 대부) 거백옥이 (문안을 드리려) 사람을 보낸다.

공자, 심부름 온 사람과 함께 앉아 담소를 나누며 물어본다.
　　　대부께서는 [요즘] 무얼 하시던고?

사자 우리 대부님은 허물을 적게 하려고 하는데, 아직은 그럴 정도가
　　　못 되었다고 합니다.

심부름 온 사람이 밖으로 나간다.

공자 심부름꾼이 [참으로 훌륭하다]! 심부름꾼이 [참으로 훌륭해]!

23

子路問事君。
자 로 문 사 군

子曰: 勿欺也, 而犯之。
자 왈 　 물 기 야 　 이 범 지

24

子曰: 君子上達,
자 왈 　 군 자 상 달

　　小人下達。
　　소 인 하 달

上: 하늘의 이치(天理).
下: 사람의 욕심(人慾).

25

子曰: 古之學者爲己,
자 왈 　 고 지 학 자 위 기

　　今之學者爲人。
　　금 지 학 자 위 인

26

蘧伯玉使人於孔子。
거 백 옥 시 인 어 공 자

孔子與之坐而問焉。
공 자 여 지 좌 이 문 언

曰: 夫子何爲?
왈 　 부 자 하 위

對曰: 夫子欲寡其過而未能也。
대 왈 　 부 자 욕 과 기 과 이 미 능 야

使者出。
시 자 출

子曰: 使乎! 使乎!
자 왈 　 시 호 　 시 호

使: 사신갈 시

거백옥蘧伯玉 | 위나라의 대부. 공자가 위나라에 머무를 때 그의 집에 묵은 적이 있다. 공자가 훌륭한 인물이라며 칭찬한 바 있다(위령공편 15-06).

27

(콩이야 팥이야! 남의 일에 간섭하지 말라는 말을 에둘러 말한다.)

공자   그 자리에 있지 아니하면, 그 정사를 도모하지 않아야 한다.

※ 태백편 08-14에도 같은 말이 나온다.

28

(증자가 앞으로 나와 자기 생각을 발표한다.)

증자   군자는 생각이 자기 직위에 벗어나게 하지 않는다.

29

(증자의 발표를 듣고 한마디 보충한다.)

공자   군자는 자기 말이 자기 행동보다 지나칠까를 부끄러워한다.

30

(군자론 강의 시간, 겸손하게 말씀하자, 한 제자가 스승을 옹호한다.)

공자   군자의 도는 [다음] 세 가지가 있다. 나는 [하나도] 능한 것이 없는
       것 같다.
       인자仁者는 근심하지 아니하고,
       지자知者는 미혹되지 아니하고,
       용자勇者는 두려워하지 아니한다.

자공   [하나도 능한 것이 없다는 것은] 우리 선생님이 스스로 [겸손하게]
       하신 말씀이다.

31

(젊은) 자공이 (가타부타) 남을 잘 헐뜯는다.

공자   (넌지시 타이른다. 쓴웃음을 지으며)
       사(자공)야, 자네는 현명한가 보구나! 나는 그럴 짬이 없단다.

308

27

子曰: 不在其位, 不謀其政。
자 왈　부 재 기 위　불 모 기 정

28

曾子曰: 君子思不出其位。
증 자 왈　군 자 사 불 출 기 위

29

子曰: 君子恥其言而過其行。
자 왈　군 자 치 기 언 이 과 기 행

30

子曰: 君子道者三, 我無能焉:
자 왈　군 자 도 자 삼　아 무 능 언

　　仁者不憂,
　　인 자 불 우

　　知者不惑,
　　지 자 불 혹

　　勇者不懼。
　　용 자 불 구

子貢曰: 夫子自道也。
자 공 왈　부 자 자 도 야

自道: 스스로 말하다.
　　스스로 한 말.

31

子貢方人。
자 공 방 인

子曰: 賜也賢乎哉! 夫我則不暇。
자 왈　사 야 현 호 재　부 아 즉 불 가

方(모 방): 비방하다(=謗
　　헐뜯을 방).
暇: 겨를 가.

309

32

(자기 성찰을 잘 하라며 제자들에게 당부한다.)

공자 남이 자기를 알아주지 아니함을 근심하지 말고,
자기가 능히 [그렇게 하지] 못하는지를 근심하라.

33

(인간관계에서 의심과 억측은 금물임을 역설한다. 굵은 목소리로)

공자 [남이 나를] 속일까 미리 짐작하지 말고,
[남이 나를] 믿어주지 않을까 억측하지 말라.
그러나 또한 [그런 사실을] 먼저 깨닫는다면, 그런 이가 현명한
사람이다.

34

(은둔 생활을 하는) 미생묘가 찾아와 공자에게 말을 건다.

미생묘 그대는 왜 그리 갈팡질팡하는가? 말재주를 피우는 것은 아닌가?

공자 [제가] 감히 말재주를 피우려는 것이 아니라, 고집 피우는 것을
싫어할 뿐입니다.

35

(제자들에게 결과만 보지 말고, 과정을 충실히 하라며 비유적으로
설명한다.)

공자 천리마는 그의 힘 때문에 칭찬받는 것이 아니라, 그 덕행(훈련)
때문에 칭찬받는다.

32

子曰: 不患人之不己知,
자 왈 불 환 인 지 불 기 지

患其不能也。
환 기 불 능 야

33

子曰: 不逆詐,
자 왈 불 역 사

不億不信,
불 억 불 신

抑亦先覺者, 是賢乎!
억 역 선 각 자 시 현 호

逆: 미리 헤아리다.
億: 미리 억측하다.

34

微生畝謂孔子曰: 丘何爲是栖栖者與? 無乃爲佞乎?
미 생 묘 위 공 자 왈 구 하 위 시 서 서 자 여 무 내 위 녕 호

孔子曰: 非敢爲佞也, 疾固也。
공 자 왈 비 감 위 녕 야 질 고 야

栖: 묵다. 머뭇거리다.
佞: 말재주를 피우다.
疾: 미워하다.
固: 고집만 피우다.

35

子曰: 驥不稱其力, 稱其德也。
자 왈 기 불 칭 기 력 칭 기 덕 야

驥: 천리마 기.

36

(학당에서 조용히 쉬고 있는데 한 사람이 찾아온다.)

혹자 원한을 은덕으로 갚으면 어떻겠습니까?

공자 [그렇게 하면] 은덕은 무엇으로 갚겠소?

정직으로 원한을 갚고,

은덕으로 은덕을 갚아야 합니다.

37

(하루는 지극히 갸륵한 제자가 찾아오자, 그에게 푸념한다. 하늘을
올려보며)

공자 아무도 나를 알아주지 않는구나!

자공 어찌 아무도 선생님을 알아주지 않을 것이라 여기나이까?

공자 하늘을 원망하지 않으며,

남을 탓하지 아니하고,

아래로 배워서 위로 통달하니,

나를 알아주는 이는 아마도 하늘일 것이다.

38

공백료가 (당시 최고의 권문세가인) 계손에게 (공자의 제자) 자로를
참소한다.

자복경백(노나라의 대부로 공자와 그 제자들에게 대단히 호의적인 인물인

그가 공자에게 이 사실을 알려 주면서)

계손은 분명 공백료의 말에 현혹될 것입니다. [그러나] 제가

[모함한 그를 죽여] 시체를 시장터나 조정에 내다 걸어놓을

정도의 힘은 있습니다.

공자 도道가 장차 이루어지는 것도 천명이고,

도道가 장차 폐하여지는 것도 천명이다.

36

或曰: 以德報怨, 何如?
혹 왈   이 덕 보 원   하 여

子曰: 何以報德?
자 왈   하 이 보 덕

以直報怨,
이 직 보 원

以德報德。
이 덕 보 덕

37

子曰: 莫我知也夫!
자 왈   막 아 지 야 부

子貢曰: 何爲其莫知子也?
자 공 왈   하 위 기 막 지 자 야

子曰: 不怨天,
자 왈   불 원 천

不尤人,
불 우 인

下學而上達。
하 학 이 상 달

知我者, 其天乎!
지 아 자   기 천 호

38

公伯寮愬子路於季孫。
공 백 료 소 자 로 어 계 손

子服景伯, 以告曰: 夫子固有惑, 志於公伯寮, 吾力猶能肆諸市朝。
자 복 경 백   이 고 왈   부 자 고 유 혹   지 어 공 백 료   오 력 유 능 사 저 시 조

子曰: 道之將行也與, 命也。
자 왈   도 지 장 행 야 여   명 야

道之將廢也與, 命也。
도 지 장 폐 야 여   명 야

肆(방자할 사): 죄인의
시체를 거리에 내놓는
형벌.

[그깟] 공백료가 천명을 어찌하겠는가.

39

(제자 가운데 혹시 어지러운 세상의 피해자가 나올까, 걱정이 되어서 말해준다.)

공자 현명한 사람은 [어지러운] 세상을 피하고,

그 다음으로 [위험한] 지역을 피하며,

그 다음으로 얼굴빛을 보고 피하고,

그 다음으로 말을 [어기면] 피한다.

40

(이어서 그렇게 한 사람이 한둘이 아니었음을 말해준다.)

공자 일어나 [세상을 피하여 은둔한 사람이] 일곱 명이 있었다.

41

자로가 석문에서 (하룻밤) 묵으려고 (문을 막 들어서려는데)

문지기 어디에서 왔소이까?

자로 공씨 문중에서 왔소이다.

문지기 그래요! 안 될 줄 알면서도 [굳이] 하려고 달려드는 그런 [무모한] 사람들이군요!

42

위나라에서 묵고 있던 공자, (하루는 무료를 달랠 겸) 경쇠 악기를 친다. (마침) 삼태기를 둘러메고 문 앞을 지나가던 한 사람이 말한다(혼잣말로, 아무도 듣지 않는 줄 알고).

마음 [속에 깊은 고민이] 있구나! 경쇠를 두들기는 [것을 보니]! 다시 또 한마디 한다.

[그 사람 참] 딱도 하네! [경쇠 소리가 참] 깐깐하기도 하네!

公伯寮其如命何!
공 백 료 기 여 명 하

39

子曰: 賢者辟世,
자 왈　현 자 피 세

其次辟地,
기 차 피 지

其次辟色,
기 차 피 색

其次辟言。
기 차 피 언

辟(=避): 피하다.

40

子曰: 作者七人矣。
자 왈　작 자 칠 인 의

41

子路宿於石門。
자 로 숙 어 석 문

晨門曰: 奚自?
신 문 왈　해 자

子路曰: 自孔氏。
자 로 왈　자 공 씨

曰: 是! 知其不可而爲之者與?
왈　시　지 기 불 가 이 위 지 자 여

晨門: 문지기.

42

子擊磬於衛。有荷蕢而過孔氏之門者。
자 격 경 어 위　유 하 궤 이 과 공 씨 지 문 자

曰: 有心哉! 擊磬乎!
왈　유 심 재　격 경 호

既而曰: 鄙哉! 硜硜乎!
기 이 왈　비 재　경 경 호

蕢: 삼태기 궤.

315

알아주는 이 없으면 그만두면 될 것이지, 뭘! [이런 시詩도 못
봤나?]
"[물이] 깊으면 옷을 벗고 건너고,
[물이] 얕으면 옷을 걷고 건너지!"

공자 (그의 말을 엿듣고는 한숨을 쉬며, 한 소식한 듯)
과연 그렇겠구나! [그렇게 하면 아무런] 어려움이 없겠구나!

※ 『시경詩經』패풍邶風에 나오는 시詩 〈마른 박잎〉(匏有苦葉)의 구절을 인용한 것을
보면 그 사람은 학식이 대단한 선비일 것 같다.

※ 사마천은 『공자세가』에서 자로편 13-10, 양화편 17-07에 나오는 대화에 이어
이 일을 언급하고 있다(436쪽).

43

『서경』에 "[은나라] 고종이 양암에서 3년 동안 아무 말도 하지 않았다."
라는 구절이 있는 것을 보고 자장이 묻는다.

자장 무슨 말인지요?

공자 (어린 제자의 유식한 질문이 대견스러워 만족스런 미소를 지으며)
하필 고종만이겠는가?
옛 사람들은 다 그러했다.
임금이 죽으면 [뒤를 이은 왕은 3년간 정치에는 관여하지 않고
복상에만 전념함에 따라] 문무백관들이 모두 자기 직무에
충실하며 재상의 명령에 따르기를 3년 동안 했단다.

44

(예禮에 관해 강의할 때면 으레 신명이 절로 난다.)

공자 윗사람이 예를 좋아하면, 백성을 이끌기 쉽다!

45

자로가 군자는 [어떠해야 하는지를 꼬치꼬치] 묻고 또 묻는다.

공자 자기를 수양하여 경건하게 해야 한다.

莫己知也, 斯已而已矣。
막 기 지 야　사 이 이 이 의

"深則厲,
심 즉 려

淺則揭"。
천 즉 게

子曰: 果哉! 末之難矣。
자 왈　과 재　말 지 난 의

厲(갈 여): 옷을 벗고 건너다.
揭(들 게): 옷을 걷어 올리다.

末(끝 말): 없다.

43

子張曰: 書云: "高宗諒陰, 三年不言" 何謂也?
자 장 왈　서 운　고 종 양 암　삼 년 불 언　하 위 야

子曰: 何必高宗?
자 왈　하 필 고 종

古之人皆然。
고 지 인 개 연

君薨, 百官總己以聽於冢宰三年。
군 훙　백 관 총 기 이 청 어 총 재 삼 년

陰(=諒闇양암): 상례를
치르는 처소.
흉려凶廬라고도 한다.

44

子曰: 上好禮則民易使也。
자 왈　상 호 례 즉 민 이 사 야

45

子路問君子。
자 로 문 군 자

子曰: 修己以敬。
자 왈　수 기 이 경

자로 그렇게만 하면 되는지요?

공자 자기를 수양하여 [주위] 사람들을 편안하게 해주어야 한다.

자로 그렇게만 하면 되는지요?

공자 자기를 수양하여 백성들을 편안하게 해주어야 한다.
자기를 수양하여 백성들을 편안하게 해주는 것은 요임금과
순임금도 [실현하기가 어려워] 고심했다.

46

(어렸을 때 친구인데 이젠 늙은이가 된) 원양이 쭈그리고 앉아
(저 멀리서 다가오는 공자를) 기다리고 있다.

공자 (꾸짖는 말투로)
어려서는 겸손[하기는커녕] 우애롭지 못하더니,
자라서도 [이렇다 할] 칭찬거리도 없고,
늙어서 죽지도 않고….
자네야말로 밥도둑이네!
(공자, 그래도 불쌍한 마음이 들어 혀를 차며) 지팡이로 자기 정강이를
[툭! 툭!] 두들긴다.

47

(공자께서 거처하는) 궐당 마을의 한 동자가 (공자에게 다가와) 편지를
전해 준다. [옆에 있던] 어떤 사람이 묻는다.

[공부를] 더욱 잘하고 싶어 하는 [유망한] 아이인가요?

공자 내가 보아하니, 저 아이는 앉는 자세가 좀 거만하군요,
그리고 [예의 없게] 어른들과 어깨를 나란히 하고 걷더군요.
[아마도 공부를] 더욱 잘 하기는 바라지 않고,
[그저] 하루빨리 성공하기만을 바라는 [그런] 아이인 것 같습니다.

曰: 如斯而已乎?
왈　여 사 이 이 호

曰: 修己以安人。
왈　수 기 이 안 인

曰: 如斯而已乎?
왈　여 사 이 이 호

曰: 修己以安百姓。
왈　수 기 이 안 백 성

　修己以安百姓, 堯、舜其猶病諸!
　수 기 이 안 백 성　요　순 기 유 병 저

病: 고심하다. 안타까워하다.

46

原壤夷俟。
원 양 이 사

子曰: 幼而不孫弟,
자 왈　유 이 불 손 제

　長而無述焉,
　장 이 무 술 언

　老而不死, 是爲賊!
　노 이 불 사　시 위 적

以杖叩其脛。
이 장 고 기 경

夷: 꿇어앉다.
孫(=遜): 겸손하다.
弟(=悌): 우애롭다.
脛: 정강이 경.

47

闕黨童子將命。
궐 당 동 자 장 명

或問之曰: 益者與?
혹 문 지 왈　익 자 여

子曰: 吾見其居於位也,
자 왈　오 견 기 거 어 위 야

　見其與先生竝行也。
　견 기 여 선 생 병 행 야

　非求益者也,
　비 구 익 자 야

　欲速成者也。
　욕 속 성 자 야

居(=倨): 거만하다.

【제15편】

위령공 衛靈公

1

위나라 임금 영공이 군대의 진법陣法에 대하여 공자에게 묻는다.

공자 제례에 관한 일은 일찍이 들어서 [좀 알지만],
군사에 관한 일은 아직 배우지 못했습니다.

그렇게 대답하고는 다음 날 바로 [위나라를] 떠났다.

··

진陳나라에 있을 때 양식이 떨어져, 제자들이 [밥을 굶어] 병들어
일어나지도 못한다. 화가 치민 자로가 공자를 찾아뵙고 따진다.

자로 군자도 [이토록] 궁할 때가 있습니까?

공자 군자는 궁함을 그대로 받아들여 [분수를 지키는데],
소인은 궁하면 분수를 지키지 못하고 함부로 행동한다네!

> ※ 위나라의 태자가 임금의 왕비(南子)를 살해하려다 실패하고 진晉나라로 도망가 있었기 때문에 임금이 용병하고자 공자에게 진陣치는 것을 물었고, 공자는 싸움의 이유가 정당하지 못하고, 부자간의 싸움에 개입하고 싶지 않아서 군사에 관한 일은 아직 배우지 못했다고 대답한 것이다(사마천의 「공자세가」 주127, 438쪽).
>
> ※ 식량이 떨어졌을 때 공자는 조금도 흐트러짐이 없이 강의를 계속 하고 책을 읽고 거문고도 타면서 지냈다는 기록이 「공자세가」(441쪽)에 전한다. 사마천은 15-01의 후반과 15-02를 하나로 모아 소개하고 있다. 양백준의 『논어역주』는 15-01과 15-02 두 개의 장으로 나누고 있다. 우리나라에서 나온 다른 책들을 참고하는 데 편리함을 위하여 주자의 『논어집주』에 의거해 하나의 장으로 설정하고 "·········" 표시를 넣어 구분했다.

2

(배가 고파 화를 내는 자공을 불러놓고 진솔하게 말해 준다.)

공자 사(자공)야! 너는 내가 많이 배우고, 배운 것을 다 기억하는
박학다식한 사람이라고 생각하느냐?

자공 네! 그렇지 않다는 말씀인지요?

공자 아니다. 나는 하나의 이치로 모든 것을 꿰뚫어 볼 따름이다.

> ※ 사마천은 바로 앞(15-01)의 마지막 부분에서 공자가 자로에게 한 말을 들은 자공이 화가 나서 얼굴색이 변했으며, 식량이 떨어져 사경을 헤매면서도 스승과 제자가 주고받는 이야기를 소상히 소개하고 있다(「공자세가」441쪽).

1

衛靈公問陳於孔子。
위 령 공 문 진 어 공 자

孔子對曰: 俎豆之事, 則嘗聞之矣;
공 자 대 왈 조 두 지 사 즉 상 문 지 의

軍旅之事, 未之學也。
군 려 지 사 미 지 학 야

明日遂行。
명 일 수 행

在陳絶糧, 從者病, 莫能興。
재 진 절 량 종 자 병 막 능 흥

子路慍見曰: 君子亦有窮乎?
자 로 온 현 왈 군 자 역 유 궁 호

子曰: 君子固窮,
자 왈 군 자 고 궁

小人窮斯濫矣!
소 인 궁 사 람 의

慍: 성낼 온.
濫(넘칠 람): 함부로 하다.

2

子曰: 賜也! 女以予爲多學而識之者與?
자 왈 사 야 여 이 여 위 다 학 이 지 지 자 여

對曰: 然, 非與?
대 왈 연 비 여

曰: 非也。予一以貫之。
왈 비 야 여 일 이 관 지

3

(아끼는 제자 자로가 정사에는 뛰어나지만, 덕행이 부족한 점을 에둘러
말한다.)

공자 유(자로)야! 덕을 아는 사람이 [참으로] 드물구나!

4

(강의 중에 순임금 이야기만 나오면, 신명이 나서 목소리가 높아진다.)

공자 인위적으로 애쓰지 않고도 나라를 잘 다스린 임금은 아마도
　　　　순임금뿐이다.
　　　　어찌 그렇게 했겠는가? 자기 몸가짐을 공손히 하여 왕 노릇을
　　　　바르게 했기 때문이다.

5

자장이 (자기의 뜻을) 실행하는 방법에 관해 묻는다. (48세나 어린
제자임에도 당차게)

공자 (앳된 제자를 귀엽게 여겼기 때문인지 매우 자상하게)
　　　　언동이 충직하고 믿음직스러우며,
　　　　행실이 돈독하고 경건하면,
　　　　비록 [멀리] 변방 소수민족의 나라에 가서도 [자기의 뜻을]
　　　　실행할 수 있겠지만,
　　　　언동이 충직하고 믿음직하지 않고,
　　　　행실이 돈독하고 경건하지 않으면,
　　　　비록 [가까운 자기] 향리에서도 [자기 뜻을] 실행할 수 있겠는가?
　　　　[수레에] 서 있을 때에도 앞에 그것이(언행의 충신과 독경)
　　　　있는지를 보아야 하고,
　　　　수레에 앉아 있을 때에도 등받이에 그것이(언행의 충신과 독경)

3

子曰: 由! 知德者鮮矣。
자 왈 유 지 덕 자 선 의

4

子曰: 無爲而治者, 其舜也與!
자 왈 무 위 이 치 자 기 순 야 여 !

夫何爲哉? 恭己正南面而已矣。
부 하 위 재 공 기 정 남 면 이 이 의

5

子張問行。
자 장 문 행

子曰: 言忠信,
자 왈 언 충 신,

行篤敬,
행 독 경,

雖蠻貊之邦, 行矣;
수 만 맥 지 방 행 의

言不忠信,
언 불 충 신,

行不篤敬,
행 부 독 경,

雖州里, 行乎哉!
수 주 리 행 호 재

立則見其參於前也,
입 즉 견 기 참 어 전 야,

在輿則見其倚於衡也。
재 여 즉 견 기 의 어 형 야

衡: 수레의 등받이.

있는 것처럼 느껴야 한다.

그렇게 한 다음에야 [비로소 자기 뜻을] 실행할 수 있다.

자장이 (연신 고개를 끄덕이며 선생님 말씀을 자기) 혁대에다 적어 놓는다.

6

(인물론 강의에 저명하지는 않지만, 덕망 있는 인사도 빼놓지 않는다.)

공자 정직하다! 사어*여!

나라에 도가 있을 때는 화살처럼 곧으며,

나라에 도가 없을 때도 화살처럼 곧구나!

군자로다! 거백옥*이여!

나라에 도가 있을 때는 벼슬을 하고,

나라에 도가 없을 때는 [뜻을] 거두어 [가슴에] 품고 있다.

사어史魚 | 위나라의 대부. 공적은 알려진 바가 없다.

거백옥蘧伯玉 | 위나라의 대부. 공자가 위나라에 머무를 때 그의 집에 묵은 적이 있다. 헌문편 14-26에도 나온다.

7

(제자들이 실언하는 실례를 범하지 않게 하도록 이렇게 당부한다.)

공자 말해 주어야 하는데, 말해주지 아니하면 사람을 잃게되고,

말해 주면 안 되는데, 말을 하면 말을 잃게된다.

지혜로운 이는 사람을 잃는 실인失人도 아니하고,

말을 잃는 실언失言도 하지 아니한다.

8

(인仁에 관한 얘기만 나오면 열강을 한다. 오늘도 다름없이)

공자 뜻있는 선비와 인仁한 사람은

夫然後行!
부 연 후 행

子張書諸紳。
자 장 서 저 신

6

子曰: 直哉史魚!
자 왈　직 재 사 어

邦有道, 如矢;
방 유 도　여 시

邦無道, 如矢。
방 무 도　여 시

君子哉蘧伯玉!
군 자 재 거 백 옥

邦有道, 則仕;
방 유 도　즉 사

邦無道, 則可卷而懷之。
방 무 도　즉 가 권 이 회 지

7

子曰: 可與言而不與之言, 失人;
자 왈　가 여 언 이 불 여 지 언　실 인

不可與言而與之言, 失言。
불 가 여 언 이 여 지 언　실 언

知者不失人, 亦不失言。
지 자 불 실 인　역 불 실 언

8

자기가 살기 위하여 인仁을 해치는 일이 없고,
자기의 몸을 죽여서 인仁을 이루는 일은 있다.

9

(하루는) 자공이 (찾아와) 어진 사람이 되는 방법에 관해 묻는다.

공자 (자공이 대인관계에 약간의 문제가 있음을 염두에 둔 듯)
목공이 일을 잘하려고 하면,
반드시 먼저 자기 공구를 잘 다듬어 놓듯,
[어진 사람이 되려면]
이 나라에 살면 [이 나라] 대부 중에서 현명한 사람을 섬기고,
[이 나라] 선비 중에서 어진 사람을 벗 삼아야 한다.

10

안연이 (찾아와 허기진 배를 감싸며 낮은 목소리로) 나라 다스리는
방법에 관해 묻는다.

공자 하나라의 책력을 행하고,
은나라의 수레를 타며,
주나라의 예관을 쓰고,
음악은 소와 무를 연주하고,
정나라 음악은 추방하고, 말 재주꾼은 멀리하라.
정나라 음악은 음란하고, 말 재주꾼은 위험하다.

11

(미리미리 대비하라는 뜻을 여덟 글자로 압축하여 말해준다.)

공자 사람이 먼 앞날을 염려하지 아니하면,
반드시 가까운 날에 근심이 닥친다.

子曰: 志士仁人,
자왈 지사인인

　　無求生而害仁,
　　무구생이해인

　　有殺身而成仁。
　　유살신이성인

9

子貢問爲仁。
자공문위인

子曰: 工欲善其事,
자왈 공욕선기사

　　必先利其器。
　　필선리기기

　　居是邦也, 事其大夫之賢者,
　　거시방야 사기대부지현자

　　　友其士之仁者。
　　　우기사지인자

10

顔淵問爲邦。
안연문위방

子曰: 行夏之時,
자왈 행하지시

　　乘殷之輅,
　　승은지로

　　服周之冕,
　　복주지면

　　樂則韶舞。
　　악즉소무

　　放鄭聲, 遠佞人。
　　방정성 원녕인

　　鄭聲淫, 佞人殆。
　　정성음 녕인태

11

子曰: 人無遠慮,
자왈 인무원려

　　必有近憂。
　　필유근우

12

(위나라 임금 영공이 여색에만 빠져 나랏일은 아랑곳하지 않는다는 말을 듣고는)

공자 (크게 실망하여 연거푸 한숨을 쉬며)

[그의 세상이 곧] 끝장나겠구나!

나는 아직 보지 못했다. 덕을 좋아하기를 여색 좋아하듯이 하는 자를!

13

(인물론 강의에서 때로는 격분하여 자리에서 벌떡 일어서기도 한다.)

공자 [노나라 대부] 장문중*, 그는 자리를 도둑질한 자일 것이다.

유하혜*가 어진 줄 알고도 [추천하여] 더불어 조정에 서지 않았으니!

장문중臧文仲 | 노나라에서 삼환三桓 세력이 등장하기 전에 권력을 장악했던 대부로, 성은 장손臧孫 이름은 진辰, 자는 중仲이다. 시호가 문文이었다. 공자 탄생 60여 년 전에 죽었다. 공야장편 05-17에서는 그가 예법을 잘 몰랐음을 질타했다.

유하혜柳下惠 | 노나라의 현자. 미자편 18-02, 18-08에도 등장한다. 맹자는 백이伯夷, 이윤伊尹, 유하혜 그리고 공자를 성인의 반열에 올려놓았다(참고, 『맹자』만장 하편 1장).

14

(오늘은 남의 원망을 듣지 않는 비결을 알려 준다. 모두 열심히 받아 적는다.)

공자 자신에 [대한 책망은] 엄하게 하고, 남에 대한 질책은 가볍게 하라.

그러면 원망을 멀리하게 될 것이다.

15

(지도자가 되려면 먼저 생각이 깊은 사람이 되어야 함을 이렇게 목 놓아 말한다.)

공자 "어찌할까? 어찌할까?" 하며 [깊이 생각하지 않는] 자는

12

子曰: 已矣乎!
자 왈   이 의 호

吾未見好德如好色者也。
오 미 견 호 덕 여 호 색 자 야

13

子曰: 臧文仲, 其竊位者與!
자 왈   장 문 중   기 절 위 자 여

知柳下惠之賢而不與立也。
지 유 하 혜 지 현 이 불 여 립 야

14

子曰: 躬自厚而薄責於人,
자 왈   궁 자 후 이 박 책 어 인

則遠怨矣。
즉 원 원 의

15

子曰: 不曰: "如之何, 如之何"者,
자 왈   불 왈   여 지 하   여 지 하   자

나도 어찌 할 수 없을 뿐이다.

16

(오늘 강의에서는 특별히 의義를 강조한다.)

공자 여럿이 어울려 지내며 하루를 마치도록
의로움에 대해서는 한마디도 하지 않고,
작은 재치 부리기만을 좋아한다면
[장래가] 난감할 것이다.

17

(참다운 군자는 어떤 사람일까를 간단명료하게 말해준다.
모두 귀담아듣는다.)

공자 군자는 도의로써 바탕을 삼고
예의로써 행하며,
공손하게 말하며,
신의로써 완성한다.
[그렇게 해야 참다운] 군자로다!

18

(군자는 진정 무엇을 병으로 여기는지를 확실하게 말해 준다.)

공자 군자는 [자기의] 무능을 병으로 여기고,
남들이 자기를 알아주지 않음은 병으로 치지 않는다.

19

(군자론 강의는 한번 나오면 그칠 줄 모른다.)

공자 군자는 평생 명성을 얻지 못하는 것을 몹시 싫어한다.

吾末如之何也已矣。
오 말 여 지 하 야 이 의

16

子曰: 群居終日,
자 왈　군 거 종 일

言不及義,
언 불 급 의

好行小慧,
호 행 소 혜

難矣哉!
난 의 재

17

子曰: 君子義以爲質,
자 왈　군 자 의 이 위 질

禮以行之,
예 이 행 지

孫以出之,
손 이 출 지

信以成之。
신 이 성 지

君子哉!
군 자 재

18

子曰: 君子病無能焉,
자 왈　군 자 병 무 능 언

不病人之不己知也。
불 병 인 지 불 기 지 야

19

子曰: 君子疾沒世而名不稱焉。
자 왈　군 자 질 몰 세 이 명 불 칭 언

20

(군자와 소인을 대비시켜 설명해 준다. 간단하여 받아쓰기 쉽다며 대단히 좋아한다.)

공자 군자는 [해결책을] 자기에게서 찾고,
　　　　소인은 [해결책을] 남들에게서 찾는다.

21

(군자론 강의는 끝날 줄을 모른다.)

공자 군자는 자긍심은 갖지만, 다투는 법이 없고,
　　　　어울리기는 하지만 편을 가르지 않는다.

22

(말을 너무 믿지도 말고, 말을 함부로 버리지도 말라고 당부한다.)

공자 군자는 말만으로 사람을 추천하지 아니하고,
　　　　사람 때문에 [그가 한] 말까지 버리지 아니한다.

23

(자공이 두 손에 무언가 잔뜩 들고 찾아온다.)

자공 죽는 날까지 명심해야 할 한 글자가 있겠습니까?

공자 그건 아마 '용서할 서恕' 일 것이다.
　　　　자기가 하고 싶지 않은 것은 남에게 시키지도 말라.

　　　　※ 맨 뒤에 있는 구절은 안연편 12-02에도 나온다.

24

(함부로 욕하지 말고, 함부로 칭찬하지도 말라며)

공자 내가 남들 가운데 누구를 욕하고 누구를 칭찬하랴?
　　　　만약 칭찬한다면, [아마도 그를] 시험해본 바가 있기 때문이다.
　　　　[내가 함부로 그렇게 하지 않는 것은], 백성들은 누구나 [하夏,

20

子曰: 君子求諸己,
자 왈 군 자 구 저 기,

小人求諸人。
소 인 구 저 인

21

子曰: 君子矜而不爭,
자 왈 군 자 긍 이 부 쟁

群而不黨。
군 이 부 당

22

子曰: 君子不以言擧人,
자 왈 군 자 불 이 언 거 인

不以人廢言。
불 이 인 폐 언

23

子貢問曰: 有一言而可以終身行之者乎?
자 공 문 왈 유 일 언 이 가 이 종 신 행 지 자 호

子曰: 其恕乎!
자 왈 기 서 호

己所不欲, 勿施於人。
기 소 불 욕 물 시 어 인

24

子曰: 吾之於人也, 誰毁誰譽?
자 왈 오 지 어 인 야 수 훼 수 예

如有所譽者, 其有所試矣。
여 유 소 예 자 기 유 소 시 의

상商, 주周] 삼대에 걸쳐 바른 길을 걸어왔기 때문이다.

25

(여유가 없고 각박해진 세상을 한탄하며)

공자 내가 알기로, [예전에는 역사를 기록하는] 사관이 [확실하지
않으면] 글을 비워 두는 [정직함이 있고],
말이 있으면 남에게 빌려주어 타보게 하는 [인정스러운]
일이 있었는데,
요즘은 [그런 일이] 없다.

26

(제자가 많다보니 그 중에는 참을성이 부족한 이도 적지 않다. 그들을
걱정하며)

공자 말을 간교하게 하면 덕을 어지럽히고,
작은 일을 참지 못하면, 큰 일을 어지럽힌다.

27

(자기 주견이 없이 부화뇌동하는 사람들이 많음을 걱정하면서 격정적인
목소리로)

공자 많은 사람이 싫어해도 반드시 살펴보고,
많은 사람이 좋아해도 반드시 살펴보라.

28

(사람의 능력과 역량을 비유적으로 설명한다. 8자 명언이라 받아 적는
이들이 많다.)

공자 사람이 길을 넓힐 수 있지,
길이 사람을 넓히는 것은 아니다.

斯民也, 三代之所以直道而行也。
사민야 삼대지소이직도이행야

25

子曰: 吾猶及史之闕文也,
자왈 오유급사지궐문야

有馬者借人乘之,
유마자차인승지

今亡矣夫!
금무의부

26

子曰: 巧言亂德。
자왈 교언난덕

小不忍, 則亂大謀。
소불인 즉난대모

27

子曰: 衆惡之, 必察焉;
자왈 중오지 필찰언

衆好之, 必察焉。
중호지 필찰언

28

子曰: 人能弘道,
자왈 인능홍도

非道弘人。
비도홍인

29

(평소 제자들의 잘못에 대하여 관대함이 묻어난다.)

공자　잘못을 하고도 고치지 아니하면, 그것을 일러 '잘못'이라고 한다.

30

(배워 아는 것이 생각하는 것보다 앞섬을 경험적으로 말해 준다.)

공자　내가 일찍이 종일 밥도 먹지 아니하고,

　　　　　　밤새 잠도 자지 아니하며,

　　　　생각을 [참으로 많이] 해봤으나 유익함이 없었다.

　　　　[한 줄 글을] 배우는 것만 못했다.

31

(군자가 가야 할 길을 대비적으로 설명한다. 제자들이 감탄을 연발한다.)

공자　군자는 [나아갈] 길을 찾지, [먹을] 밥을 찾지 아니한다.

　　　　밭을 갈아도 [배우지 않으면] 굶주림이 그 안에 있고,

　　　　글을 배우면 봉록이 그 안에 있다.

　　　　군자는 [나아갈] 길을 걱정하지, 가난을 근심하지 아니한다.

32

(강의 시간에 인仁 문제만 나오면 열강을 하고 목소리가 높아진다.)

공자　지知가 수준에 달해도 인仁으로 지켜내지 못하면,

　　　　　　비록 [나라를] 얻었다 하더라도 반드시 잃게 될 것이다.

　　　　지知가 수준에 달하고 인仁으로 지켜내도,

　　　　　　젊잖게 대하지 아니하면 백성들이 존경하지 아니할 것이다.

　　　　지知가 수준에 달하고 인仁으로 지켜내고 장엄하게 임해도,

　　　　　　백성을 동원함에 예禮로써 하지 아니하면 좋지 못하다.

29

子曰: 過而不改, 是謂過矣!
자 왈　과 이 불 개　시 위 과 의

30

子曰: 吾嘗終日不食, 終夜不寢,
자 왈　오 상 종 일 불 식　종 야 불 침

以思, 無益,
이 사　무 익

不如學也。
불 여 학 야

31

子曰: 君子謀道, 不謀食。
자 왈　군 자 모 도　불 모 식

耕也, 餒在其中矣;
경 야　뇌 재 기 중 의

學也, 祿在其中矣。
학 야　녹 재 기 중 의

君子憂道, 不憂貧
군 자 우 도　불 우 빈

餒: 굶주릴 뇌.
祿(복 록): 봉록. 봉급.

32

子曰: 知及之, 仁不能守之,
자 왈　지 급 지　인 불 능 수 지

雖得之, 必失之。
수 득 지　필 실 지

知及之, 仁能守之,
지 급 지　인 능 수 지

不莊以涖之, 則民不敬。
부 장 이 리 지　즉 민 불 경

知及之, 仁能守之, 莊以涖之,
지 급 지　인 능 수 지　장 이 리 지

動之不以禮, 未善也。
동 지 불 이 례　미 선 야

莊(풀 성할 장): 장엄하다.
涖(다다를 리): 임하다.
　대하다.

33

(소인이라고 쓸모가 전혀 없는 것은 아님을 대비적으로 설명해 준다.
모두 열심히 듣는다.)

공자 군자는 사소한 일은 잘 몰라도 큰일을 맡을 수 있고,
소인은 큰일을 맡을 수 없어도 사소한 것은 잘 안다.

34

(인仁 강의, 비유가 의표를 찌른다. 모두 놀라 입을 크게 벌린다.)

공자 백성에게는 인仁이 물이나 불보다 더 절실하다.
물과 불을 밟다가 죽은 자는 보았어도,
인仁을 밟다가 죽은 자는 아직 보지 못했다.

35

(갑자기 큰 목소리로! 다들 깜짝 놀란다.)

공자 인仁을 실천함에 있어서는 스승에게도 양보하지 말라!

36

(작은 일에 얽매여 큰일을 못 하는 제자를 주시하면서)

공자 군자는 올곧되 작은 신의에 얽매이지 아니한다.

37

(일부 제자가 제삿밥에만 관심 두는 것을 걱정하면서)

공자 임금을 섬김에 있어서 [해야 할] 일을 경건하게 하고 [먹을] 밥은
뒤로 하라.

38

(귀족, 농부, 수선공 등 다양한 제자들에게 자신의 교육관을
한 마디로 이렇게 갈파한다.)

33

子曰: 君子不可小知而可大受也,
자 왈　군 자 불 가 소 지 이 가 대 수 야

小人不可大受而可小知也。
소 인 불 가 대 수 이 가 소 지 야

34

子曰: 民之於仁也, 甚於水火。
자 왈　민 지 어 인 야　심 어 수 화

水火, 吾見蹈而死者矣,
수 화　오 견 도 이 사 자 의

未見蹈仁而死者也。
미 견 도 인 이 사 자 야

甚(심할 심): 절실하다.
蹈: 밟을 도.

35

子曰: 當仁, 不讓於師。
자 왈　당 인　불 양 어 사

36

子曰: 君子貞而不諒。
자 왈　군 자 정 이 불 량

37

子曰: 事君, 敬其事而後其食。
자 왈　사 군　경 기 사 이 후 기 식

38

공자　가르침이 있을 뿐 차별은 없다.

39

(오늘 강의도 쉬우면서 깊은 도리를 담고 있다.)

공자　[가고자 하는] 길이 같지 않으면 함께 도모하지 말라.

40

(목소리가 좋은 제자를 의식하면서)

공자　말은 뜻이 통하지 않으면 안 된다.

41

(앞을 보지 못하는) 악사 면과 (그 일행이) 계단을 오르려 한다.

공자　계단이니 [조심하세요].

(일행이) 자리를 찾는다.

공자　여기 이 자리입니다.

(일행이) 모두 자리에 앉는다.

공자　아무개는 이 자리이고, 아무개는 이 자리입니다.

(연주가 끝나고) 악사 면과 (그 일행이 모두) 퇴장한다.

자장　[그렇게 일일이 자상하게 안내하는 것이] 악사와 더불어
　　　　말하는 방법입니까?

공자　그렇다. 실로 악사를 잘 돕는 것이 도리이다.

子曰: 有教無類。
자 왈　유 교 무 류

類(무리 류): 무리 짓다.
차별하다.

39

子曰: 道不同, 不相爲謀。
자 왈　도 부 동　불 상 위 모

謀: 꾀할 모.

40

子曰: 辭達而已矣。
자 왈　사 달 이 이 의

達: 통달할 달.
而已: ~할 뿐이다. ~하면
그만이다.

41

師冕見, 及階,
사 면 현　급 계

子曰: 階也。
자 왈　계 야

及席,
급 석

子曰: 席也。
자 왈　석 야

皆坐,
개 좌

子告之曰: 某在斯, 某在斯。
자 고 지 왈　모 재 사　모 재 사

師冕出。
사 면 출

子張問曰: 與師言之道與?
자 장 문 왈　여 사 언 지 도 여

子曰: 然。固相師之道也。
자 왈　연　고 상 사 지 도 야

【제16편】

계씨

季氏

1

(노나라의 실권자) 계씨문중이 (작은 부용국) 전유를 정벌하려고 일을 꾸민다.

염유와 자로가 찾아와 아뢴다.

　　계씨문중이 [아무래도] 전유를 칠 것 같습니다.

공자　구(염유)야! [그렇다면 그의 녹봉을 받는] 너의 잘못이 아니냐?
　　무릇 전유는 옛적에 [주나라] 선왕께서 동몽산 제사를 관장하게
　　한 작은 나라이다.
　　또한 노나라 [울타리] 안에 자리하고 있으며,
　　[노나라를 하늘같이] 모시는 신하의 나라이다.
　　[그런데] 어찌 그 나라를 정벌한다는 말이냐?

염유　계씨 문중이 그렇게 하고자 하는 것이지, 저희 두 사람은
　　동조하지 않았습니다.

공자　구(염유)야! [옛날 사관이었던] 주임이 이런 말을 했다.
　　"자기 능력을 펼쳐 대열에 가담하다가 할 수 없으면 그만두라".
　　[장님이] 위태로움을 [뻔히 알면서도] 붙잡지 않고, 넘어지려
　　하는데도 부축하지 않는다면, [장님을] 도와주는 사람이 있다고
　　한들 장차 어디에 쓴단 말이냐?
　　또한 너희들의 말도 잘못 되었다.
　　호랑이나 들소가 우리 밖으로 뛰쳐나가고,
　　[귀한 보물인] 거북 껍질이나 옥이 궤 속에서 망가졌다면
　　그것이 과연 누구의 잘못이겠느냐?

염유　전유는 [땅은 작지만] 성곽이 견고하고 [계씨 문중의 땅인]
　　비읍에 가까우니,
　　지금 취하지 아니하면 반드시 후손에게 걱정거리가 될 것입니다.

1

季氏將伐顓臾。
계 씨 장 벌 전 유

冉有, 季路見於孔子,
염 유   계 로 현 어 공 자

曰: 季氏將有事於顓臾。
왈   계 씨 장 유 사 어 전 유

孔子曰: 求! 無乃爾是過與?
공 자 왈   구   무 내 이 시 과 여

夫顓臾, 昔者先王以爲東蒙主,
부 전 유   석 자 선 왕 이 위 동 몽 주

且在邦域之中矣,
차 재 방 역 지 중 의

是社稷之臣也。
시 사 직 지 신 야

何以伐爲?
하 이 벌 위

冉有曰: 夫子欲之, 吾二臣者皆不欲也。
염 유 왈   부 자 욕 지   오 이 신 자 개 불 욕 야

孔子曰: 求! 周任有言曰: "陳力就列, 不能者止"。
공 자 왈   구   주 임 유 언 왈   진 력 취 렬   불 능 자 지

危而不持, 顚而不扶, 則將焉用彼相矣?
위 이 부 지   전 이 불 부   즉 장 언 용 피 상 의

且爾言過矣,
차 이 언 과 의

虎兕出於柙,
호 시 출 어 합

龜玉毀於櫝中,
귀 옥 훼 어 독 중

是誰之過與?
시 수 지 과 여

冉有曰: 今夫顓臾, 固而近於費。
염 유 왈   금 부 전 유   고 이 근 어 비

今不取, 後世必爲子孫憂。
금 불 취   후 세 필 위 자 손 우

顓臾(전유): 노나라에
  조공을 바치던 작은
  부용국附庸國.
兕: 외뿔소 시.
柙: 우리 합.
櫝: 궤 독.
疾: 미워할 질(=嫉).
舍(=捨): 버리다.
辭: 변명할 사.
蕭牆(소장): 병풍. 집안.

공자　구(염유)야! 군자라면 [겉으로는] 탐내지 않는 척하면서 필히
　　　　[속으로는] 일을 꾸미는 그런 말을 대단히 증오한다.
　　　　내가 듣기로, 나라나 집안을 잘 다스리고자 하는 자는
　　　　[수적으로] 많지 않음을 근심하지 아니하고, [질적으로] 고르지
　　　　않음을 걱정하며,
　　　　궁핍함을 근심하지 아니하고, 평안하지 아니함을 걱정한다.
　　　　대개 고르면 궁핍하지 아니하고,
　　　　　　화목하면 적게 되지 않을 것이며,
　　　　　　평안하면 기울지 않을 것이다.
　　　　무릇 이러한 까닭에, 먼 곳에 있는 사람들이 복종하지 않으면
　　　　문화와 도덕을 닦아서 오게 하고,
　　　　온다면 편안하게 해주어야 한다.
　　　　자로와 염유, 너희들이 계씨 문중을 받들면서 먼 지방 사람들이
　　　　복종하지 않는데도 오게 하지 못하고,
　　　　나라가 갈라지고 무너지는데도 지켜내지 못하는구나!
　　　　그러면서도 나라 안에서 전쟁을 일으킬 것을 꾀하다니?
　　　　나는 계씨 문중의 근심이 전유 땅에 있는 것이 아니라,
　　　　자기 집안 내부에 있지 않을까 두렵다.

2

(정치론 강의 시간이라 으레 목소리가 굵고 힘차다.)

공자　천하에 도가 있으면 예악과 권력이 천자로부터 나오고,
　　　　천하에 도가 없으면 예악과 권력이 제후로부터 나온다.
　　　　제후로부터 나오면 대략 10세대 안에 [나라를] 잃지 않는 경우가
　　　　드물 것이고,
　　　　대부로부터 나오면 5세대 안에 잃지 않는 경우가 드물 것이며,

孔子曰: 求! 君子疾夫舍曰欲之而必爲之辭。
공자왈 구 군자질부사왈욕지이필위지사

丘也聞有國有家者,
구야문유국유가자

不患寡而患不均,
불환과이환불균

不患貧而患不安。
불환빈이환불안

蓋均無貧,
개균무빈

和無寡,
화무과

安無傾。
안무경

夫如是, 故遠人不服, 則修文德以來之。
부여시 고원인불복 즉수문덕이래지

旣來之, 則安之。
기래지 즉안지

今由與求也, 相夫子, 遠人不服, 而不能來也;
금유여구야 상부자 원인불복 이불능래야

邦分崩離析, 而不能守也;
방분붕리석 이불능수야

而謀動干戈於邦內。
이모동간과어방내

吾恐季孫之憂, 不在顓臾, 而在蕭墻之內也。
오공계손지우 부재전유 이재소장지내야

2

孔子曰: 天下有道, 則禮樂征伐自天子出;
공자왈 천하유도 즉예악정벌자천자출

天下無道, 則禮樂征伐自諸侯出。
천하무도 즉예악정벌자제후출

自諸侯出, 蓋十世希不失矣;
자제후출 개십세희불실의

自大夫出, 五世希不失矣;
자대부출 오세희불실의

世: 1 세대. 대략 30년 상당.
希(바랄 희): 드물다(=稀)
議: 의논하다. 비난하다.

가신이 권력을 잡으면 3세대 안에 잃지 않는 경우가 드물 것이다.

천하에 도가 있으면 정권이 대부에게 있으면 안 되고,

천하에 도가 있으면 서민들이 비난하지 아니한다.

3

(노나라 정치사 강의 시간 이다. 몇 차례 한숨을 쉰 다음에 말을 꺼낸다.)

공자   봉록이 [노나라 임금의] 공실을 떠난 지 [벌써] 5세대가 되었고,

정권이 대부들에게 맡겨진 지 [이미] 4세대가 되었다.

그러므로 저 삼환*의 자손이 [머지않아] 쇠미해질 것이다.

삼환三桓 | 노나라의 3대 귀족 가문인 계씨, 숙씨, 맹씨를 통칭하는 말. 모두 환공
桓公의 자손이라고 하여 삼환三桓이라고하며, 삼가三家라고도 한다. 노나라의 실권을
휘어잡은 삼환 세력은 희공僖公 때부터 일어나서 한때 노나라의 정권을 휘어잡아
왕실을 능가했다. 삼대 귀족 세력과 왕실(공실)과 끊임없는 내전으로 노나라는
약소국으로 전락하여 결국 초나라에 멸망됐다.

4

(교우론 강의! 쉽고 명쾌하게 말하자 열심히 받아 적는다.)

공자   이로운 세 벗이 있고, 해로운 세 벗이 있으니,

정직한 이를 벗하고,

성실한 이를 벗하며,

유식한 이를 벗하면 이로울 것이다.

편벽한 이를 벗하고,

유순한 이를 벗하며,

말 재주꾼을 벗하면 해로울 것이다.

5

(저마다 기호가 있게 마련이지만, 무엇을 좋아하느냐에 따라 삶이
달라짐을 역설한다.)

공자   세 가지를 좋아하면 이롭고, 세 가지를 좋아하면 해롭다.

陪臣執國命, 三世希不失矣。
배 신 집 국 명　삼 세 희 불 실 의

天下有道, 則政不在大夫。
천 하 유 도　즉 정 부 재 대 부

天下有道, 則庶人不議。
천 하 유 도　즉 서 인 불 의

3

孔子曰: 祿之去公室五世矣,
공 자 왈　녹 지 거 공 실 오 세 의

政逮於大夫四世矣,
정 체 어 대 부 사 세 의

故三桓之子孫微矣。
고 삼 환 지 자 손 미 의

4

孔子曰: 益者三友, 損者三友:
공 자 왈　익 자 삼 우　손 자 삼 우

友直,
우 직

友諒,
우 량

友多聞, 益矣;
우 다 문　익 의

友便辟,
우 편 벽

友善柔,
우 선 유

友便佞 , 損矣。
우 편 녕　손 의

5

孔子曰: 益者三樂, 損者三樂:
공 자 왈　익 자 삼 요　손 자 삼 요

예절과 음악을 절도있게 하기 좋아하고,
남들의 선행을 말하기 좋아하며,
어진 벗 많이 사귀기를 좋아하면 이롭다.
교만하게 즐김을 좋아하고,
편안하게 놀기를 좋아하며,
잔치하며 즐김을 좋아하면 해롭다.

6

(긴 설명을 한 글자로 줄여서 말하는 속뜻 강의! 제자들이 대단히
좋아한다.)

공자 군자를 모실 때 [범하기 쉬운] 세 가지 잘못이 있으니,
[윗사람이] 말을 다 하지 않았는데 [먼저] 말하는 것을
'躁'(조급할 조)라 하며,
[윗사람이] 말을 다 했는데도 대꾸하지 않는 것을
'隱'(숨길 은)이라 하며,
[윗사람의] 안색을 다 보지 않고 말하는 것을
'瞽'(장님 고)라 한다.

7

(군자론 강의 시간 이다. 나이에 따라 주의해야 할 것을 차례대로 설명한다.)

공자 군자는 경계해야 할 세 가지가 있다.
젊었을 때는 혈기가 정해지지 않았으니 여색을 경계해야 하고,
장성해서는 혈기가 최고로 강하므로 싸움을 경계해야 하며,
늙어서는 혈기가 이미 쇠약해지므로 탐욕을 경계해야 한다.

8

(이어지는 군자론 강의, 자주 쓰는 기법! 소인과의 대비로 관심을 끈다.)

樂節禮樂,
요 절 예 악

樂道人之善,
요 도 인 지 선

樂多賢友, 益矣;
요 다 현 우　익 의

樂驕樂,
요 교 락

樂佚遊,
요 일 유

樂宴樂, 損矣。
요 연 락　손 의

6

孔子曰: 侍於君子, 有三愆:
공 자 왈　시 어 군 자　유 삼 건

言未及之而言謂之躁,
언 미 급 지 이 언 위 지 조

言及之而不言謂之隱,
언 급 지 이 불 언 위 지 은

未見顔色而言謂之瞽。
미 견 안 색 이 언 위 지 고

愆: 허물 건.

7

孔子曰: 君子有三戒:
공 자 왈　군 자 유 삼 계

少之時, 血氣未定, 戒之在色;
소 지 시　혈 기 미 정　계 지 재 색

及其壯也, 血氣方剛, 戒之在鬪;
급 기 장 야　혈 기 방 강　계 지 재 투

及其老也, 血氣旣衰, 戒之在得。
급 기 로 야　혈 기 기 쇠　계 지 재 득

8

공자　군자가 두려워해야 할 세 가지가 있다.

　　　　천명을 두려워하고,

　　　　대인을 두려워하며,

　　　　성인의 말씀을 두려워해야 한다.

　　　소인은 천명을 모르니 그것을 두려워하지 아니하고,

　　　　대인을 가벼이 보며,

　　　　성인의 말씀을 업신여긴다.

9

(배우고자 스스로 찾아온 제자들을 칭찬한 다음에)

공자　나면서부터 아는 사람이 상등이고,

　　　　배워서 아는 사람이 그다음이고,

　　　　몰라서 배우고자 하는 사람이 다시 그다음이고,

　　　　모르면서도 배우지 않는 사람은 백성으로서 하등이다.

10

(다시 군자론 강의! 조목조목 하나하나 또박또박 설명한다.)

공자　군자는 [때에 맞추어 꼭] 생각해야 할 아홉 가지가 있다.

　　　　눈으로 볼 때에는 밝기를 생각하고,

　　　　귀로 들을 때에는 총기를 생각하며,

　　　　얼굴빛은 온화하기를 생각하고,

　　　　용모는 공손하기를 생각하며,

　　　　말을 할 때는 성실함을 생각하고,

　　　　일을 할 때는 공경함을 생각하며,

　　　　의문이 있을 때는 묻기를 생각하고,

孔子曰: 君子有三畏:
공 자 왈　군 자 유 삼 외

畏天命,
외 천 명

畏大人,
외 대 인

畏聖人之言。
외 성 인 지 언

小人不知天命而不畏也,
소 인 부 지 천 명 이 불 외 야

狎大人,
압 대 인

侮聖人之言。
모 성 인 지 언

9

孔子曰: 生而知之者, 上也;
공 자 왈　생 이 지 지 자　상 야

學而知之者, 次也;
학 이 지 지 자　차 야

困而學之, 又其次也。
곤 이 학 지　우 기 차 야

困而不學, 民斯爲下矣。
곤 이 불 학　민 사 위 하 의

10

孔子曰: 君子有九思:
공 자 왈　군 자 유 구 사

視思明,
시 사 명

聽思聰,
청 사 총

色思溫,
색 사 온

貌思恭,
모 사 공

言思忠,
언 사 충

事思敬,
사 사 경

疑思問,
의 사 문

畏: 두려워할 외.
狎: 가볍게 볼 압.
侮: 업신여길 모.

困(괴로울 곤): 잘 모르다.
달통하지 못하다.

분노가 치밀 때는 [남의] 어려움도 생각하며,
이득을 보게 되면 옳은 것인지를 생각한다.

11

(오늘은 나무 그늘에서 강의를 한다. 자신의 경험담을 중심으로)

공자 선량한 사람을 보면 미치지 못할 듯 [재빨리 좇아가고],
사악한 사람을 보면 끓는 물에 손 담그듯 [재빨리 떼어낸다].
나는 그런 사람을 보았고, 나는 그런 말을 들었다.
물러나 살면서도 자기 뜻을 추구하고,
의리를 실행하여 자기 길에 통달한다.
나는 그런 말은 들었으나, 아직 그런 사람은 보지
못했다.

12

(한 제자가 나와서 스승에게 배운 것을 자랑삼아 이야기한다.)

제나라 [임금] 경공은 말 사천 필을 가지고 있었으나, 죽는 날
백성 가운데 아무도 그가 덕이 있었다고 칭송하지 않았는데,
백이와 숙제*는 수양산 아래에서 굶어 죽었으나 지금까지도
백성들이 그들을 칭송하니,
[스승님께서] 아마 이 사실을 [우리에게 일깨워 주고자] 한 말씀이
아닐까?

백이와 숙제 | 참고 공야장편 05-22.

13

진강, (공자의 아들) 백어에게 묻는다(자기보다 약 스무 살이 많기에
깍듯이 예의를 갖춘다).

[아버님께] 특별히 따로 더 배운 것이 있습니까?

忿思難,
분 사 난

見得思義。
견 득 사 의

11

孔子曰: 見善如不及,
공 자 왈   견 선 여 불 급

見不善如探湯。
견 불 선 여 탐 탕

吾見其人矣, 吾聞其語矣。
오 견 기 인 의   오 문 기 어 의

隱居以求其志,
은 거 이 구 기 지

行義以達其道。
행 의 이 달 기 도

吾聞其語矣, 未見其人也。
오 문 기 어 의   미 견 기 인 야

探湯: 뜨거운 물을 더듬다.
손을 빨리 떼다.

12

齊景公有馬千駟, 死之日, 民無德而稱焉。
제 경 공 유 마 천 사   사 지 일   민 무 덕 이 칭 언

伯夷叔齊, 餓于首陽之下, 民到于今稱之。
백 이 숙 제   아 우 수 양 지 하   민 도 우 금 칭 지

其斯之謂與?
기 사 지 위 여

13

陳亢問於伯魚曰: 子亦有異聞乎?
진 강 문 어 백 어 왈   자 역 유 이 문 호

백어 없습니다.

일찍이 [아버님이] 홀로 서 계실 때 제가 종종걸음으로 뜰 앞을
지나가자,

"시詩를 배웠느냐?"라고 물어보시기에

"아직 못 배웠습니다!"라고 대답했더니

"시詩를 배우지 아니하면 [남과 더불어] 말할 게 없다."라고
말씀하셔서

그 자리를 물러나와 바로 시를 공부했습니다.

하루는 또 홀로 서 계실 때 제가 종종걸음으로 뜰 앞을 지나가자,

"예禮를 배웠느냐?'라고 물어보시기에

"아직 배우지 못했습니다."라고 대답했더니

"예禮를 배우지 아니하면 세상에 나설 수 없다."라고 말씀하셔서

물러 나와 예를 익혔습니다. 이 두 가지를 들었습니다.

진강, 물러나와 대단히 기뻐하며 (혼잣말로) 말한다.

하나를 물어서 셋을 알게 되었다.

시가 [대단히 중요함]을 알게 되었고,

예가 [대단히 중요함]을 알게 되었다.

또한 군자는 자기 아들을 직접 가르치지 아니함을 알게 되었다.

진강陳亢 | 학이편(01-10)에 나오는 자금子禽과 동일인이라는 설이 있다. 자금은
진陳나라 사람으로 이름은 강亢. 공자보다 40세 어리다. 자공의 제자라는 설도 있다.

14

(한 제자가 호칭에 대해 배운 바를 진술한다.)

나라 임금의 아내를 임금 자신이 부를 때는 '부인'이라 하고,

부인이 스스로 부를 때는 '소동'이라 하며,

자기 나라 사람들이 부를 때는 '군부인'이라 하고,

對曰: 未也。嘗獨立, 鯉趨而過庭。
대왈 미야 상독립 리추이과정

曰: "學詩乎?"
왈 학시호

對曰: "未也"
대왈 미야

"不學詩, 無以言"。
불학시 무이언

鯉退而學詩。
리퇴이학시

他日, 又獨立, 鯉趨而過庭,
타일 우독립 리추이과정

曰: "學禮乎?"
왈 학례호

對曰: "未也"。
대왈 미야

"不學禮, 無以立"。
불학례 무이립

鯉退而學禮。
리퇴이학례

聞斯二者。
문사이자

陳亢退而喜曰: 問一得三:
진강퇴이희왈 문일득삼

聞詩,
문시

聞禮,
문례

又聞君子之遠其子也。
우문군자지원기자야

14

邦君之妻, 君稱之曰夫人;
방군지처 군칭지왈부인

夫人自稱曰小童;
부인자칭왈소동

邦人稱之曰君夫人;
방인칭지왈군부인

다른 나라 사람에게 말할 때는 '과소군'이라 하며,
다른 나라 사람들이 부를 때도 '군부인'이라 한다.

稱諸異邦曰寡小君;
<ruby>칭 저 이 방 왈 과 소 군</ruby>

異邦人稱之, 亦曰君夫人。
<ruby>이 방 인 칭 지　역 왈 군 부 인</ruby>

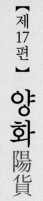

【제17편】

양화 陽貨

1

(계씨가문의 가신 출신으로 양 땅에서 큰 세력을 이룬) **양화***가 **공자**를 뵙고자 하나, **공자**가 만나주지 않는다. (그러자 **양화**가 삶은) 돼지를 선물로 보낸다.

(난감하고 난처하게 된) **공자**, **양화**가 부재중일 것 같은 때를 기하여 그의 집으로 가서 예물을 돌려준다.

(돌아오는) 길에 두 사람이 마주친다. (**공자**, 못 본 척 그냥 지나가려 한다) (**양화**가 얼른 달려가) **공자**에게 말을 건다.

이리 오시오! 내가 그대에게 할 말이 있소이다.

(**공자**, 대꾸를 하지 않고 머뭇거리자, **양화**가 다시 말한다.)

보배(포부)를 가슴에 품고 있으면서도 나라가 어지럽도록 놔둔다면 [그 사람이] 어질다고 할 수 있겠소이까?

(**공자**, 묵묵부답 멈칫거리자, **양화**가 또 다시)

[그러면] 아니 되겠지요. [그리고] 나랏일 하기를 좋아하면서 자주 때를 놓친다면 [그 사람이] 지혜롭다고 할 수 있겠소이까?

(**공자**, 대답을 머뭇거리자 **양화**가 다시 또)

[그러면] 아니 되겠지요. 해와 달이 흘러가니 세월이 우리를 [기다려 주지] 않습니다.

공자 (강권에 못 이겨 하는 수 없다는 듯, 작은 목소리로 말끝을 흐리면서)

네~! 내 장차 [언젠가는] 벼슬을 할 것이오 마는….

양화陽貨 | 양호陽虎라고도 한다(참고 자한편 09-05). 계씨 가문의 가신인데 그 가문의 우두머리 계평자가 죽자, 후계자 계환자季桓子를 잡아 가두고 권력을 차지하여 공자를 회유하려고 애를 쓴다. 공자 47세 때의 일이다.

2

(습관이 중요함을 강조하며, 간단하지만 깊은 도리를 알려준다.)

1

陽貨欲見孔子, 孔子不見, 歸孔子豚。
양 화 욕 현 공 자   공 자 불 견   궤 공 자 돈

孔子時其亡也, 而往拜之,
공 자 시 기 무 야   이 왕 배 지

遇諸塗。
우 저 도

謂孔子曰: 來! 予與爾言。
위 공 자 왈   래   여 여 이 언

曰: 懷其寶而迷其邦, 可謂仁乎?
왈   회 기 보 이 미 기 방   가 위 인 호

曰: 不可! 好從事而亟失時, 可謂知乎?"
왈   불 가   호 종 사 이 기 실 시   가 위 지 호

曰: 不可! 日月逝矣, 歲不我與?
왈   불 가   일 월 서 의   세 불 아 여

孔子曰: 諾。吾將仕矣。
공 자 왈   낙   오 장 사 의

塗: 진흙 도=途(길 도).
歸: 돌아갈 귀=饋(먹일 궤).
豚: 돼지 돈.
時: 틈탈 시.
亟: 자주 기.
逝: 갈 서.

※ 역대의 많은 주석가와 번역서들이 "曰: 不可"가 공자의 말이라고 보고 있다. 양화의 자문자답自問自答으로 보는 설이 명대의 학경지郝敬之에 의하여 제기된 후로 청대의 모기령毛奇齡, 염약거閻若璩, 왕인지王引之, 유월兪樾 그리고 근자의 양백준楊伯峻이 이를 따르고 있다. 원문을 曰자를 중심으로 개행改行하여 들여쓰기와 표점을 찍어 보면 자문자답설이 옳음을 알 수 있다. 특히 맨 끝의 '孔子曰'을 주의해서 보면 그 앞의 '曰'은 모두 양화의 말임이 명명백백하다.

【제17편】 양화

2

365

공자   인성은 [선천적이라] 서로 가깝고,
　　　　습성은 [후천적이라] 서로 다르다.

3

(뒤에서 졸고 있는 한 학생을 주시하며)

공자   [선천적인] 상등의 지혜로움과 [후천적인] 하등의 어리석음은 [잘]
　　　　바뀌지 않는다.

4

공자, (제자 자유가 읍장으로 있는 작은 시골) 무성읍을 방문한다
(여러 제자를 대동하고). (큰 나라에서나 연주하는) 예악에 맞추어
노래를 부르는 공연을 관람한다.

공자, 빙그레 웃더니 [작은 고을에서 큰 나라의 음악을 연주하는 것을
빗대어] 말한다.

　　　　닭 잡는데 어찌 소 잡는 칼을 쓰는고?

자유   (벌떡 일어나 예악 이상으로 교육도 중요하다는 말투로)
　　　　예전에 선생님께서 이렇게 말씀하시는 것을 제가 들은 바
　　　　있습니다.
　　　　"군자는 도를 배우면 남을 사랑하게 되고,
　　　　소인은 도를 배우면 일 시키기가 쉬워진다."

공자   제자들아! 자유가 한 말이 옳다. 좀 전에 내가 한 말은
　　　　농담이었다.

5

(계씨 집안의 가신으로 비읍의 읍장으로 있던) 공산불요*가 비읍을
근거지로 삼아 반란을 일으켜서 (공자를) 초빙한다. 공자가 가려고 한다.
(불같은 성격을 지닌) 자로가 몹시 언짢은 듯 볼멘소리로 아뢴다.

子曰: 性相近也,
자왈 성상근야

　　習相遠也。
　　습상원야

3

子曰: 唯上知與下愚不移。
자왈 유상지여하우불이

4

子之武城, 聞弦歌之聲。
자지무성 문현가지성

夫子莞爾而笑曰: 割鷄焉用牛刀?
부자완이이소왈 할계언용우도

子游對曰: 昔者偃也聞諸夫子曰:
자유대왈 석자언야문저부자왈

　　"君子學道則愛人,
　　군자학도즉애인

　　小人學道則易使也"。
　　소인학도즉이사야

子曰: 二三子! 偃之言是也, 前言戲之耳!
자왈 이삼자 언지언시야 전언희지이

5

公山弗擾以費畔, 召, 子欲往。
공산불요이비반 소 자욕왕

子路不說曰: 末之也, 已,
자로불열왈 말지야 이

畔(밭두둑 반): 모반하다
(=叛).

召: 부를 소.

가실 곳이 없으면 그만이지,
하필이면 (잔악무도한) 공산씨에게 가려고 하십니까?

공자 무릇 나를 부른다면 어찌 공연히 그러겠는가?
만약 나를 등용하겠다는 이가 있으면,
내가 그 나라를 동쪽의 주나라 같은 [이상 국가]가 되도록
하겠다.

공산불요 | 공산불뉴公山不狃라고도 한다. 그가 계씨 가문에 반기를 들고 자기를
도와 달라고 공자를 불렀다. 이때 공자는 50세였다. 몇 번을 망설이다가 결국 가지
않았다고 한다.

6

(어린 제자) 자장이 공자에게 인仁에 대하여 묻는다.

공자 다섯 가지를 천하에 실행할 수 있으면 인이 되느니라.

(자장이 다섯 가지가 무엇인지 자세히) 가르쳐 주기를 청한다.

공자 (48살이나 어린 제자의 기특한 질문에 매우 대견한 듯, 자상하고
나긋나긋한 말투로)
공손할 공恭, 관대할 관寬, 믿을 신信, 민첩할 민敏, 은혜 혜惠를
말한다.
공손하면 업신여김을 당하지 않고,
관대하면 많은 사람을 얻고,
믿음이 있으면 남들이 신임하게 되고,
민첩하면 공을 세우게 되고,
은혜로우면 족히 남을 부릴 수 있게 된다.

7

(진晉나라의 지방장관) 필힐이 (중모 고을을 근거지로 반기를 들어 협조를
구하고자 사람을 보내) 공자를 부르니 응하려고 한다.

(강직한 제자) 자로가 나서 말리며 말한다.

何必公山氏之之也。
하 필 공 산 씨 지 지 야

子曰: 夫召我者而豈徒哉?
자 왈　부 소 아 자 이 기 도 재

如有用我者,
여 유 용 아 자

吾其爲東周乎!
오 기 위 동 주 호

6

子張問仁於孔子。
자 장 문 인 어 공 자

孔子曰: 能行五者於天下, 爲仁矣。
공 자 왈　능 행 오 자 어 천 하　위 인 의

請問之。
청 문 지

曰: 恭, 寬, 信, 敏, 惠。
왈 공 관 신 민 혜

恭則不侮,
공 즉 불 모

寬則得衆,
관 즉 득 중

信則人任焉,
신 즉 인 임 언

敏則有功,
민 즉 유 공

惠則足以使人。
혜 즉 족 이 사 인

7

佛肸召, 子欲往。
필 힐 소　자 욕 왕

子路曰: 昔者由也聞諸夫子曰:
자 로 왈　석 자 유 야 문 저 부 자 왈

예전에 제가 듣기로 선생님께서는 이렇게 말씀하셨습니다.
"친히 불량한 일을 감행한 사람에게 군자가 가담하면 안 된다."
[그런데] 필힐이 중모 땅에서 [무도하게] 모반을 일으켰는데,
선생님께서 가려고 하시니, [도대체] 어찌된 까닭입니까?

공자 그렇다. 그런 말을 한 적이 있다.

(잠시 말을 멈추었다가 다시)

단단하면, 갈아도 얇아지지 않는다고 말하지 않느냐!
희디희면, 검게 물들여도 검어지지 않는다고 말하지 않느냐!

(만사는 자기가 하기 나름이라는 것을 이렇게 우회적으로 말하고는
잠시 쉬었다 다시)

내가 어찌 [쓸모없는] 뒤웅박이 되어야 하겠느냐?
어찌 매달려 있기만 하고 사람들에게 쓰이지 않으면 [무슨
소용이] 있겠는가?

※ 사마천의 「공자세가」(436쪽)에도 이에 관한 기록이 있다. 공야장편 05-21과
자로편 13-10에 나오는 대화도 이 때 일어난 일이라고 한다.

8

(하루는 용감한 장점이 있으나 성급한 단점이 있는 제자 자로를 따로
불러서 특별지도를 한다.)

공자 유(자로)야! 육언六言과 육폐六蔽를 들어 보았느냐?

자로 아직까지 못 들었습니다.

(공자) [여기] 앉아라! 내 자세히 말해 주마!

인仁을 좋아하되 배우지 아니하면, 그 폐단은 어리석게[愚] 되고,
지知를 좋아하되 배우지 아니하면, 그 폐단은 방탕하게[蕩] 되며,
신信을 좋아하되 배우지 아니하면, 그 폐단은 도둑맞게[賊] 되고,
직直을 좋아하되 배우지 아니하면, 그 폐단은 각박하게[絞] 되며,

"親於其身爲不善者, 君子不入也".
친 어 기 신 위 불 선 자 　 군 자 불 입 야

佛肸以中牟畔, 子之往也, 如之何?
필 힐 이 중 모 반 　 자 지 왕 야 　 여 지 하

子曰: 然。有是言也。
자 왈 　 연 　 유 시 언 야

不曰堅乎, 磨而不磷;
불 왈 견 호 　 마 이 불 린

不曰白乎, 涅而不緇。
불 왈 백 호 　 날 이 불 치

吾豈匏瓜也哉?
오 기 포 과 야 재

焉能繫而不食?
언 능 계 이 불 식

磷: 얇아질 린.
涅: 검게 물들일 날.
緇: 검을 치.
匏瓜(포과): 뒤웅박.

8

子曰: 由也, 女聞六言六蔽矣乎?
자 왈 　 유 야 　 여 문 육 언 육 폐 의 호

對曰: 未也。
대 왈 　 미 야

(子曰): 居! 吾語女。
　 　 거 　 오 어 여

好仁不好學, 其蔽也愚;
호 인 불 호 학 　 기 폐 야 우

好知不好學, 其蔽也蕩;
호 지 불 호 학 　 기 폐 야 탕

好信不好學, 其蔽也賊;
호 신 불 호 학 　 기 폐 야 적

好直不好學, 其蔽也絞;
호 직 불 호 학 　 기 폐 야 교

賊(도둑 적): 도둑맞다.
　 손해보다.
絞(목맬 교): 각박하다.
　 박절하다.
狂(미칠 광): 경솔하다.
(子曰): 원문에 없는 것을
　 넣은 것임.

371

용勇을 좋아하되 배우지 아니하면, 그 폐단은 어지럽게[亂] 되고,

강剛을 좋아하되 배우지 아니하면, 그 폐단은 경솔하게[狂] 된다.

9

(『시경』 특강 시간이다. 어느 때보다 신명나게 강의를 한다.)

공자　너희는 어찌 하여 [『시경』에 있는] 시를 배우지 않느냐?

시는 감흥을 돋게 하고,

[사물을 깊이] 관찰하게 하며,

[남들과] 어울릴 수 있게 하고,

[은근히] 원망을 할 수 있게 한다.

[『시경』에 있는 시를 잘 알면]

가까이로는 어버이를 잘 섬길 수 있게 되고,

멀리로는 임금을 잘 섬길 수 있게 되며,

날짐승과 들짐승 그리고 초목의 이름까지도 많이 알게 된다.

10

(어느 때보다 다정다감한 목소리로)

공자　[하나밖에 없는 아들] 백어에게 당부한다.

너는 [시경에 있는] 「주남」편과 「소남」편의 시를 공부했느냐?

사람으로서 「주남」편과 「소남」편의 시를 배우지 아니하면

마치 담장을 마주하고 서 있어서 [한 발짝도 앞으로 나아갈 수]

없는 것과 같다.

11

(예의와 음악을 강의할 때는 목소리가 더욱 크고 굵어진다.)

공자　예의를 차려라! 예의를 차려라! 라고, 말하는 것이 어찌 옥이나

비단 [같은 예물]만을 말하겠는가?

好勇不好學, 其蔽也亂;
호 용 불 호 학 기 폐 야 난

好剛不好學, 其蔽也狂。
호 강 불 호 학 기 폐 야 광

9

子曰: 小子何莫學夫詩?
자 왈 소 자 하 막 학 부 시

詩可以興,
시 가 이 흥

可以觀,
가 이 관

可以群,
가 이 군

可以怨。
가 이 원

邇之事父,
이 지 사 부

遠之事君,
원 지 사 군

多識於鳥獸草木之名。
다 식 어 조 수 초 목 지 명

怨: 원망할 원.
邇: 가까울 이.
事: 섬길 사.

10

子謂伯魚曰: 女爲周南, 召南矣乎?
자 위 백 어 왈 여 위 주 남 소 남 의 호

人而不爲周南, 召南,
인 이 불 위 주 남 소 남

其猶正牆面而立也與!
기 유 정 장 면 이 립 야 여

女(=汝 너 여).
牆: 담 장.
與(=歟 어조사 여).

11

子曰: 禮云禮云, 玉帛云乎哉?
자 왈 예 운 예 운 옥 백 운 호 재

云: 말할 운.
帛: 비단 백.

음악이 좋다! 음악이 좋다! 라고, 말하는 것이 어찌 종이나 북
[같은 악기]만을 말하겠는가?

12
(소인에 대한 비유가 상상을 초월한다.)
공자 겉으로는 위엄을 차리지만, 속은 들깨처럼 나약한 사람을
소인으로 비유하면
아마도 벽을 뚫고 담을 넘는 좀도둑과 같을 것이다.

13
(과분한 칭찬은 금물임을 강조하는 뜻에서)
공자 향원*은 덕을 해치는 도둑이다.

> 향원鄕愿: 속인 중에서 칭찬 받으면 유달리 우쭐대는 사람.

14
(제자들이 소문을 듣고 함부로 이야기하는 사례가 많아 이를 걱정하며)
공자 길 가다 들은 것을 [근거를 찾아보지도 않고 그대로] 길에서
말하는 것은 덕을 버리는 [짓이다].

15
(비장하게 낮지만 굵은 목소리로)
공자 비루한 사람과 더불어 임금을 섬길 수 있으랴?
그는 [명리나 자리 따위를] 얻기 전에는 그것을 얻지 못할지
걱정하고,
얻은 다음에는 잃으면 어쩌나 걱정한다.
실로 잃을까를 걱정하면 [잃지 않기 위해 무슨 일이든] 안 하는
짓이 없다.

樂云樂云, 鐘鼓云乎哉?
악 운 악 운   종 고 운 호 재

12

子曰: 色厲而內荏,
자 왈   색 려 이 내 임

　　 譬諸小人,
　　 비 저 소 인

　　 其猶穿窬之盜也與?
　　 기 유 천 유 지 도 야 여

厲(갈 려): 위엄을 차리다.
荏(들깨 임): 나약하다.
窬(협문 유): 담을 넘다.

13

子曰: 鄉原德之賊也。
자 왈   향 원 덕 지 적 야

鄉(시골 향): 비속하다.
原=愿(삼갈 원).

14

子曰: 道聽而塗說, 德之棄也。
자 왈   도 청 이 도 설   덕 지 기 야

塗(진흙 도)=途(길 도).
棄: 버릴 기.

15

子曰: 鄙夫可與事君也與哉?
자 왈   비 부 가 여 사 군 야 여 재

　　 其未得之也, 患不得之;
　　 기 미 득 지 야   환 부 득 지

　　 旣得之, 患失之。
　　 기 득 지   환 실 지

　　 苟患失之, 無所不至矣。
　　 구 환 실 지   무 소 부 지 의

鄙: 비루할 비.
苟: 진실로 구.
患不得之의 '不'은
　 소동파의 설에 의거
　 넣은 것임.

16

(세상 사람들이 예전과 많이 달라졌음을 개탄한다. 쯧쯧 혀를 차며)

공자 옛날 사람들은 세 가지 결점이 있었는데,

요즘 사람들은 그것마저 없어진 것 같다.

옛날 미치광이는 방자할 뿐이었는데,

요즘 미치광이는 방탕하기 이를 데 없다.

옛날 떠벌이는 청렴한 점이 있었는데,

요즘 떠벌이는 화를 내며 사납게 군다.

옛날 바보들은 우직할 뿐이었는데,

요즘 바보들은 사기를 치기도 한다.

17

(문득 한 영악한 인물이 떠오른 듯, 약간 상기된 표정을 지으며)

공자 말을 교묘하게 잘 하고 얼굴빛을 잘 꾸미는 사람이 인仁한

예는 무척 드물다.

　　※ 학이편(01-03)에도 똑같은 말이 나온다.

18

(갑자기 얼굴을 찡그리며)

공자 자줏빛이 붉은 빛[의 광채]를 빼앗는 것을 증오하고,

정나라의 [음란한] 음악이 아악을 문란하게 하는 것을 증오하며,

입이 날카로운 사람이 나라를 뒤엎는 것을 증오한다.

19

(하루는 자공이 찾아오자 그에게 푸념을 한다. 기진맥진한 듯)

공자 내 [이제 아무] 말도 하고 싶지 않구나!

자공 선생님이 말씀을 하지 않으면 저희가 어찌 [스승님의 도를] 전술

16

子曰: 古者民有三疾,
자 왈 고 자 민 유 삼 질

今也或是之亡也。
금 야 혹 시 지 무 야

古之狂也肆。
고 지 광 야 사

今之狂也蕩;
금 지 광 야 탕

古之矜也廉,
고 지 긍 야 렴

今之矜也忿戾;
금 지 긍 야 분 려

古之愚也直,
고 지 우 야 직

今之愚也詐而已矣。
금 지 우 야 사 이 이 의

17

子曰: 巧言令色, 鮮矣仁。
자 왈 교 언 영 색 선 의 인

疾(병 질): 결점.
亡(망할 망): 없다(=無).
肆: 방자할 사.
蕩: 방탕할 탕.
廉: 청렴할 렴.
矜: 떠벌일 긍.
忿: 성낼 분.
戾: 사나울 려.
詐: 속일 사.

18

子曰: 惡紫之奪朱也,
자 왈 오 자 지 탈 주 야

惡鄭聲之亂雅樂也,
오 정 성 지 란 아 악 야

惡利口之覆邦家者。
오 이 구 지 복 방 가 자

惡: 싫어할 오.
紫: 자줏빛 자.
奪: 빼앗을 탈.
覆: 뒤엎을 복.

19

子曰: 予欲無言。
자 왈 여 욕 무 언

子貢曰: 子如不言, 則小子何述焉。
자 공 왈 자 여 불 언 즉 소 자 하 술 언

予: 나 여.
述(지을 술): 전술하다.
行(갈 행): 바뀌다.

하겠습니까?

공자 하늘이 무슨 말을 하던가?

[그래도 하늘 아래] 네 계절이 바뀌고,

[그래도 하늘 아래] 만물이 자라난다.

[그렇다고] 하늘이 무슨 말을 하던가?

20

[노나라 임금의 신하] 유비*가 공자를 뵈려 [찾아와 대문 밖에서 기다린다는 전갈을 받아든] 공자, 아프다며 사양의 뜻을 전하라고 시킨다.

심부름꾼이 대문 밖으로 나가자, 비파를 가져와 노래를 불러 [밖에 있는] 유비가 듣게 한다.

> **유비儒悲** | 노나라 임금 애공의 신하로 공자에게 일찍이 예를 조금 배운 적이 있다고 한다.

21

(예전에 낮잠을 자다 꾸지람을 들은 적이 있는 제자가 벌떡 일어나 자신만만하게 질문을 한다.)

재아 3년상은 기한이 너무 긴 것 같습니다.

군자가 3년 동안 예를 행하지 아니하면 반드시 예가 망쳐질 것
이며,

3년 동안 음악을 행하지 아니하면 반드시 음악이 쇠퇴할
것입니다.

묵은 곡식이 다하고,

새로운 곡식이 다 여물며,

불쏘시개 나무도 새로 바꾸어야 합니다.

[그러니] 1년으로 끝내는 것이 옳을 것 같습니다.

子曰: 天何言哉?
자 왈 천 하 언 재

四時行焉,
사 시 행 언

百物生焉。
백 물 생 언

天何言哉?
천 하 언 재

20

孺悲欲見孔子, 孔子辭以疾。
유 비 욕 현 공 자 공 자 사 이 질

將命者出戶, 取瑟而歌, 使之聞之。
장 명 자 출 호 취 슬 이 가 사 지 문 지

21

宰我問: 三年之喪, 期已久矣。
재 아 문 삼 년 지 상 기 이 구 의

君子三年不爲禮, 禮必壞;
군 자 삼 년 불 위 례 예 필 괴

三年不爲樂, 樂必崩。
삼 년 불 위 악 악 필 붕

舊穀既沒,
구 곡 기 몰

新穀既升,
신 곡 기 승

鑽燧改火,
찬 수 개 화

期可已矣。
기 가 이 의

期=朞(돌 기): 1년.
鑽: 뚫을 찬.
燧: 부싯돌 수.
鑽燧(찬수): 불쏘시개 나무.

升: 익을 승.

공자 [1년 만에] 쌀밥을 먹고, 비단옷을 입는 것이 너에게는
편하겠느냐?

재아 [네!] 편안합니다.

공자 네가 편안하면 그렇게 해라.
무릇 군자가 부모상을 치를 때에는
맛있는 것을 먹어도 달지 않고,
음악을 들어도 즐겁지 않고,
방안에 살아도 편안하지 아니하므로 그렇게 하지 않는 것이다.
지금 네가 편안하기만 바라면 그렇게 해라.

재아 (시무룩한 표정을 지으며 밖으로) 나간다.

공자 (혀를 차며 혼자 말투로)
여(재아)는 [참으로] 어질지 못하구나.
자식은 태어나서 3년이 되어야 부모님 품을 벗어난다.
[그래서] 3년상은 천하에 널리 통용되는 상례이다.
여(재아)도 부모에게 3년 동안 사랑을 받았을 텐데.

22

(제자들이 학업에 열중하지만, 간혹 빈둥거리는 이가 있어 눈에 거슬리자)

공자 배불리 먹으며 하루를 마치면서도 마음을 쓰는 바가 없이
빈둥거리기만 하면 [덕을 쌓기] 어렵다.
장기나 바둑이라도 있지 아니한가?
그것을 두는 것이 [빈둥빈둥하는 것보다는] 나을 것 같다.

23

(씩씩하다는 평을 많이 듣는 제자가 벌떡 일어나 질문을 한다.
의기양양한 목소리로)

子曰: 食夫稻, 衣夫錦, 於女安乎?
자 왈 식 부 도 의 부 금 어 녀 안 호

曰: 安。
왈 안

女安, 則爲之!
여 안 즉 위 지

夫君子之居喪,
부 군 자 지 거 상

食旨不甘, 聞樂不樂,
식 지 불 감 문 악 불 락

居處不安, 故不爲也。
거 처 불 안 고 불 위 야

今女安, 則爲之!
금 녀 안 즉 위 지

宰我出。
재 아 출

子曰: 予之不仁也!
자 왈 여 지 불 인 야

子生三年然後, 免於父母之懷。
자 생 삼 년 연 후 면 어 부 모 지 회

夫三年之喪, 天下之通喪也。
부 삼 년 지 상 천 하 지 통 상 야

予也有三年之愛於其父母乎?
여 야 유 삼 년 지 애 어 기 부 모 호

旨(뜻 지): 맛 지.

22

子曰: 飽食終日, 無所用心, 難矣哉!
자 왈 포 식 종 일 무 소 용 심 난 의 재

不有博奕者乎?
불 유 박 혁 자 호

爲之猶賢乎已。
위 지 유 현 호 이

博(넓을 박): 장기.
奕(클 혁): 바둑.
賢: 나을 현.

23

자로 군자는 용맹을 숭상해야 합니까?

공자 (씩씩하기만 하면 소용이 없음을 알게 해주려면 어떻게 할지
잠시 고민하다가)
군자는 의리를 최상으로 삼는다.
군자는 용맹하지만 의리가 없으면 난을 일으키게 되고,
소인은 용맹하지만 의리가 없으면 도둑질을 하게 된다.

24

(하루는 대단히 아끼는 제자가 찾아온다. 두 손에 무언가 잔뜩 들고서)

자공 군자 또한 미워하는 것이 있습니까?

공자 미워하는 것이 있고말고!
남의 잘못을 떠들어대는 자를 미워하며,
아랫사람이 윗사람을 비방하는 자를 미워하고,
용맹하기는 하지만 예절을 지키지 않는 자를 미워하며,
과감하기만 하고 융통성이 없는 자를 미워한다.

(잠시 멈칫했다가 다시)

공자 사(자공)야! 너 또한 미워하는 자가 있느냐?

자공 [저는] 몰래 엿보고서 아는 척하는 자를 미워하고,
공손하지 아니하면서 용감한 척하는 자를 미워하며,
[남의 사사로운 일을] 들추어내며 [자기는] 솔직한 척하는 자를
미워합니다.

25

(느닷없이 한심한 표정을 지으며)

공자 오로지 여자와 소인은 대하기 어렵다.
[조금만] 가까이하면 불손하고,

子路曰: 君子尙勇乎?
자 로 왈　군 자 상 용 호

子曰: 君子義以爲上。
자 왈　군 자 의 이 위 상

　　君子有勇而無義爲亂,
　　군 자 유 용 이 무 의 위 란

　　小人有勇而無義爲盜。
　　소 인 유 용 이 무 의 위 도

24

子貢曰: 君子亦有惡乎?
자 공 왈　군 자 역 유 오 호

子曰: 有惡, 惡稱人之惡者,
자 왈　유 오　오 칭 인 지 악 자

　　惡居下流而訕上者,
　　오 거 하 류 이 산 상 자

　　惡勇而無禮者,
　　오 용 이 무 례 자

　　惡果敢而窒者。
　　오 과 감 이 질 자

曰: 賜也亦有惡乎?
왈　사 야 역 유 오 호

　　惡徼以爲知者,
　　오 요 이 위 지 자

　　惡不孫以爲勇者,
　　오 불 손 이 위 용 자

　　惡訐以爲直者。
　　오 알 이 위 직 자

訕: 헐뜯을 산.
窒(막힐 질): 융통성이 없다.
孫(=遜): 겸손하다.
徼(구할 요): 엿보다.
訐: 들추어낼 알.

【 제 17 편 】 양화

25

子曰: 唯女子與小人, 爲難養也。
자 왈　유 여 자 여 소 인　위 난 양 야

　　近之則不孫;
　　근 지 즉 불 손

[조금만] 멀리하면 원망한다.

26

(제자 중에 나이는 많은데 정신을 못 차리는 사람이 있어, 그를 걱정하며)

공자　나이가 40이 되어서도 남에게 미움을 받으면 끝장이다.

遠之則怨。
원 지 즉 원

26

子曰: 年四十而見惡焉, 其終也已。
자 왈　연 사 십 이 견 오 언　기 종 야 이

【제18편】

미자 微子

1

(은나라의 포악한 주왕의 배다른 형) 미자는 (은나라를) 떠나고, (주왕의 큰 아버지) 기자는 (미친 척) 종이 되고, (주왕의 숙부) 비간은 직언하다가 죽었다.

공자 (흠모하는 마음을 담아)

    [일찍이] 은나라에 어진 사람이 셋이나 있었구나!

2

(노나라 대부) 유하혜가 (형을 집행하는 우두머리인) 사사士師 라는 벼슬하다가 세 번이나 쫓겨났다.

사람들 그대는 아직도 [노나라를] 떠나지 않았는가?

유하혜 (의연하게 아무렇지도 않은 듯)

    도를 곧게 하여 남을 섬기면 어디를 간들 세 번 쫓겨나지 아니하랴?

    도를 굽혀 남을 섬길 바에 하필 부모의 나라를 떠날 필요가

    있겠는가?

> 유하혜柳下惠(BC 720~BC621) | 노나라의 대부. 유하는 식읍食邑이고, 혜는 시호 諡號이다. 화덕和德한 인물로 정평이 났다. 맹자가 대단히 존경했던 인물이다(참고, 위령공편 15-13)

3

제나라 (60세 정도의 늙은 임금) **경공**이 대우 문제에 대해 공자에게 말한다.

    계씨와 같이 최고로 예우하기는 어렵겠소.

    계씨와 맹씨의 중간 정도로 대우해 주면 되겠소?

(옆에 있던 재상 안영이 반대하는 눈치를 보내자, 돌연 말을 고쳐)

    내가 [너무] 늙어서.... [그대를] 등용할 수 없을 것 같소.

공자 (말이 끝나자 제나라를) 떠난다.

> ※ 사마천의「공자세가」에 안영이 반대한 사유가 소상히 기록되어 있다(423쪽). 이런 대화가 있기 이전에 안연편 12-11의 대화가 있었다. 공자 37세 때의 일로 추정된다.

1

微子去之, 箕子爲之奴, 比干諫而死。
_{미 자 거 지 기 자 위 지 노   비 간 간 이 사}

孔子曰: 殷有三仁焉。
_{공 자 왈   은 유 삼 인 언}

2

柳下惠爲士師, 三黜。
_{유 하 혜 위 사 사   삼 출}

人曰: 子未可以去乎?
_{인 왈   자 미 가 이 거 호}

曰: 直道而事人, 焉往而不三黜?
_{왈   직 도 이 사 인   언 왕 이 불 삼 출}

　　枉道而事人, 何必去父母之邦?
_{왕 도 이 사 인   하 필 거 부 모 지 방}

黜(물러날 출): 쫓겨나다.
枉(굽을 왕): 굽히다.

3

齊景公待孔子曰:
_{제 경 공 대 공 자 왈}

　　若季氏, 則吾不能;
_{약 계 씨   즉 오 불 능}

　　以季、孟之間待之。
_{이 계   맹 지 간 대 지}

曰: 吾老矣, 不能用也。
_{왈   오 노 의   불 능 용 야}

孔子行。
_{공 자 행}

4

(공자 56세 때 노나라의 국법을 총괄하는 대사구大司寇 벼슬을 지낼
때의 일이다.)

제나라가 [미인계를 써서 노나라에] 미녀 악공을 선사하자 [노나라
실권자] 계환자가 받아 [미녀와 놀아나다] 3일이나 조회에 빠졌다.
(이런 일로 보아 노나라가 곧 망할 것 같다고 생각하여 크게 실망한) **공자,**
(노나라를) 떠나 (위나라로 간다).

> ※ 이런 불미스러운 사태에 대하여 사마천의 「공자세가」에 상세한 설명이 있다
> (430~431쪽). 간략하게 요약해 본다. 제나라가 미녀 80명을 뽑아 아름다운 옷을
> 입히고, 요염한 춤을 가르쳐 멋진 말 120필과 함께 노나라 군주에게 보낸다. 공연이
> 있는 날, 실권자 계환자가 그걸 하루 종일 관람하고는 정사는 아랑곳 하지 않는다.
> 이를 보고 자로가 "선생님! 노나라를 떠날 때가 왔습니다(夫子可以行矣)."라고 말한다.
> 공자 또한 크게 환멸을 느껴 제자들과 함께 고국 노나라를 떠난다. 악사 기기가
> 전송하며 "선생에게는 아무 잘못이 없는데 왜 떠나십니까?"라고 하자 노래로 답한다.
> "군주가 여인의 말을 믿으면 군자는 떠나가고(彼婦之口, 可以出走),
> 군주가 여인을 너무 가까이 하면 신하와 나라가 망한다(彼婦之謁, 可以死敗),
> 유유히 자적하며 이렇게 세월이나 보내리라.(蓋憂哉游哉, 維以卒歲.)"

5

초나라의 **접여**가 미친 척하며 공자 옆을 지나며 큰 소리로 노래한다.

봉황새야! 봉황새야!

그대의 덕이 어찌하여 이토록 쇠락했느냐?

지난날의 잘못이야 돌이킬 수 없지만,

앞날의 잘못은 피할 수 있지 않으랴!

아서라, 그만두어라!

요즘 정치하는 자들 모두 다 위험하니까!

공자, (수레에서) 내려 그에게 (달려가) 말을 걸려고 하자,

그가 종종걸음으로 피하는 바람에 더불어 말할 겨를이 없다.

> ※ 이 때 공자 나이는 63세였고, 초나라에서 위나라로 돌아왔다고 한다(「공자세가」
> 444쪽).

4

齊人歸女樂, 季桓子受之, 三日不朝。
제 인 귀 여 악　계 환 자 수 지　삼 일 부 조

孔子行。
공 자 행

5

楚狂接輿歌而過孔子曰:
초 광 접 여 가 이 과 공 지 왈

鳳兮! 鳳兮!
봉 혜　봉 혜

何德之衰?
하 덕 지 쇠

往者不可諫,
왕 자 불 가 간

來者猶可追。
래 자 유 가 추

已而! 已而!
이 이　이 이

今之從政者殆而!
금 지 종 정 자 태 이

孔子下, 欲與之言。
공 자 하　욕 여 지 언

趨而辟之, 不得與之言。
추 이 피 지　부 득 여 지 언

趨(달릴 추): 종종걸음.
辟(임금 벽): 피하다(=避).

391

6

❶

(은거 도인) **장저**와 **걸닉**이 짝을 지어 밭을 갈고 있다. **공자**가 그 곳을
지나가다 (수레를 몰고 있는 제자) **자로**를 시켜 나루터가 어딘지
그들에게 물어보라 한 후 (수레 고삐를 대신 잡는다).

장저 수레를 잡은 저 사람은 누구인가?

자로 공구(공자)이시오.

장저 그가 노나라의 공구孔丘라고?

자로 그렇소이다.

장저 그 사람이라면 나루터를 알 거요.

❷

(자로가 다시) **걸닉**에게 다가가 묻는다.

걸닉 당신은 누구시오?

자로 저는 자로라 하오.

걸닉 그렇다면 노나라 공구의 제자란 말이오?

자로 그러하오!

걸닉 [흐린] 물이 도도하게 천하를 더럽히고 있는데, 뉘라서 그것을
[맑게] 바꾼단 말이오?
그대는 사람을 피하여 [돌아다니는] 선비인 [그대 스승을] 따르는
것보다 차라리 [우리같이 어지러운] 세상을 피해 사는 선비를
따르는 것이 더 낫지 않겠소?

(걸닉이 이렇게 말하고는) 씨앗 덮는 일을 계속하며 (그도 역시
나루터를 가르쳐 주지 않는다.)

6

❶

長沮、桀溺耦而耕, 孔子過之, 使子路問津焉。
장저 걸닉 우 이 경 공 자 과 지 사 자 로 문 진 언

長沮曰: 夫執輿者爲誰?
장 저 왈 부 집 여 자 위 수

子路曰: 爲孔丘。
자 로 왈 위 공 구

曰: 是魯孔丘與?
왈 시 노 공 구 여

曰: 是也。
왈 시 야

曰: 是知津矣。
왈 시 지 진 의

❷

問於桀溺。
문 어 걸 닉

桀溺曰: 子爲誰?
걸 닉 왈 자 위 수

曰: 爲仲由。
왈 위 중 유

曰: 是魯孔丘之徒與?
왈 시 노 공 구 지 도 여

對曰: 然。
대 왈 연

曰: 滔滔者天下皆是也, 而誰以易之?
왈 도 도 자 천 하 개 시 야 이 수 이 역 지

　　且而與其從辟人之士也,
　　차 이 여 기 종 피 인 지 사 야

　　豈若從辟世之士哉?
　　기 약 종 피 세 지 사 재

耰而不輟。
우 이 불 철

耦: 짝 우.
耕: 밭갈 경.
津: 나루 진.
輿: 수레 여.

耰: 씨를 덮을 우.
輟: 그칠 철.

❸

자로가 그들이 한 말을 전해 주자 공자, 민망한 듯 (한동안 멍하게 먼 데를 바라보다가) 말을 뱉는다.

날짐승이나 들짐승과 더불어 살 수는 없는 노릇 아닌가.

내가 사람들과 함께 살지 않고 누구와 더불어 살겠는가?

천하에 도가 있었다면 내가 구태여 더불어 바꾸고자 하지 않았을 것이다.

※ 공자 63세 때의 일이다. 채나라에서 섭葉으로 갔다가 섭공을 만나보고(참고, 자로편 13-16, 술이편 07-18) 다시 채나라로 돌아오는 도중에 이런 일이 있었다.

7

❶

자로가 [공자를] 수행하다가 뒤로 처진다. [잠시 후] 지팡이로 바구니를 둘러멘 노인을 만난다.

자로 어르신! 우리 선생님을 보셨나요?

노인 팔다리를 부지런히 움직이지 않고, 오곡조차 분간하지 못하는데, 누구를 선생님이라고 하는가?

(노인이 말을 마치자마자) 지팡이를 땅에 꽂아놓고는 김을 맨다.

❷

자로가 [공손하게] 두 손을 모으고 서 있다.

[그러자 노인이 다가와] 자로를 [자기 집에] 묵게 한다. 닭을 잡고 기장밥을 지어 대접한 후, 두 자식을 불러 인사시킨다.

다음날 자로가 돌아가서 말씀드린다.

공자 [이곳에] 은둔해 사는 은자가 분명해!

자로로 하여금 돌아가 다시 찾아보게 한다.

(말을 마치고 곧바로)

❸

子路行以告。
자 로 행 이 고

夫子憮然曰: 鳥獸不可與同群,
부 자 무 연 왈　 조 수 불 가 여 동 군

　　　　吾非斯人之徒與而誰與?
　　　　　오 비 사 인 지 도 여 이 수 여

　　　　天下有道, 丘不與易也。
　　　　　천 하 유 도　 구 불 여 역 야

憮(어루만질 무):
민망해하다.

7

❶

子路從而後, 遇丈人, 以杖荷蓧。
자 로 종 이 후　 우 장 인　 이 장 하 조

子路問曰: 子見夫子乎?
자 로 문 왈　 자 견 부 자 호

丈人曰: 四體不勤, 五穀不分, 孰爲夫子?
장 인 왈　 사 체 불 근　 오 곡 불 분　 숙 위 부 자

植其杖而芸。
식 기 장 이 운

荷(연 하): 메다.
蓧(삼태기 조): 바구니.
芸(향초 이름 운): 김매다.

❷

子路拱而立。
자 로 공 이 립

止子路宿, 殺鷄爲黍而食之, 見其二子焉。
지 자 로 숙　 살 계 위 서 이 사 지　 현 기 이 자 언

明日子路行以告。
명 일 자 로 행 이 고

子曰: 隱者也,
자 왈　 은 자 야

使子路反見之。
사 자 로 반 견 지

[자로, 그곳에] 도착해 보니 노인은 이미 떠나고 [흔적조차 없다].

❸

자로, (스승에게 배운 바를 노인의 두 아들에게 전한다.)

[나라에 나가] 벼슬을 하지 아니하면 [임금과 신하의 도리인]
의리를 [실천할 방법이] 없다.
어른과 어린이의 예절도 버리면 안 되는데,
어찌 군신의 의리를 버리면 되겠는가?
자기 몸을 깨끗하게 한답시고 [은둔하여] 큰 인륜을 어지럽히면
되겠는가?
군자가 나아가 벼슬을 한다는 것은 군신의 의를 행하기 위해서이다.
[나라에] 도가 행해지지 않는다고 이러한 도리마저 그만두면
되겠는가?

8

(세상일에) 초탈한 사람으로 백이, 숙제, 우중, 이일, 주장, 유하혜, 소련이
있다.

공자 (이상 일곱 사람에 대해 제자들에게 자세히 품평한다.)

자기 뜻을 굽히지 않고,
자기 몸을 욕되게 하지 아니한 분은 백이와 숙제이다.
유하혜와 소련에 대해 평하자면,
　　뜻을 굽히고 몸을 욕되게 했다. [그렇지만] 말을 윤리에
　　맞게 하고, 행실을 깊이 생각하여 한 점, 이것은 [높이
　　살만]하다.
우중과 이일에 대해 평하자면,
　　은거하며 말을 함부로 했다. [그렇지만] 처신이 청렴했고,

至, 則行矣
지 즉 행 의

❸

子路曰: 不仕無義。
자 로 왈　불 사 무 의

　長幼之節, 不可廢也;
　장 유 지 절　불 가 폐 야

　君臣之義, 如之何其廢之?
　군 신 지 의　여 지 하 기 폐 지

　欲潔其身, 而亂大倫
　욕 결 기 신　이 난 대 륜

　君子之仕也, 行其義也。
　군 자 지 사 야　행 기 의 야

　道之不行, 已知之矣。
　도 지 불 행　이 지 지 의

仕: 벼슬할 사.
潔: 깨끗할 결.
倫: 인륜 륜.
已(이미 이): 그만 두다.

8

逸民: 伯夷、叔齊、虞仲、夷逸、朱張、柳下惠、少連。
일 민　백 이　숙 제　우 중　이 일　주 장　유 하 혜　소 련

子曰: 不降其志,
자 왈　불 항 기 지

降: 굽힐 항

　不辱其身, 伯夷、叔齊與!
　불 욕 기 신　백 이　숙 제 여

　謂: 柳下惠、少連,
　위　유 하 혜　소 련

　　降志辱身矣。言中倫, 行中慮, 其斯而已矣。
　　항 지 욕 신 의　언 중 륜　행 중 려　기 사 이 이 의

　謂: 虞仲、夷逸,
　위　우 중　이 일

　　隱居放言。身中清, 廢中權。
　　은 거 방 언　신 중 청　폐 중 권

[세상을] 버림이 권도에 맞았다.

나로 말하자면, 그 분들과는 [생각이] 다르다. 됨이 없고, 안됨이
없다는 [고집불통이 되지는] 않겠다.

9

(노나라의 정치가 어지러워지자 악관들이 사방으로 흩어진다.)

[악관의 우두머리인] 태사 지는 제나라로 가고,

아반을 담당하던 간은 초나라로 가고,

삼반을 담당하던 요는 채나라로 가고,

사반을 담당하던 결은 진나라로 가고,

북을 치던 방숙은 황하 유역으로 들어가고,

땡땡이를 흔들던 무는 한수지역으로 들어가고,

악관을 보좌하던 양陽, 경쇠를 치던 양襄, 둘은 해변으로 간다.

10

(주나라 무왕의 아우이자 성왕의 숙부인) 주공이 (노나라 제후로 가는
아들) 노공에게 당부한다.

군자는 일가 친족을 버리지 아니하며,

　　국가 대신이 중용하지 않음을 원망하는 일이 없어야 하고,

　　원로 공신은 큰 죄가 아닌 이상 버리는 일이 없어야 하며,

　　한 사람이 모든 것을 다 갖추기를 요구하지 말아야 한다.

11

주나라에 여덟 명의 선비가 있었으니 백달, 백괄, 중돌, 중홀, 숙야, 숙하,
계수, 계와 등이 그들이다.

我則異於是, 無可無不可。
아 즉 이 어 시   무 가 무 불 가

9

大師摯適齊,
태 사 지 적 제

亞飯干適楚,
아 반 간 적 초

三飯繚適蔡,
삼 반 료 적 채

四飯缺適秦。
사 반 결 적 진

鼓方叔入於河
고 방 숙 입 어 하

播鼗武入於漢
파 도 무 입 어 한

少師陽、擊磬襄入於海。
소 사 양   격 경 양 입 어 해

適(갈 적): 가다.

10

周公謂魯公曰:
주 공 위 노 공 왈

　君子不施其親,
　군 자 불 이 기 친

　不使大臣怨乎不以。
　불 사 대 신 원 호 불 이

　故舊無大故, 則不棄也。
　고 구 무 대 고   즉 불 기 야

　無求備於一人。
　무 구 비 어 일 인

施: 버릴 이(=弛).
故舊: 원로 공신.

11

周有八士: 伯達、伯适、仲突、仲忽、叔夜、叔夏、季隨、季騧。
주 유 팔 사   백 달   백 괄   중 돌   중 홀   숙 야   숙 하   계 수   계 와

1

(공자보다 48세나 어린 제자가 어느덧 일가를 이루어 선비론을 강의한다.)

자장   선비는 위태로움을 보면 생명을 내걸고,

이득을 보면 옳은지를 생각하며,

제사 때는 경건함을 생각하고,

장사 때는 애통함을 생각하면,

가히 괜찮을 것이다.

2

(자장이 도덕 강의를 한다. 스승을 닮아 제법이다.)

자장   덕이 있되 넓지 못하고,

도를 믿되 돈독하지 아니하면,

어찌 덕과 도를 지녔다고 할 것이며,

어찌 덕과 도가 없다고 하겠는가?

3

(자장보다 4살 많은) 자하의 문인이 자장에게 사귐에 관해 물으러 온다.

자장   [그대 스승] 자하는 무엇이라고 하시던가?

문인   우리 선생님은 이렇게 말씀하셨습니다.

"괜찮은 자와는 함께하고, 좋지 않은 자는 거절하라!"

자장   다르구나! [내가 공자님께] 들은 것 하고는.

군자는 어진 사람을 존경하고 대중을 포용하며,

착한 사람은 가상히 여기고, 능하지 못한 사람은 불쌍히 여겨야

한다.

내가 크게 어질면 어찌 남들이 [나를] 받아들이지 않을 것이며,

내가 어질지 못하면 남들이 장차 나를 거절할 것이니. 어떻게

1

子張曰: 士見危致命,
자 장 왈　사 견 위 치 명

　　　　見得思義,
　　　　견 득 사 의

　　　　祭思敬,
　　　　제 사 경

　　　　喪思哀,
　　　　상 사 애

　　　　其可已矣。
　　　　기 가 이 의

2

子張曰: 執德不弘,
자 장 왈　집 덕 불 홍

　　　　信道不篤,
　　　　신 도 부 독

　　　　焉能爲有,
　　　　언 능 위 유

　　　　焉能爲亡。
　　　　언 능 위 무

篤(도타울 독): 돈독하다.
焉: 어찌 언.

3

子夏之門人問交於子張。
자 하 지 문 인 문 교 어 자 장

子張曰: 子夏云何?
자 장 왈　자 하 운 하

對曰: 子夏曰:
대 왈　자 하 왈

　　　　"可者與之, 其不可者拒之"。
　　　　가 자 여 지　기 불 가 자 거 지

子張曰: 異乎吾所聞,
자 장 왈　이 호 오 소 문

　　　　君子尊賢而容衆,
　　　　군 자 존 현 이 용 중

　　　　嘉善而矜不能。
　　　　가 선 이 긍 불 능

　　　　我之大賢與, 於人何所不容?
　　　　아 지 대 현 여　어 인 하 소 불 용

[내가] 남을 거절하고 말고 할 수 있겠는가.

4

(스승보다 44세 어리고 문학에 뛰어난 제자가 학생들을 모아놓고
열강을 한다.)

자하 비록 [여러 장인의] 작은 잔재주라 하더라도 반드시 볼 만한 것이
있다.
[그러나] 원대한 뜻을 달성하는 데는 장애가 될까 싶어
군자는 그것을 익히지 않는 것이다.

5

(자하의 강의가 갈수록 원숙해진다.)

자하 날마다 몰랐던 것을 알게 되고,
달마다 잘하던 것을 잊지 아니하면, 배우기를 좋아한다고 할
만하다.

6

(학문에 뛰어난 제자답게 학문의 요체 네 가지를 기막히게 잘
표현한다.)

자하 널리 배우고, 뜻을 돈독하게 하며,
간절하게 묻고, 가까운 것부터 생각하라.
그러면 인仁이 그 가운데 있다.

7

(자하의 군자론 강의도 일취월장, 점입가경이다.)

자하 장인들은 작업장에서 그의 일을 이루고,
군자들은 배움으로써 그의 도에 이른다.

我之不賢與, 人將拒我, 如之何其拒人也?
아 지 불 현 여   인 장 거 아   여 지 하 기 거 인 야

4

子夏曰: 雖小道, 必有可觀者焉;
자 하 왈   수 소 도   필 유 가 관 자 언

致遠恐泥, 是以君子不爲也。
치 원 공 니   시 이 군 자 불 위 야

泥(진흙 니): 장애.

5

子夏曰: 日知其所亡,
자 하 왈   일 지 기 소 무

月無忘其所能, 可謂好學也已矣。
월 무 망 기 소 능   가 위 호 학 야 이 의

6

子夏曰: 博學而篤志,
자 하 왈   박 학 이 독 지

切問而近思,
절 문 이 근 사

仁在其中矣。
인 재 기 중 의

7

子夏曰: 百工居肆以成其事,
자 하 왈   백 공 거 사 이 성 기 사

君子學以致其道。
군 자 학 이 치 기 도

肆(방자할 사): 일터. 작업장.
致(보낼 치): 이르다.

8

(군자론 강의에서 빠트린 부분을 보충한다.)

자하 소인은 잘못을 하면 반드시 [겉으로] 꾸미며 [속이려고] 한다.

9

(군자론 강의가 끝없이 이어진다. 신이 난 듯 만면에 웃음을 띠고)

자하 군자는 세 가지로 다르게 보인다.

  [멀리서 외모를] 바라보면 의젓하게 보이고,

  가까이에서 대면하면 온화하게 보이며,

  그의 말을 들어 보면 명확하게 들린다.

10

(자하의 군자론 강의 수준이 나날이 달라진다. 스승 못지않다.)

자하 군자는 믿음을 얻은 뒤에 백성들을 수고롭게 한다.

  믿음을 얻기 전에 [그렇게] 하면 [백성들이] 자기들을

  괴롭힌다고 여기기 때문이다.

  믿음을 얻은 뒤에 [임금에게] 직언한다.

  믿음을 얻기 전에 [그렇게] 하면 [임금이] 자기를 비방

  한다고 여기기 때문이다.

11

(자하의 윤리 강의, 간단하면서도 깊은 도리가 있다.)

자하 큰 덕이 테두리를 벗어나지 아니하면,

  작은 덕은 출입이 있어도 무방하다.

12

(자유와 자하는 문학에 뛰어난 두 제자로 유명하다. 하루는 나이가
한 살 더 많은 자유가 자하를 찾아가 교육에 관한 논쟁을 벌인다.)

8

子夏曰: 小人之過也必文。
자 하 왈   소 인 지 과 야 필 문

文(글월 문): 꾸미다.
장식하다(=紋 무늬 문).

9

子夏曰: 君子有三變:
자 하 왈   군 자 유 삼 변

望之儼然,
망 지 엄 연

卽之也溫,
즉 지 야 온

聽其言也厲。
청 기 언 야 려

儼: 의젓할 엄.
卽(곧 즉): 나아가다.
　다가가다(=就).
厲(갈 려): 분명하다.
　명확하다.

10

子夏曰: 君子信而後, 勞其民,
자 하 왈   군 자 신 이 후   노 기 민

未信, 則以爲厲己也:
미 신   즉 이 위 려 기 야

信而後諫,
신 이 후 간

未信, 則以爲謗己也。
미 신   즉 이 위 방 기 야

勞(일할 로): 수고롭게 하다.
厲(갈 려): 괴롭히다.
諫(간할 간): 직언하다.
謗(헐뜯을 방): 비방하다.

11

子夏曰: 大德不踰閑,
자 하 왈   대 덕 불 유 한

小德出入可也。
소 덕 출 입 가 야

踰: 넘을 유.
閑(막을 한): 테두리. 울타리.

12

자유 자하! 그대의 제자들은 청소하고 접대하고 들고나는 [예절은] 괜찮으나, 이는 사소한 일일 뿐이다.
본질적인 것은 없으니 어찌된 일이오?

자하 (듣자마자 곧바로)
아! [그런가? 내가 보기엔] 언유(자유)! 자네가 지나친 것 같으이!
군자의 도 가운데 어느 것이 먼저이면 잘 전수해 주고,
어느 것이 나중이면 좀 미루어야 하지 않을까?
초목으로 비유하자면, 종류별로 나누어 [가꾸듯이] 말일세!
군자의 도를 어찌 속일 손가?
처음이 있고 끝이 있는데, [모든 것을 한꺼번에 다 아는 것은]
오로지 성인만이 가능할 것일세!

13
(자하의 취업론을 들어보자.)

자하 벼슬을 하다 여력이 있으면 배우고,
배우다 여력이 있으면 벼슬을 하라.

14
(슬퍼도 몸을 다치게 하는 일은 없어야 한다[哀而不傷]*는 스승의 명언이
생각난 듯)

자유 상례는 슬픔을 극진하게 표하는 것으로 그쳐야 한다.

애이불상哀而不傷은 팔일편 03-20에 나온다.

15
(자유가 세 살 어린 자장을 평한다.)

자유 내가 자장을 벗하는 것은 그가 어려운 일을 잘하기 때문이다.
그러나 아직 인仁에 이르지는 못했다.

子游曰: 子夏之門人小子,
자 유 왈   자 하 지 문 인 소 자

　　當灑掃、應對、進退, 則可矣, 抑末也。
　　당 쇄 소   응 대   진 퇴   즉 가 의   억 말 야

　　本之則無, 如之何?
　　본 지 즉 무   여 지 하

子夏聞之曰: 噫! 言游過矣!
자 하 문 지 왈   희   언 유 과 의

　　君子之道, 孰先傳焉?
　　군 자 지 도   숙 선 전 언

　　孰後倦焉?
　　숙 후 권 언

　　譬諸草木, 區以別矣。
　　비 저 초 목   구 이 별 의

　　君子之道, 焉可誣也?
　　군 자 지 도   언 가 무 야

　　有始有卒者, 其惟聖人乎!
　　유 시 유 졸 자   기 유 성 인 호

倦: 게으를 권.
誣(무고할 무): 속이다.
　기망하다.

13

子夏曰: 仕而優則學,
자 하 왈   사 이 우 즉 학

　　學而優則仕。
　　학 이 우 즉 사

14

子游曰: 喪致乎哀而止。
자 유 왈   상 치 호 애 이 지

15

子游曰: 吾友張也, 爲難能也, 然而未仁。
자 유 왈   오 우 장 야   위 난 능 야   연 이 미 인

16

(자유와 동갑인 증자가 세 살 어린 자장을 평한다.)

증자　당당하다! 자장이여! [그러나] 더불어 인仁을 실천하기는
　　　어렵겠다.

17

(증자, 자기 학생들에게 스승에 대한 회고담을 늘어놓는다.)

증자　나는 [일찍이] 선생님이 다음과 같이 하시는 말씀을 들었다.
　　　"사람이 [평상시에는] 자신의 감정을 다 드러내는 일이 없지만,
　　　부모상을 당했을 때는 반드시 [그렇게 하더라]."

18

(자기 학생들에게 스승에 대한 회고담을 들려준다. 감회에 젖어 눈을
지그시 감고)

증자　나는 [일찍이] 선생님이 다음과 같이 하시는 말씀을 들었다.
　　　"맹장자*가 한 여러 가지 효도 가운데
　　　다른 일은 [누구나] 할 수 있겠으나,
　　　부친의 신하와 정치를 고치지 않고 [그대로 계승한] 일,
　　　그것을 [아무나] 하기는 실로 어렵다."

　　맹장자孟莊子 | 노나라의 대부. 효행으로 유명하다. 공자 탄생 1년 후인 BC 550년에
　　세상을 떠났다.

19

(노나라의 권문세가) 맹씨 가문이 (증자의 제자인) 양부를 (법무를 관장
하는) 사사로 삼자, (양부가 스승인) 증자에게 (어떻게 하면 법관 일을 잘
할 수 있을지를) 물으러 온다.

16

曾子曰: 堂堂乎! 張也, 難與竝爲仁矣!
증 자 왈　당 당 호　장 야　난 여 병 위 인 의

17

曾子曰: 吾聞諸夫子:
증 자 왈　오 문 저 부 자

　　"人未有自致者也,
　　　인 미 유 자 치 자 야

　　必也親喪乎!"
　　　필 야 친 상 호

18

曾子曰: 吾聞諸夫子:
증 자 왈　오 문 저 부 자

　　"孟莊子之孝也,
　　　맹 장 자 지 효 야

　　其他可能也,
　　　기 타 가 능 야

　　其不改父之臣與父之政,
　　　기 불 개 부 지 신 여 부 지 정

　　是難能也。"
　　　시 난 능 야

19

孟氏使陽膚爲士師, 問於曾子。
맹 씨 사 양 부 위 사 사　문 어 증 자

증자 윗사람이 바른 도리를 잃어 백성들이 뿔뿔이 흩어진 지 오래다.
만약 [교도소에 오게 된] 속사정을 알게 되면 불쌍히 여겨야지,
[절대로] 기쁜 기색을 보이면 안 된다.

20

(자공이 자기 학생들에게 역사 강의를 한다. 근엄한 목소리로)

자공 [은나라의 폭군으로 알려진] 주왕의 악덕함은 사실 그토록
심했던 것이 아니라, [포악한 군주라는 하류로 낙인찍혔기
때문이다]. 군자가 하류에 처하기를 싫어하는 까닭은, 천하의
악덕이 모두 그곳으로 귀착되기 때문이다.

21

(자공의 군자론 강의가 인기를 끈다. 특히 비유법이 일품이다.)

자공 군자가 잘못함은 일식이나 월식과 같다.
잘못이 있으면 사람들이 모두 바라보고,
잘못을 고치면 사람들이 모두 우러러본다.

22

위(나라의 대부) 공손조가 자공에게 물어본다.
[그대의 스승인] 중니(공자)는 누구에게 배웠소이까?

자공 [주나라] 문왕과 무왕의 도가 아직 땅에 떨어지지 않아 여러
사람에게 남아 있습니다.
현명한 사람은 큰일을 기억하고 있고,
현명하지 않은 사람이라도 작은 일을 기억하고 있습니다.
문왕과 무왕의 도를 지니고 있지 아니한 사람은 아무도 없습니다.
[저의] 선생님께서 누구에겐들 배우지 않았겠습니까?
또한 어찌 특별히 정한 스승이 따로 있었겠습니까?

曾子曰: 上失其道, 民散久矣。
증 자 왈　상 실 기 도　민 산 구 의

如得其情, 則哀矜而勿喜。
여 득 기 정　즉 애 긍 이 물 희

20

子貢曰: 紂之不善, 不如是之甚也。
자 공 왈　주 지 불 선　불 여 시 지 심 야

是以君子惡居下流, 天下之惡皆歸焉。
시 이 군 자 오 거 하 류　천 하 지 악 개 귀 언

21

子貢曰: 君子之過也, 如日月之食焉:
자 공 왈　군 자 지 과 야　여 일 월 지 식 언

過也, 人皆見之,
과 야　인 개 견 지

更也, 人皆仰之。
경 야　인 개 앙 지

22

衛公孫朝問於子貢曰:
위 공 손 조 문 어 자 공 왈

墜: 떨어질 추.
識: 기억할 지.

仲尼焉學。
중 니 언 학

子貢曰: 文、武之道, 未墜於地, 在人。
자 공 왈　문　무 지 도　미 추 어 지　재 인

賢者識其大者,
현 자 지 기 대 자

不賢者識其小者。
불 현 자 지 기 소 자

莫不有文、武之道焉。
막 불 유 문　무 지 도 언

夫子焉不學?
부 자 언 불 학

而亦何常師之有?
이 역 하 상 사 지 유

23

(노나라의 대부) 숙손무숙이 조정에서 다른 대부들에게 자공이 중니
(공자)보다 어질다고 말한다.

(그 말을 들은) 자복경백이 자공에게 (들은 대로) 일러준다.

자공   (약간 상기된 표정으로 야릇한 미소를 지으며)

     궁궐의 담장에 비유하자면,

     나의 담장은 어깨높이 정도밖에 되지 않아서 [누구나] 집안의
     좋은 것을 들여다볼 수 있습니다.

     [그러나] 선생님의 담장은 몇 길이나 되기 때문에

     문을 열고 안으로 들어가 보지 아니하면

     종묘의 아름다움은 물론 많은 백관의 모습을 일일이 다 볼 수
     가 없답니다.

     [그런데] 문을 열고 들어가 본 사람이 대단히 적습니다.

     [그러니] 무릇 그대가 그렇게 말하는 것도 무리는 아닐 것
     같소이다.

24

숙손무숙이 중니(공자)를 이러쿵저러쿵 비방한다.

자공   그러지 마시오. 우리 선생님은 [당신 같은 사람이] 비방할 수
     있는 그런 분이 아닙니다.

     다른 사람이 현명한 것은 언덕 같아서 [누구나 쉽게] 넘을 수
     있습니다.

     [하지만] 우리 선생님은 해와 달과 같습니다. [아무도] 넘을 수
     없지요.

     사람들이 비록 스스로 끊고 싶어도 어찌 해와 달에 손상을
     입히겠습니까?

23

叔孫武叔語大夫於朝,
숙 손 무 숙 어 대 부 어 조

曰: 子貢賢於仲尼。
왈　 자 공 현 어 중 니

子服景伯以告子貢。
자 복 경 백 이 고 자 공

子貢曰: 譬之宮牆,
자 공 왈　 비 지 궁 장

賜之牆也及肩, 窺見室家之好。
사 지 장 야 급 견　 규 견 실 가 지 호

夫子之牆數仞,
부 자 지 장 수 인

不得其門而入,
부 득 기 문 이 입

不見宗廟之美, 百官之富。
불 견 종 묘 지 미　 백 관 지 부

得其門者或寡矣。
득 기 문 자 혹 과 의

夫子之云, 不亦宜乎!
부 자 지 운　 불 역 의 호

牆: 담 장.
肩: 어깨 견.
窺(구멍 규): 엿보다.
　들여다 보다.
仞: 길 인.
宜: 마땅할 의.

24

叔孫武叔毀仲尼。
숙 손 무 숙 훼 중 니

子貢曰: 無以爲也! 仲尼不可毀也。
자 공 왈　 무 이 위 야　 중 니 불 가 훼 야

他人之賢者, 丘陵也, 猶可踰也;
타 인 지 현 자　 구 릉 야　 유 가 유 야

仲尼, 日月也, 無得而踰焉。
중 니　 일 월 야　 무 득 이 유 언

人雖欲自絶, 其何傷於日月乎?
인 수 욕 자 절　 기 하 상 어 일 월 호

毀: 헐뜯을 훼.
踰: 넘을 유.

[그러다가 오히려] 자기 도량이 좁은 것만 많이 드러낼 뿐입니다.

25

진자금*이 자공을 평하여 말한다.

그대가 겸손해서 그렇지,

중니(공자)가 어찌 그대보다 더 낫겠소?

자공 군자는 한마디 말만 들어보면 유식한지를 알고,

한마디 말만 들어보면 무식한지를 알게 됩니다.

[그러니] 말을 조심하지 않으면 아니 됩니다.

우리 선생님을 [누구도] 능가할 수 없음은 마치 하늘을 사닥다리로

오를 수 없는 것과 같소이다.

[만약] 우리 선생님께서 나라를 다스리게 된다면,

이른바, [백성을] 자립시켜 잘 살게 하고,

[백성을] 교화시켜 덕을 쌓게 하며,

[백성을] 편안하게 하여 [그리로] 몰려오게 하고,

[백성을] 동원하여 화합하게 할 것입니다.

[선생님께서] 살아 계시면 영광이 함께 하고,

[선생님께서] 돌아가시면 [누구나] 애통해 할 것입니다.

이러할진대 그 분을 [제가] 어찌 능가할 수 있겠소이까!

진자금陳子禽(BC 511~BC 430) | 자字를 자강子亢 또는 자금子禽이라 했다.
진陳나라 군주 진호공陳胡公의 20세손. 형(陳子車)은 제나라 대부를 지냈다.
공자 제자의 제자인데, 자공의 제자라는 설도 있다. 학이편 01-10에 나오는
자금子禽, 계씨편 16-13에 나오는 진강陳亢이 모두 동일 인물이다.

多見其不知量也
다 견 기 부 지 량 야

25

陳子禽謂子貢曰: 子爲恭也,
진 자 금 위 자 공 왈　자 위 공 야

　　　　仲尼豈賢於子乎?
　　　　중 니 기 현 어 자 호

子貢曰: 君子一言以爲知,
자 공 왈　군 자 일 언 이 위 지

　　一言以爲不知,
　　일 언 이 위 부 지

　　言不可不愼也。
　　언 불 가 불 신 야

　　夫子之不可及也, 猶天之不可階而升也。
　　부 자 지 불 가 급 야　유 천 지 불 가 계 이 승 야

　　夫子之得邦家者,
　　부 자 지 득 방 가 자

　　所謂立之斯立,
　　소 위 입 지 사 립

　　　　道之斯行,
　　　　도 지 사 행

　　　　綏之斯來,
　　　　수 지 사 래

　　　　動之斯和。
　　　　동 지 사 화

　　其生也榮,
　　기 생 야 영

　　其死也哀。
　　기 사 야 애

　　如之何其可及也!
　　여 지 하 기 가 급 야

階(섬돌 계): 사닥다리.
道(=導): 인도하다. 교화하다.
綏: 편안할 수.

【제20편】

요 왈 堯曰

1

❶

요임금이 [순에게 자리를 물려주며] 당부한다.

　아! 그대 순 [듣거라]!

　하늘의 운수가 그대 몸에 있으니, 진실로 그 가운데를 잡아라.

　사해천하[의 백성이] 곤궁해지면 [그대에게 내려진] 하늘의

　복록이 영원히 끊어지리라!

순임금이 우에게 자리를 물려줄 때에도 그런 당부를 했다.

(은나라 **탕왕**이 천자의 자리에 오를 때) 맹세한다.

　나 소자 이履(탕왕의 이름)는

　검은 소를 제물로 바치며, 크고 크신 상제께 감히 아뢰옵나이다.

　죄가 있으면 함부로 사면하지 않겠으며, 상제의 신하라도 유능한

　이를 묻어두지 않을 것이며, [그들의] 간택은 오로지 상제의

　마음에 달려 있습니다.

　저에게 죄가 있다면 만방을 탓하지 않겠으며,

　만방에 죄가 있다면 저에게 죄를 묻겠습니다.

❷

주나라에는 하늘이 내리신 선물, 즉 착한 인재가 참으로 많았다.

비록 가까운 친척이 있으나, 어진 사람(仁人)만 같지 못하며,

백성의 허물은 자기 한 사람에게 있다고 여겼다.

저울과 도량형을 바로잡고, 문물제도를 정비하고, 폐했던 관직을

복구하여 사방의 정치가 제대로 행해졌다.

망한 작은 나라를 부흥시켜 주고, 끊어진 세대를 이어주며,

숨은 인재를 등용시켜주니 천하의 민심이 주나라로 돌아왔다.

1

❶

堯曰: 咨! 爾舜!
요 왈　자　이 순

　　天之曆數在爾躬, 允執其中。
　　천 지 력 수 재 이 궁　윤 집 기 중

　　四海困窮, 天祿永終。
　　사 해 곤 궁　천 록 영 종

舜亦以命禹。
순 역 이 명 우

曰: 予小子履,
왈　여 소 자 리

　　敢用玄牡, 敢昭告于皇皇后帝:
　　감 용 현 모　감 소 고 우 황 황 후 제

　　有罪不敢赦, 帝臣不蔽, 簡在帝心。
　　유 죄 불 감 사　제 신 불 폐　간 재 제 심

　　朕躬有罪, 無以萬方;
　　짐 궁 유 죄　무 이 만 방

　　萬方有罪, 罪在朕躬。
　　만 방 유 죄　죄 재 짐 궁

　　※ 曰자 앞에 '湯'자가 생략되었다고 보는 것이 통설이다.
　　『서경』상서(商書) 탕고(湯誥)에 이와 비슷한 말이 나온다.

小子: 왕의 자칭.
履: 탕왕의 이름
牡: 수컷 모.
簡: 간택할 간.

【제20편】 요왈

❷

周有大賚, 善人是富。
주 유 대 뢰　선 인 시 부

雖有周親, 不如仁人, 百姓有過, 在予一人。
수 유 주 친　불 여 인 인　백 성 유 과　재 여 일 인

謹權量, 審法度, 修廢官, 四方之政行焉。
근 권 량　심 법 도　수 폐 관　사 방 지 정 행 언

興滅國, 繼絕世, 擧逸民, 天下之民歸心焉。
흥 멸 국　계 절 세　거 일 민　천 하 지 민 귀 심 언

[주나라가] 소중히 여겼던 것은 백성, 식량, 상례, 제례였다.

너그러우면[寬] 많은 사람을 얻고,

믿음이 있으면[信] 백성들이 신임하고,

민첩하면[敏] 공을 세우고,

공정하면[公] [백성들이] 기뻐한다.

2

❶

자장이 공자에게 묻는다.

어떻게 하면 정치를 잘 할 수 있겠습니까?

공자 다섯 가지 미덕을 존중하고, 네 가지 악덕을 물리치면 정치를
잘 할 수 있을 것이다.

자장 다섯 가지 미덕은 무엇을 말씀하는지요?

공자 군자는 은혜롭게 베풀되 낭비하지 않도록 하고,

수고롭게 부리되 원망하지 않도록 하며,

의욕있게 보이되 탐욕 하지 않도록 하고,

태연하게 보이되 교만하지 않도록 하며,

위엄있게 보이되 맹폭하지 않도록 한다.

자장 '은혜롭게 베풀되 낭비하지는 않도록 한다'는 무슨 뜻인지요?

공자 (어린 제자의 끈질긴 질문을 가상하게 여겨 자상하게 답한다.)

백성들에게 이로운 것을 더욱 이롭게 하면 그렇게 되지 않겠는가?

노역할 수 있는 [농한기를] 택하여 노역시키니 누구를 원망
하겠는가?

인仁을 하고자 하는 의욕으로 인仁을 얻으니, 무엇을 탐하겠는가?

군자는 많고 적음을 따지지 아니하고,

所重: 民、食、喪、祭。
소중 민 식 상 제

寬則得衆,
관 즉 득 중

信則民任焉,
신 즉 민 임 언

敏則有功,
민 즉 유 공

公則說。
공 즉 열

2

子張問於孔子曰: 何如斯可以從政矣?
자 장 문 어 공 자 왈   하 여 사 가 이 종 정 의

子曰: 尊五美, 屏四惡, 斯可以從政矣。
자 왈 존 오 미   병 사 악   사 가 이 종 정 의

子張曰: 何謂五美?
자 장 왈   하 위 오 미

子曰: 君子惠而不費,
자 왈 군 자 혜 이 불 비

　　勞而不怨,
　　노 이 불 원

　　欲而不貪,
　　욕 이 불 탐

　　泰而不驕,
　　태 이 불 교

　　威而不猛。
　　위 이 불 맹

子張曰: 何謂惠而不費?
자 장 왈   하 위 혜 이 불 비

子曰: 因民之所利而利之, 斯不亦惠而不費乎!
자 왈   인 민 지 소 리 이 리 지   사 불 역 혜 이 불 비 호

　　擇可勞而勞之, 又誰怨?
　　택 가 로 이 노 지   우 수 원

　　欲仁而得仁, 又焉貪?
　　욕 인 이 득 인   우 언 탐

　　君子無衆寡,
　　군 자 무 중 과

　　無小大,
　　무 소 대

屏(병풍 병): 막다.
　　물리치다.
慢(게으를 만): 오만하다.
泰(클 태): 태연하다.
瞻(볼 첨): 우러러 보다.
儼: 의젓할 엄.

작거나 크거나를 관계하지 아니하며,

과감하거나 교만하거나를 가리지 아니하니,

이 또한 태연하되 교만하지 않는 것이 아니겠는가!

군자가 의관을 바르게 하며,

올려다보는 것을 높이면,

사람들이 엄숙하게 바라보며 두려워하니,

이 또한 위엄이 있으되 맹폭하지 않는 것이 아니겠는가?

❷

자장 네 가지 악덕은 무엇을 말씀하는지요?

공자 (한자의 속뜻으로 명쾌하게 설명해 주니, 제자들이 환호한다.)

가르치지 않고 죽게 하는 것을 '虐'(잔인할 학)이라 하고,

미리 훈계시키지 않고 결과만 따지는 것을 '暴'(포악할 포)라 하며,

명령을 태만하게 하고 기일만 따지는 것을 '賊'(해칠 적)이라 하고,

어차피 남에게 주어야 할 재물인데, 출납에 인색한 것을 '유사

有司'라고 한다.

3

(제자의 질문을 받지 않고 지금까지의 강의를 세 마디로 압축하여

요약한다. 결론으로 볼 수도 있겠다.)

공자 천명을 알지 못하면 군자가 될 수 없고,

예법을 알지 못하면 사회에 설 수 없고,

언어를 알지 못하면 사람을 알 수 없다.

無敢慢,
_{무 감 만}

斯不亦泰而不驕乎!
_{사 불 역 태 이 불 교 호}

君子正其衣冠,
_{군 자 정 기 의 관}

尊其瞻視,
_{존 기 첨 시}

儼然人望而畏之,
_{엄 연 인 망 이 외 지}

斯不亦威而不猛乎!
_{사 불 역 위 이 불 맹 호}

子張曰: 何謂四惡?
_{자 장 왈 하 위 사 악}

子曰: 不教而殺謂之虐;
_{자 왈 불 교 이 살 위 지 학}

不戒視成謂之暴;
_{불 계 시 성 위 지 포}

慢令致期謂之賊;
_{만 령 치 기 위 지 적}

猶之與人也, 出納之吝謂之有司。
_{유 지 여 인 야 출 납 지 린 위 지 유 사}

3

子曰: 不知命, 無以爲君子也。
_{자 왈 부 지 명 무 이 위 군 자 야}

不知禮, 無以立也。
_{부 지 례 무 이 립 야}

不知言, 無以知人也。
_{부 지 언 무 이 지 인 야}

【 국역 후기 】

논어를 읽지 아니하면 지성인이 될 수 없다. 중국에서는 1990년부터 논
어를 초중고 학생들의 필독서로 삼고 있다. 논어에 대한 주석 작업이 수
없이 이루어졌다. 한나라 때부터 청나라 말까지만 해도 총 1,100여 종이
나 된다고 한다(《論語注疏》7쪽). 근현대 저작을 합치면 2,000종이 훨씬
넘을 것이다. 우리나라에서 논어를 국역하는 일은 조선 선조 21년(1588)
에 시작되었다. 그때 나온 《논어언해》(論語諺解)를 필두로, 지금까지
300여종의 논어 번역서, 해설서가 줄이어 나왔다.

그러나 논어 전문을 우리말로 하루 이틀 만에 줄줄 다 읽을 수 있도
록 편찬된 책이 없다. 그럼에도 논어를 읽고 싶어 하는 사람들은 대단히
많다. 그래서 이 책을 엮게 되었다. 우리말로 속뜻을 깊이 생각하며 재미
있게 읽을 수 있도록 하였기에 『우리말 속뜻 논어』라고 이름하였다. 498
장의 대화록을 드라마 대본처럼 인물, 사건, 배경이라는 3대 요소에 근거
하여 간단한 지시문을 첨가하였다. 그래서 '전광진교수가 드라마로 엮은'
이라는 말을 앞에 덧붙였다.

논어 국역의 역사는 400년이 넘는다. 오랜 역사에서 처음 시도된 네

가지 특징을 간단하게 소개해 본다. 【일러두기】와 중복을 피하기 위하여 자세한 설명은 생략한다.

첫째, 처음 입문하려는 분을 위하여 가급적 쉬운 우리말로 옮겼다.
둘째, 전후 상황을 이해하기 쉽게 드라마 대본처럼 엮었다.
셋째, 국역한 논어만 읽어도 전체를 이해할 수 있도록 하였다.
넷째, 더 깊이 알고 싶은 분을 위하여 원문을 찾기 쉽게 배치하였다.

중국 언어학, 문자학, 훈고학, 음운학 등을 예전에는 소학(小學)이라고 하였다. 필자는 소학을 전공하였지만 대학(大學) 분야에 속하는 논어에 대하여 남다른 사랑과 애착을 느끼고 있다. 우리나라 지성인이라면 누구나 그런 것처럼! 필자의 논어 사랑은 고등학교 3학년(1973) 때 한문 시간으로 소급된다. 한문 시간에 논어 원서를 완독한 것은 아니었다. 짧으면서도 깊은 의미가 담긴 중요 명언을 중심으로 선정하여 풀이해 주신 선생님의 예지 덕분에 한문 과목을 특별히 좋아하게 됐다. 그런 싹이 있었기 때문에 남들이 어렵다고 피하는 한문학, 중문학 공부에 남다른 재미를 느끼게 됐다.

이 책을 엮게 된 더 직접적인 계기는 1999년 1학기로 소급된다. 경희대학교에서 6년간 재직하다가 모교인 성균관대로 자리를 옮긴 것은 1997년 3월이었다. 유학의 메카라고 할 수 있는 학교에 재직하다 보니 유학 경전의 으뜸인 논어에 관심을 지닌 교수님들이 많았다. 그래서 열 명이 뜻을 모아 논어 스터디를 하게 됐다. 매주 목요일 아침 8시부터 10시까지 독회를 하였다. 유학과 김성기 교수, 문헌정보학과 신승운 교수, 사학과 박기수·하원수 교수, 중문과 김경동·변형우 교수, 가정학과 조희선 교수, 사회복지학과 박승희·이혁구 교수 이상 열 분이 『논어 부언해』(論

語 附諺解, 全三冊, 1990, 學民文化社)를 텍스트로 삼았다. 돌아가며 발제 발표를 하고, 난제는 좌장을 맡은 신승운교수가 풀어주었다. 신 교수님은 서지학이 전공이지만, 사서오경을 거의 외울 정도로 해박할 뿐만 아니라 주자(朱子) 주는 물론 세주(細注)도 줄줄 읽고 바로바로 해석할 수 있을 정도로 한문 해독력이 대단히 뛰어났다. 현재는 한국고전번역원 원장으로 재직 중이다.

스터디 그룹 활동은 2학기 만에 중단됐지만 논어 사랑은 끝없이 이어졌다. 2010년 2학기에 새로운 인연이 싹텄다. 유학대학 박사반 학생 두 명이 나의 대학원 수업(중국어음성학)을 들으려 왔다. 그중 한 학생인 윤상철 박사는 출판사 대유학당을 직접 경영하면서 『손에 잡히는 논어』를 2009년 4월 5일에 출간하였다며 나에게 한 권을 주었다. 이 책을 받아든 순간 보물을 발견한 기분이 들었다. 번역을 알차게 잘하였고, 특히 손에 들고 다니기에 좋은 수진본(袖珍本)이라서 더욱 좋았다. 그래서 여러 권 더 구입하여 승용차, 연구실, 집, 포켓, 등산 백에 한 권씩 따로 넣어 두고 짬만 나면 읽었다. 그리고 식구, 제자, 친구, 지인들에게도 선사하였다. 특히 며느리에게 한 권을 따로 주어 읽어 보다가 마음에 드는 글자를 하나 골라두게 하였다. 그래서 '온화할 은(誾)'자가 손녀 이름에 쓰이게 됐다.

2013년에서 2014년까지 2년간은 강의와 연구 외에 문과대학 학장이라는 행정업무까지 맡게 되어 논어 공부에 할애할 시간이 상대적으로 조금 적었다. 다행히 2015년부터는 여유 시간이 생겨서 교내 교수님들과 논어 독회를 다시 결성하였다. 문헌정보학과 신승운 교수님을 스승으로 모시고 경제학과 김준영 교수(제20대 성균관대 총장, 현 성균관대 이사장), 법학과 박광민 교수(법학대학원장 역임), 경영학과 차동옥 교수(국제처장 역임), 이상 다섯 명이 매주 수요일 오전 10시에서 12시까지 『손에 잡히는 논어』를 공부하였다. 논어의 대가인 유천(有泉, 신승운 원장의 아호) 선생한테서 들은 이야기가 참 많았다. 그 가운데 하나를 소개해 본다.

중국 속담에 "半部論語, 治天下(반부논어, 치천하)"란 말이 있다. "논어, 반만 읽어도 천하를 다스린다."는 뜻이다. 실제로 그렇게 한 인물이 있었다. 송나라의 개국공신이자 유능한 재상이었던 조보(趙普 922-992)이다. 그는 송나라 태조(960-974), 태종(975-996) 2대에 걸쳐 재상을 지내면서 많은 업적을 올렸다. 어렸을 때 가난하여 많은 책을 읽을 수 없었다. 오로지 논어만 열심히 읽었다. 두 임금을 모시고 태평천국의 기반을 닦은 그가 겸손하게 이렇게 말했다. "논어 20편 가운데 나는 반밖에 읽지 못했소! 그래도 태조 임금이 천하를 평정하는 일을 보좌할 수 있었소!"(論語二十篇, 吾以一半佐太祖定天下). 그래서 "半部論語, 治天下"란 말이 생겨났고, 유학 통치의 명언으로 지금도 널리 회자하고 있다. 1990년 이후 중국 정부가 논어를 초중고 학생들의 필독서로 지정한 것도 이런 역사적 배경과 무관하지 않다.

"책을 백 번 읽다보면 뜻을 저절로 알게 된다." 우리가 어렸을 때부터 많이 들었던 말이다. 이 말은 본래 "讀書百遍, 其義自見"(독서백편, 기의자현)를 우리말로 옮긴 것이고, 송나라 주자(朱子, 朱熹 1130-1200)의 글(<訓學齋規讀書寫文字>)에서 나온 말이다. 그래서 조선시대 때만 해도 논어 원문을 수백 번 읽어서 완전히 외우는 선비들이 참으로 많았다. 그것이 학자로 가는 필수 코스였다. 그런데 서당 교육이 학교 교육으로 바뀐 요즘은 그렇게 할 여건이 못 된다. 하지만 논어에 대한 열혈 팬이 의외로 많다. '논어를 백 번 읽어 천하를 다스릴 수 있는(讀論百遍, 治天下)' 국가적 인재를 양성하는 데 이 책이 일조가 되기를 소망해 본다.

글을 쓰는 일은 재미있다. 여러 가지 생각이 동반되기 때문이다. 그런데 책을 편찬하기 위하여 교정하는 작업은 참으로 따분하기 짝이 없다. 그런 어려운 일을 도와준 두 분이 있다. 1차 교정 및 교열 작업을 도와준 전 동아일보 교열기자 최영록 선생, 2차에서 5차까지 교정 작업을 함께 하며 오타와 오류를 찾아내어 한없는 기쁨을 안겨준 민기식 선생, 두 분의 고마움은 영원히 잊을 수 없다. 특히 민 선생님의 따님(고3, 민현지)이 고전에 관심이 많아 바쁜 학업에도 이 책의 초고를 완독하며 젊은 이로서 참신한 반응과 소감을 여과 없이 알려준 것이 필자에게는 천군만마보다 더 큰 힘이 되었다. 그리고 국내 굴지의 북디자이너인 조의환 선생(전 조선일보 편집위원)에게도 고마움을 표한다. 덕분에 표지는 물론 본문의 서체도 현대적 미감을 지니게 되었다. 논어라고 하면 고리타분할 것이라는 선입견을 산뜻하고 말끔한 디자인으로 깨끗이 씻어주었다.

우리나라 지성인의 논어 입문에 '디딤돌'이 되고자 원문을 새롭게 엮은 신편(新編)이자, 드라마 대본처럼 실감 나게 새로 옮긴 신역(新譯)이 되도록 애썼다. 그러나 완전무결한 완역(完譯)이라고 할 수는 없다. 강호 제현의 많은 질정으로 거듭거듭 새로 나게 되기를 소망해 본다. 이달 말로 정년을 맞아 교수 생활은 끝이 난다. 하지만 논어 사랑, 논어 공부는 끝없이 이어질 것이다. 논어를 한 번 읽으면 지식인이 되고, 열 번 읽으면 지성인이 되고, 백 번 읽으면 지도자가 된다. 논어 애독자 여러분이 지도자가 되어 앞으로 우리나라가 더욱 크게 발전하기를 빌고 또 빈다.

2020. 8. 19

全 廣 鎭

※ 문의 (jeonkj@skku.edu) 주시면 자상한 답변 드리고
   수정, 제안 등 주시면 후사하겠습니다.

【 제2판 후기 】

졸역 『우리말 속뜻 논어』에 대한 세평이 나쁘진 않았다. 2020년 9월 1일에 첫 선을 보인 후로 3쇄가 발간되었으니 베스트셀러는 못돼도 스테디셀러 대열에는 들어선 셈이다. 쉬운 논어가 있음이 점차 알려지면서 중·고교 '한 학기 한 권 읽기' 독서 교육에 논어를 선정하고, 전국 각지 문화원의 '청소년 논어 읽기' 프로그램에 이 책을 선정하겠다는 낭보도 접하니 기쁘기애 그지없다.

글은 고치는 기쁨이 더 좋다. 연합통신에서 평생 기사를 다듬는 일을 하시고 퇴임하신 허형석님! 논어에도 해박하신 하남향토사연구소 소장 유병상님! 교장 생활 10년 동안 하루도 빠짐없이 논어로 수불석권(手不釋卷)하신 고(故) 원정환 교장님! 이 세 분께서 보내 주신 탁견을 두루 반영함으로써 이 책의 완성도가 훨씬 더 높아졌다. 특히, 지난 15년간 속뜻사전 활용교육에 뜻을 함께한 원 교장님은 논어 각종 판본을 두루 독파한 논어 전문가이기도 하다. 지난해 여름 암 투병 중에도 금쪽같은 고견을 많이 들려주셨다. 안타깝게도 작년 12월 14일 영면하셨다. 세 분의 고마움, 몰치불망(沒齒不忘)하리라!

이런 성원과 도움으로 제2판이 탄생했다. 명실공히 '청소년 논어 읽기'에 최적격이 되도록 노력했다. "전광진 교수가 드라마로 엮은"이란 부제를 "청소년을 위한"으로 바꾸었다. 〈일러두기〉도 조금 손봤다. 논어 읽기로 우리나라 젊은이들의 심성이 세련되고 인품이 격상되어 나라의 미래가 더욱 밝아지기를 소망한다.

2023. 4. 8
全 廣 鎭 삼가 씀

【주요 참고 문헌】

1. 『손에 잡히는 논어』, 대유학당 편역, 대유학당 발행, 2009.

2. 『論語譯注』楊伯峻, 中華書局(北京). 2017.

3. 『新完譯 論語』張基槿 譯著, 明文堂(서울). 1985.

4. 「공자세가」(『史記世家(下)』 417-455, 정범진 譯), 도서출판 까치, 1994.

5. 「중니제자열전」(『史記列傳(제7)』 59-88, 이성호 譯), 도서출판 까치, 1994.

6. 『懸吐完譯 論語集註』, 成百曉 譯註. 전통문화연구회. 1998.

7. 『논어』 유교문화연구소 옮김, 성균관대학교출판부, 2012.

8. 『譯註 論語注疏』鄭太鉉 譯註, 전통문화연구회. 2013.

9. 『懸吐完譯 論語集註』, 鄭太鉉 譯註. 전통문화연구회. 2018.

10.『譯註 孔子家語』許敬震 責任翻譯, 전통문화연구회. 2018.

11.『論語 附諺解』(全三冊, 影印本), 學民文化史. 1990.

12.『희곡창작의 실제』, 이재명·이기한 편역. 평민사. 1997.

13.『희곡작법』, 레이조스 에그리/김 선 옮김. 청하(출). 1995.

※추신

늘 휴대하여 짬 날 때마다 읽기에는 1번 책이 안성맞춤이며,
학술적으로 입문하기에는 9번 책이 최적격 임.
12번과 13번은 논어와는 무관하지만, 드라마 대본이라는 관점에서
우리말로 옮기며 지시문을 설정할 때 참고한 것임.
희곡 작품 가운데 지시문이 가장 많이 달려 있는 헨리크 입쎈의 「인형의 집」,
「유령」 등도 참고 하였음.